JOHANNES GAITANIDES

DAS INSELMEER DER GRIECHEN

JOHANNES GAITANIDES

DAS INSELMEER DER GRIECHEN

Landschaft und Menschen
der Ägäis

Neu überarbeitet und mit
einem Vorwort versehen
von Thomas Gaitanides

MALIK NATIONAL GEOGRAPHIC

Mehr über unsere Autoren und Bücher:
www.malik.de

Bibliografische Information der Deutschen Bibliothek
Die Deutsche Nationalbibliothek verzeichnet diese Publikation in der Deutschen Nationalbibliografie; detaillierte bibliografische Daten sind im Internet über http://dnb.d-nb.de abrufbar.

NATIONAL GEOGRAPHIC ADVENTURE PRESS
Reisen · Menschen · Abenteuer
Die Taschenbuch-Reihe von
Malik und National Geographic

Überarbeitete und ergänzte Taschenbuchausgabe
1. Auflage Juni 2004
2. Auflage Juni 2009

Die Originalausgabe ist im Verlag Fritz Molden, Wien-München-Zürich-Innsbruck, erschienen
Umschlaggestaltung: Dorkenwald Grafik-Design, München
Satz: Sieveking GmbH, München
Papier: Naturoffset ECF
Druck und Bindung: CPI – Clausen & Bosse, Leck
Printed in Germany ISBN 978-3-492-40227-9

Das Papier wurde aus chlorfrei gebleichtem Zellstoff hergestellt.

Inhalt

Vorwort 7

Eine Liebeserklärung 10

Kapitel I: Eine Visitenkarte der Inseln (und der Griechen) 16

Kapitel II: Zwei Exempel 22

Kapitel III: Variationen des Insel-Themas 49

Kreta 49

Der Dodekanes 51

Ostägäische Inseln 57

Thrakische Inseln 63

Die Sporaden 67

Euböa 71

Im Saronischen Golf 73

Die Kykladen 78

Delos – Geburtsstätte des Lichtgottes 95

Kapitel IV: Esel, Schaf und Ölbaum – die irdische Dreifaltigkeit 99

Kapitel V: Von Polypen, Quallen, Haien und anderem Seegetier 113

Kapitel VI: Geografie von Nord nach Süd 130

Kapitel VII: Geschichte zwischen West und Ost 148

Kapitel VIII: Der Mensch auf der Insel 277

Kapitel IX: Technik des Inselfahrens 302

Anhang: Die Ereignisse in Griechenland ab 1974 318

Die griechischen Inseln

Vorwort

Als ich das erste Mal 1964 mit meinem Vater nach Griechenland kam und wir nach einer anstrengenden Autoreise von drei Tagen über die griechische Grenze bei Evzoni fuhren, stand damals noch am Schlagbaum ein in griechischen Landesfarben weißblau gestrichenes Schilderhäuschen. Drinnen, geschützt vor der sengenden Hitze, ein Evzone, ein Soldat in traditioneller Tracht mit groben Schuhen, die an ihrer Spitze einen dicken weißen Bommel tragen, angetan mit engen weißen Strumpfhosen, einem weißen Faltenröckchen, einer schwarzen Weste, darunter ein weißes Hemd und auf dem Kopf ein Käppchen mit einer langen Quaste.

Mein Vater stieg aus dem Auto, bückte sich wortlos und küsste diesen ersten Fleck griechischer Erde. Der Evzone lächelte und salutierte auf eben die seltsame Art und Weise, wie man sie heute noch vor dem Parlament in Athen beobachten kann. Er streckte ein Bein aus, als ob er zu einem griechischen Tanzschritt ansetzen wolle und schulterte das Gewehr.

Diese Geste verrät alles über die Leidenschaft meines Vaters Johannes Gaitanides zu Griechenland. Geboren als Grieche in zweiter Generation in Deutschland, schlugen stets zwei Herzen in seiner Brust, und das eine begann immer dann heftig zu schlagen, wenn er griechische Erde betrat. Zurück in Deutschland ließ ihn aber das Land nicht aus seinem Bann, dann war der Kopf gefragt und sein Wunsch, nicht so sehr das antike Griechenland schwärmerisch den Deutschen näher zu bringen, sondern das gegenwärtige. Dem Standardwerk »Griechenland ohne Säulen« in den 50ern folgte so in den 60ern »Das Inselmeer der Griechen«. Auf unzähligen Fahrten mit Kaikis, den Fischerbooten, hat er die Ägäis von Insel zu Insel springend durchmessen. Ganz ähnlich dem Odysseus, ohne je ein Ende seiner Inselreisen, ohne je irgendwo Heimat zu finden. Diese nun wieder entdeckte und neu aufgelegte »Odyssee« erzählt von einer Ägäis, wie Johannes Gaitanides sie in den 60er und 70er Jahren vorfand, bevor extensiver Tourismus einige Inseln nachhaltig veränderte. Auf Santorin, Mykonos, an der Nordküste Kretas und auf Rhodos hat der Massentourismus zu einem gewissen Stress seiner Bewohner geführt. Kein Wunder, die legendäre Gastfreundschaft, wie sie bei längeren Aufenthalten auf kleineren Inseln wie Naxos oder Tinos, wie Amorgos oder Lesbos noch zaghaft dem einzelnen Urlauber entgegengebracht wird, verflüchtigt sich in dem Moment, da der Fremde in Massen auftritt und schnelles Geld mit ihm zu verdienen ist. Dies machen langjährige Ägäisfans den Inselgriechen zum Vorwurf. Aber: Der werfe den ersten Stein, der dieser Verführung nicht verfallen und sich in solch einer Situation nicht auch gerne eine goldene Nase verdienen würde!

Das »Inselmeer der Griechen« ist nach wie vor aktuell, analysiert es doch immer noch treffend den Charakter des Inselgriechen von heute: Mag der Esel mancherorts durch einen Traktor, die Petroleumlampe durch die Glühlampe ersetzt worden sein – den Bauern und Fischern geht es zwar heute dank der EU und des Tourismus besser, aber die Inselwelt ihrer Familien, die Kargheit des Landes und der geringe Fischbestand haben sich nicht verändert. Ich habe deshalb bei der Überarbeitung des Buches nur die Statistiken und ein paar Fakten aktualisiert und dabei, zu meinem Leidwesen, ein überraschendes Faible meines Vaters für die Exaktheit der Zahlen entdeckt. Diese Leidenschaft muss wohl mehr seinen deutschen Genen entsprungen sein. Die zur Politik und Geschichte entstammt jedoch eindeutig seinen griechischen Wurzeln. Um gleich ihm die Wirren der frühen Polis, die komplizierte Thematik der Gegnerschaft zwischen Athen und Sparta oder die diplomatischen Intrigen des attischen Seebundes zu begreifen, benötigt man schon ein überaus sensibles Verständnis für die hellenistische Gedankenwelt. Daran hat sich übrigens bis hinein in die aktuelle griechische Politik nichts geändert.

An der von meinem Vater beschriebenen Geschichte der Inseln und ihrer wechselnden Herrscher ist also nicht zu rütteln. Und was die Gegenwart betrifft: Das vorliegende Buch endet historisch Mitte der 70er Jahre. Ich habe deshalb eine Zeittafel mit bedeutsamen politischen Ereignissen ab dem Ende der unseligen Diktatur 1974 beigefügt.

Und was hat sich im »Inselmeer« verändert?

Die meisten Dörfer und Häfen haben nur in ihren Außenbezirken Zuwachs durch Hotelbauten erfahren, ohne dadurch den traditionellen Kern zu verletzen. Die Vielzahl der Inseln steht, so wie es Johannes Gaitanides beschrieben hat, weiterhin für ihre Vielfalt. Berg, Tal und Ebene, Kap und Bucht verknüpfen sich zu immer anderen Einheiten. Jede ist eben auf ewig ein kleiner Kosmos im Westentaschenformat.

Thomas Gaitanides, Mai 2004

Eine Liebeserklärung

Einmal im Leben, so scheint es, muss der Mann dem Sammeln frönen. Huldigt er ihm nicht in der Kindheit, mit Briefmarken, Schmetterlingen oder Streichholzschachteln, dann fällt er ihm unweigerlich im »reiferen« Alter zum Opfer. Der Verfasser stellt sich als abschreckendes Beispiel vor: Seit er das erste Mal die Nase in die Ägäis steckte, ist er einem chronischen Leiden verfallen – der Leidenschaft des Inselnsammelns.

Griechenland ist mehr Ägäis als Griechenland: Drei Viertel seiner Hoheitsfläche entfallen auf die See. Die viel gezackten Ufer des Festlandes und der Inseln messen 15 000 Kilometer; das macht eineinhalb Meter für jeden der 11 Millionen Griechen. Insgesamt bringen es die griechischen Gewässer auf 3054 Inseln und Inselchen (die ein Fünftel der griechischen Bodenfläche ausmachen) – 167 sind ständig oder zeitweise bewohnt (davon in meiner Kollektion noch drei fehlen – und dabei soll es bleiben, um nicht die schöne Krankheit durch Heilung zu gefährden).

Dem mohammedanischen Leser ließe sich das Inselnsammeln leicht verständlich machen: Die Ägäis gleicht einem unerschöpflichen Harem, darin jede Schöne schöner ist als die andere – und am Ende weiß man nicht, welche die beglückendste ist.

Viele Freuden hat Griechenland. Keine aber ist mir liebenswerter als die Ägäis. »Blumen aus Marmor« nennt der Grieche ihre Eilande, die verstreuten Glieder eines Gottes – beim Sturze aus dem Himmel habe es seinen Leib auseinandergerissen: Die schweren Teile verschlug es nach Afrika, nach Asien hin – Kreta, Zypern, Rhodos, Lesbos. Nordwärts fielen die Sporaden, die lose Gesäten: Skyros, Skiathos und Skopelos. Und inmitten der Ägäis gingen die Kykladen vor Anker, in dichten Ringen rund um Delos, schwimmende Korken eines weit ausgeworfenen Fischernetzes, mit dem das seetüchtige Attika das Meer an sich zieht – Brückenpfeiler, darüber Griechenland nach Asien und Afrika schwingt – Noten auf der blauen Partitur der Ägäis, aneinander gereiht zu einer Symphonie des Lichtes.

Weiße Noten. Sie lauten: Andros, Syra, Tinos, Paros, Milos, Amorgos und wie sie sonst heißen, auch sie aus dem Schaum des Meeres geboren, versteinerte Schwestern der Aphrodite. Nirgends versinkt die Sonne im Meer, immer noch schiebt sich ein ferner Inselschatten vor ihren Untergang. Und so ist es: Sie lassen einander nicht aus den Augen, die Inseln der Ägäis, das Liebesspiel von Land und Meer nimmt kein Ende, und so verliert sich die See nie ins Einsame, ins Endlose; der irdische Wechsel hält sie im Maß des Endlichen. Glasklar ist das schwarzblaue Gewässer, aus ungeahnten Tiefen noch hebt es den makellosen Seegrund herauf, am flacheren Küstenrand ins Türkis gleitend, wo er mit Sand gedeckt ist. Die Baumlosigkeit macht die Inseln nackt, die schüttere Macchia liegt nur als mattgrüner Flaum auf der rissigen Felshaut, der viel gesprenkelte von Grau zu Gelb, von Rot zu Violett. Ihre Berge stehen nicht, sie liegen; in lang gezogenen Geraden schneiden sie sich scharf vom Himmel ab, unmissverständlich die irdische Grenze setzend. Gleich hinter der Hafenbucht klettert die Stadt im engen Gassengewinkel den steilen Hang hinauf, darüber ausgeschüttet in sorgloser Willkür die flach gedeckten Würfelhäuser, grell weiß gekalkt. An der Mole aber senkt eine kleine Kapelle andächtig ihre Kuppel vor der See, ein immer währendes Gebet in Stein.

Vor allem aber ist die Ägäis: Licht. Mehr noch als Attika – ein Ungeheuer an Licht. Erbarmungslos dringt es in die verborgensten

Falten und fegt die Lüge aus ihren geheimsten Löchern. Ist dies das Geheimnis der ägäischen Freude? Ist es die saubere Meereswürze ihrer Luft? Die azurene Wolkenlosigkeit des Firmaments oder die warme Sternennähe ihres Nachthimmels? So ist die Fahrt in die Ägäis eine Heimkehr in die letzte Einfachheit, die Heimkehr zu den uralten Elementen – zu Feuer, Wasser, Luft und Erde, von allem trüben Beiwerk entkleidet. Diese letzte Nacktheit macht die Ägäis zu einer Welt für sich; für sich eine Welt ist aber auch jede ihrer Inseln – eigen im Bau, in Farbe und Duft, in ihren Menschen, Liedern und Tänzen, sind sie zusammengehalten in der Gemeinsamkeit der Sonne, des Himmels, dieses Meeres. Gleich nur ist ihre Armut, ihre Gastfreundschaft und Menschlichkeit; und ihr Hellenentum, das sich hinter den Schutzmauern der See außer auf Euböa, Psara, Hydra und Spetsä reiner gegen die Völkerfluten der Slawen und Albaner erhielt als im kontinentalen Griechenland.

Die Insel verhält sich zum Festland wie die Person zur Masse. Ihre Horizonte entlaufen nicht ins Unendliche und verschwimmen nicht im Gesichtslosen; sie ist ganz und gar geschlossen, sie hat Maß und Grenze, Profil und Kontur. Sämtliche landschaftlichen Grundelemente – Ebene, Tal und Berg – in sich verknüpfend und aufeinander beziehend, spiegelt sie den irdischen Kosmos in Miniatur; sie rafft die Erde zum Aphorismus (in der Variante des Aphrodismus) und macht sie so erst greifbar; sie bindet seine Vielfalt zur Einheit, sie fügt seine Glieder zu erfüllter Gestalt. Sie ist »rund« (noch dort, wo sie sich kein Abenteuer des Linienbruches entgehen lässt), und damit vermittelt sie das Glück der Eindeutigkeit und Überschaubarkeit; alle ihre Karten liegen offen auf dem Tisch, nichts, das sie verbergen würde – so ist sie berechenbar, man weiß, wie man mit ihr dran ist, man kann sich auf sie verlassen.

Diese Tugenden verdankt die Insel nicht zuletzt ihrer zweiten Eigenschaft: ihrer Isolation (nicht zufällig – wenn auch fälschlich –

leitet der Sprachgebrauch diese von jener ab). Sie hält Abstand, und so reduziert sie die fremden Abhängigkeiten auf ein Minimum. Die Distanz macht sie frei und spielt ihr die Chance zu, nur sie selber zu sein und nach dem eigenen Gesetz zu leben. Dies aber verleiht ihr das Adelsprädikat: dem fremden Zugriff zu wehren, Herrin ihrer selbst zu sein. Sie ist kein Ort der Mischung; vielmehr hält sie fest am Ursprünglichen und wahrt dessen Reinheit noch im Ablauf der Entwicklungen. Solche Selbstbeständigkeit macht sie selbstständig. Die Insel ist ein Einfamilienhaus – keine Mietskaserne (weshalb sie auch so viel Heimatkraft entfaltet).

Die dritte und stärkste Bestimmung empfängt die Insel schließlich vom Meere, das sie einfasst wie das weiche Gold den harten Diamanten. Nirgends sonst stoßen Hart und Weich, Fest und Flüssig so hart aufeinander, das Unveränderliche mit dem Überraschenden, das Festgefügte mit dem Unberechenbaren – dieser äußerste Gegensatz macht ihren Reiz aus, und ihren Charakter: Die Insel ist »ein Standpunkt im Flüssigen«, die Manifestation des Bleibenden im Wechsel, des Dauernden in der Veränderung, sie ruht im Bewegten und Beweglichen – an ihren Felsküsten brechen sich die Wellen der Zeit, ihre Stürme und Ströme. Ist die Insel nicht der Hafen, darin die Zeitlosigkeit vor Anker gegangen ist?

Und vielleicht ist es auch ihr Gleichniswert, der uns für die Insel so sehr einnimmt. Sie konkretisiert spiegelbildlich die Erfahrung, dass alles, was zählt in diesem Leben, nur inselhaft ist und sein kann: Die Liebe, der Geist, das Gute und Schöne, das Besondere und das Bedeutende, das Große jeder Art und auch das Glück – sie sind immer nur insulare Oasen im Strom des Gewöhnlichen, im Meer der Masse und des Alltäglichen – sie stehen für das Außergewöhnliche.

Frühere Epochen einer fest gefügten und heilen Gesellschaft wussten die Insel nur zum Zwecke der Verbannung zu gebrauchen:

Distanz und Isolierung vermochten sie nur mit negativem Vorzeichen zu versehen, und die Ausstoßung aus der Gemeinschaft galt ihnen als die letzte Strafe vor der des Todes. Heute ist es anders. Heute wird die Strafe von ehedem fast schon als Gnadengeschenk begehrt. Einem Zeitalter, dessen Gesellschaft aus den Fugen geraten ist, das keinen festen Boden mehr unter den Füßen fühlt, das an sich zweifelt und verzweifelt, weil es vom Krebs der Veränderung heimgesucht ist, der alle zeitlosen Werte wegfrisst, einem Zeitalter, dem der Ekel an seiner Geschichte im Halse würgt, das seine Anker verloren hat und ohne Kompass auf offenem Meere hin und her treibt – solcher Zeit, die vor sich selber davonläuft, erscheint die Insel als die gesegnete Zuflucht, als Asyl für die Zeitmüden und als Stätte eines paradiesischen Dauerurlaubs für die Emigranten der Geschichte. Eskapismus? Wer denn vor allem hat etwas gegen »Flucht«? Der Kerkermeister. Als ob es nach dem Verschleiß, nach Stress und Frustration durch die Fron des Leistens und Werkelns, der Hetze und der Konkurrenz nicht des zeitweiligen Rückzugs auf die Besinnung, auf die Regeneration der Kräfte bedürfte.

So ist »die« Insel den Heutigen die *isola bella,* an der man aus dem Zuge des Geschehens aussteigen kann; denn das Glück, so meinen wir heute, findet sich nur in der Distanz und Isolierung, in der Abgeschiedenheit und Einsamkeit. Daher denn die Insel so hoch im Kurse steht, dass sie sogar schlagerreif wurde.

Solcher Neigung gibt dies Buch keine Nahrung. Wen Zeitflucht und Geschichtsmüdigkeit in die Ägäis treiben, der kommt dort nicht auf seine Kosten. Denn ihre Inseln sind hart und herb, sie atmen Not, sie sind Stätten nicht der Traumseligkeit, sondern der erbarmungslosen Mühe. Ihre Isolierung ist keine *splendid isolation;* ohnehin ist es mit ihr nicht so weit her, da die Ägäis – dank ihres freundlichen Himmels, ihres Hafenreichtums und der dichten Nachbarschaft der Inselfluren – mehr verbindende Brücke ist als

Sperrmauer (weshalb denn die Inseln immer wieder dem Zugriff von fremden Mächten, von Piraten und Korsaren schutzlos ausgeliefert waren): Sie sind Inseln in, nicht außerhalb der Geschichte.

So gewiss die Ägäis vom Paradies etwas weniger weit entfernt ist als unser Alltag, so gewiss die Ägäisfahrt nicht nur eine Reise ist in eine andere Geografie und in eine andere Geschichte, sondern mehr noch in einen anderen Lebenszustand, die Heimkehr in den Status des Natürlichen, des Einfachen und Wesenhaften, ein Klärungsprozess, der die Spreu vom Weizen sondert und die Schlacken ausscheidet – diese Inseln sind Heilstätten für Realisten, nicht Asyle für Romantiker, Filter der Zeit mehr denn Paradiese für Abstinenzler der Geschichte. Nicht wer sich selber, wer seine Zeit flieht, nur wer sich sucht, findet auf ihnen den Ort der Erfüllung.

Denn die Ägäisfahrt ist nicht eine Reise in die Fremde. Für den Europäer, zumindest für den Westgeborenen, ist sie eine Heimfahrt, die Heimkehr zu uns selber, dorthin, wo der Mensch geboren wurde, wie wir ihn verstehen, wo unser Auge an der Schönheit erwachte, wo Europas Herz zu schlagen, sein Kopf zu fragen und seine Hand zu formen begann.

Dies alles ließe sich auch vom festländischen Griechenland sagen. Aber Hellas' Anfang war die Ägäis (und darüber wird zu reden sein). So wird die Ägäis sehen ein Wiedersehen, die Ägäis entdecken ein Sichselberfinden. Und je weiter wir uns von unserem Ursprung entfernen, je heftiger uns die Fluten der Zeit umherwerfen, umso nötiger haben wir es, diesen unseren Mutterhafen anzulaufen und neuen Kraftstoff zu tanken.

Kapitel I

Eine Visitenkarte der Inseln (und der Griechen)

Die alten Griechen, die dem Mangel einer logischen stets durch die mytho-logische Erklärung anzuhelfen verstanden, führten den Namen des »Ägäischen Meeres« (»Aigaion Pelagos«) auf Aigeus zurück, der sich aus Kummer über den vermeintlichen Tod seines Sohnes Theseus in eben dieser See ertränkt hatte. Wie der Selbstmord des legendären Königs von Athen, so beruhte auch diese Namensableitung der Ägäis auf einem Missverständnis – sie ist zweifellos eine nachträgliche, künstliche Konstruktion; in Wahrheit liegt das Wort samt seinem Bedeutungsgehalt tief im Dunkel der vorgriechischen Zeit verborgen. (Robert von Ranke-Graves führt es wenig überzeugend auf die libysch-thrakische Ziegengöttin Aigis zurück.) Aber auch in der Folge blieb die nominale Fehlinterpretation der Ägäis treu – in neuer Variante. Über den byzantinischen »Azopelago« geriet den Venezianern der »Aigaion Pelagos« zum »Arcipelago«, der als »Archipelago« und »Archipel« zur Bezeichnung des inselreichen Meeres schlechthin in die westeuropäischen Sprachen einging. Im Rückexport nun vom »Ägäischen Archipel« zu sprechen ist daher bestenfalls – unter Anrechnung mildernder Umstände – eine unsinnige Tautologie, wenn nicht ein Hochverrat an Hellas: Als ob die Ägäis noch ihres eigenen Attributs bedürfte! Sie war und ist ein griechischer Binnensee, den Türken zum Trotz, die seit dem 15. Jahrhundert an ihrer kleinasiatischen Küste sitzen und bis ins 19. Jahrhundert hinein auch über Griechenland samt seinen Inseln geherrscht hatten. Seit die Italiener im

Pariser Friedensvertrag von 1947 – dank der ungütigen Nachhilfe Hitlers und Mussolinis – den Dodekanes verloren, gehören auch alle Inseln der Ägäis wieder zu Griechenland, außer Imbros und Tenedos, den Seebastionen der Dardanellen, welche die Türken nicht aus der Hand gaben.

Es ist, als sei mitten in der Ägäis ein Magnet am Werk gewesen, der die außen liegenden, schweren und großen Brocken nicht erfasste, die kleineren und leichteren aber im Zentrum zusammenzog – die Kykladen. Tatsächlich sind die größten Inseln rings an den Rand gerückt: so alle vier mit mehr als 1000 km^2 Bodenfläche (Kreta, Euböa, Lesbos, Rhodos) und die ersten aus der Kategorie zwischen 100 und 1000 km^2 (Chios, Samos, Kalymnos, Kos, Karpathos, Kythera, Thasos, Samothrake); erst die achtgrößte Insel – Naxos – hat Binnenlage.

Sie alle sind mehr oder minder gebirgig. In der Regel erwachsen die großen Höhen aus der großen Bodenfläche, und daher halten auch sie sich meist an den Rand (was seine Begründung in der Erdgeschichte findet – siehe das Kapitel »Geografie von Nord nach Süd«). Nicht weniger als 10 Inseln steigen über 1000 m auf (die höchsten: Kreta 2452 m, Euböa 1745 m, Samothrake 1600 m, Samos 1440 m), und weitere 26 erheben sich über 500 m. Doch ist die Höhe nicht immer an die Fläche gebunden. Samothrake beispielsweise steht mit der drittgrößten Höhe erst an 16. Stelle in der Flächengröße, während Lemnos, die sechstgrößte, den 30. Höhenrang einnimmt und Lesbos den 3. Flächen- mit dem 11. Höhenwert kombiniert. – Auch im Umfang wandern die Inseln die ganze Größenskala ab: Von den 167 ständig oder zeitweise bewohnten erstrecken sich 85 über 10 km^2, 27 über 100 und 4 über 1000 km^2.

An Bemühungen, die Vielzahl der Inseln in Gruppen zu ordnen, hat es nicht gefehlt. Die Antike freilich hat es sich einfach gemacht: Sie unterschied nur die Kykladen (die im Kreise – um Delos –

liegenden) von den Sporaden, den »Verstreut-Gesäten«, darunter sie alle übrigen verstand. Aus ihnen schnitt dann Byzanz – kaum minder großzügig rechnend – den Dodekanes heraus, die »Zwölfinseln« (es sind ihrer weit mehr, 163!).

Der neugriechische Staat untergliedert die Inseln für die Zwecke der Verwaltung wieder anders. Er unterscheidet (in Klammern die jeweiligen Hauptstädte): Kykladen (Ermoupolis auf Syra), Lesbos (Mytilene) mit Lemnos, Samos (Vathy) mit Ikaria und der Phournigruppe, Chios (Chios) mit Psara, den ganzen Dodekanes (Rhodos), Kreta (Chania), Euböa (Chalkis) mit Skyros. Die restlichen Kinseln sind jeweils den gegenüberliegenden Festlandbezirken zugeordnet: Samothrake zu Evros (Thrakien), Thasos zu Kavalla (Makedonien), die Nordsporaden zum thessalischen Magnesia (Volos); weniger folgerichtig sind außer den Inseln des Saronischen Golfes – Salamis, Ägina – auch die der argolischen Küste – Poros, Hydra, Dokos, Spetsä – sowie das dem Südpeloponnes vorgelagerte Kythera Attika (Athen) zugeschlagen. Elaphonisos endlich gehört zu Lakonien (Sparta).

Mit diesen Ordnungsschemata ist dem Leser wenig gedient. Wir halten uns daher an eine einprägsamere, geografisch begründete Gliederung (in teilweiser Anlehnung an Alfred Philippson, dessen Lebenswerk »Die Griechischen Landschaften« der geografischen Erforschung Griechenlands die Grundlage gab), und zwar in der Reihenfolge von Nord nach Süd (die Liste beschränkt sich auf die Nennung der wichtigeren Inseln):

1. Die *nordägäischen Inseln* mit
a) den thrakischen Inseln Thasos und Samothrake
b) und mit der Hellespontgruppe Imbros, Tenedos, Lemnos, Agios Evstratios

2. Die *nördlichen Sporaden vor Thessalien:*
Skiathos, Skopelos, Alonisos, Kyra Panagia, Peristeri, Piperi, Gioura, Psathoura und Skyros

3. *Euböa mit Petali*

4. *Die kleinasiatischen Küsteninseln:*
Lesbos, Chios mit Psara und Oenoussai,
Samos mit Ikaria und der Phournigruppe

5. *Die in der Mitte gelegenen 210 Kykladen, die sich in sechs Reihen unterteilen:*
a) die westliche Reihe: Kea, Kithnos, Seriphos, Siphnos
b) die mittlere Reihe: Giaros, Syra
c) die nordöstliche Reihe: Andros, Tinos, Mykonos, Delos, Rhenia
d) die Zentralgruppe: Naxos mit Denoussa, Ano- und Katokouphonisi, Kairos, Schinoussa, Heraklia, ferner Paros mit Antiparos
e) die südliche Querreihe: Pholegandros, Sikonos, Ios, Amorgos, Levitha
f) die südliche Randreihe: Milos mit Antimilos und Kimonos, ferner Santorin, Anaphi, Astipaläa

6. *Der Dodekanes* (nach der Größe):
Rhodos, Karpathos, Kos, Kalymnos, Kasos, Tilos, Symi, Leros, Nisyros, Patmos, Chalki, Lissi, Arki, Agathonisi, Kapari, Castellorizo

7. *Kreta mit Dia und Gavdos*

8. *Die griechischen Küsteninseln*:
a) im Saronischen Golf: Salamis, Ägina

b) vor der Argolis: Poros, Hydra, Dokos, Spetsä
c) vor Lakonien: Elaphonisos, Kythera, Antikythera

Postskriptum für kapitalkräftige Eremiten: Die Ägäis verfügt noch über unbewohnte Eilande in mehrstelliger Zahl mit einer Gesamtfläche von etwa 267 km².

Was nun die Visitenkarte des Griechen angeht: Als höflicher Mensch verrät er die lokale Herkunft meist schon durch die Endung seines Familiennamens. Wohl am häufigsten hat er ein -opoulos zum Hinterteil, womit er sich als ein Sohn entweder Thessaliens oder des Peloponnes zu erkennen gibt. Ausschließlicher auf den Peloponnes verweisen die Endsilben -akos: Etwa jedem zweiten griechischen Polizisten hängen sie an – ein Indiz für die Jahrhunderte trotzende Kontinuität des spartanischen Erbes. -akos lässt sich noch genauer lokalisieren, auf der Ostseite Lakoniens, während die Westseite des Taygetos mehr der Endung -eas zuneigt. Vorsicht aber ist geboten, wenn Ihnen ein Mann namens -akis über den Weg läuft: Er ist ein Kreter (wie der Dichter Nikos Kazantzakis), und seine hemmungslose Gastfreundschaft dürfte dann nur noch von der jähzornigen Empfindlichkeit seines Ehrgefühls übertroffen werden. Mit -akis kann man freilich auch aus einem anderen Landesteil kommen; denn früher hängte man diese Silbe gern dem provinziellen Neureichen an, der durch einen hohen Hut seine Nobilität zu demonstrieren liebte – heute lässt er statt dessen den Nagel des kleinen Fingers der rechten Hand zentimeterlang wachsen, um sinnfällig zu machen, dass er es nicht nötig habe, mit der Hand zu arbeiten. Einige Vorsicht empfiehlt sich auch gegenüber den -atos-Leuten: Sie stammen von der westgriechischen Insel Kephallonia, deren Bewohner sich nicht zu Unrecht als die schlauesten Händler brüsten (was in Griechenland etwas heißen will). An Harmlosigkeit nicht zu überbieten aber sind die Griechen namens -ides (oder richtiger -idis): Sie kommen von den ägäischen Inseln oder auch aus Kleinasien, und ihre Vorfahren hatten meist, amtlich oder nichtamtlich, mit einem Schreibeberuf zu tun. Berufsbestimmt sind auch die Endungen -is oder -lis, so bei den Politikern Karamanlis oder Sophoulis. -elis verweist auf die Insel Lesbos, und -itis kennzeichnet ganz allgemein die Ortsabstammung: Herrn Tripolitis' Wiege stand in der peloponnesischen Stadt Tripolis und die des Herrn Lefkaditis auf der Insel Leukas. Die verheiratete Dame schließlich charakterisiert ihren Zivilstatus durch die Abwandlung des ehemännlichen Suffixes in den Genitiv (womit sie kund und zu wissen gibt bzw. gab, Zubehör »des« Herrn X-opoulos zu sein). Man hat es also mit Herrn Poulakos und Frau Poulakou zu tun oder mit Herrn Saridis und Frau Saridi; mit der fortschreitenden Emanzipation aber entwickeln die Damen eine zunehmende Abneigung gegen den Genitiv, wegen seines gar zu possessiven Charakters.

Doch nehme man alles nur in allem – zumal in Griechenland, wo die Regel aus lauter Ausnahmen zu bestehen pflegt.

Kapitel II

Zwei Exempel

Im Piräus waren wir an Bord gegangen, dem Hauptbahnhof der griechischen Seefahrt, darin sich – der Akropolis zu Füßen – die Schiffe der ganzen Welt ein Rendezvous geben. Ein Hafen wie alle anderen? Ja, aber gewürzt mit attischem Salz, gärender noch von Geschäftigkeit, lauter in den Farben und Gerüchen als anderswo.

Unser Schiff war die »Kanaris« – so benannt nach einem Seehelden aus dem Befreiungskrieg (1821–1830). Etwas jünger als der Namenspate ist sie schon, sodass die Behauptung, sie würde nur noch durch ihre zahllosen Farbschichten zusammengehalten, als böswillige Übertreibung abzutun ist. Doch etliche Zähne und Haare hat sie lassen müssen. Das mag an ihren Gästen liegen, am Talent des Griechen, seine Umwelt in Besitz zu nehmen, wo immer er hinkommt, und mit ein paar Decken und Körben sich häuslich einzurichten. Bald hat sich das Deck in einen vielzelligen Bienenkorb verschachtelt, darin es gesellig summt vom Gespräch und Gelächter. Da und dort spinnen sich die Honigfäden eines kleinen Handels – fünfmal wechselt ein Taubenpärchen seinen Besitzer, noch ehe wir den ersten Hafen anlaufen. Einer stimmt ein Lied an, die anderen fallen ein.

Die Kanaris hält Ostkurs. Auf Steuerbord bleibt Ägina zurück – eine hohe Welle, die zum Fels erstarrt plötzlich stehen blieb. Auf der Gegenseite streichen die kahlen Bergrücken Attikas in die See, von seinem letzten Kap, von Sunion, leuchten die weißen Geistersäulen des Poseidontempels herüber. Dann weitet sich die See. Doch nie verlassen uns die Inseln – gleich Riesenschildkröten buckeln sie sich aus dem blauen Gewässer.

Zum ersten Mal legt die Kanaris in Syra an, früher die Herrin über die griechische Handelsschifffahrt, bis sie diese Rolle an den festländischen Piräus abtreten musste. Darauf steuern wir Paros an, das den edelsten Bildhauermarmor der Welt hat, und Tinos, das Lourdes der Orthodoxie. In Mykonos gehen wir an Land.

Mykonos – Orgie in Weiß

Der erste Blick: weiß. Man geht auf Weiß, man hört, riecht, atmet Weiß, eine Orgie in Weiß, blendend, fast schmerzhaft. »Die weißen Eilande« heißen die Kykladen – die weißeste ist Mykonos. Häuser und Gassen kalken sie ein-, zweimal im Jahr oder auch jeden Monat.

Der Hausherr selber besorgt das Geschäft des Kalkens (vor allem zu Ostern und Weihnachten). Mietshäuser gibt es nicht – die Familie wohnt im eigenen Heim. Seit Jahrhunderten hat es sich nicht verändert: ein zweistöckiger, flach gedeckter Kubus aus rohen Hausteinen, weiß übertüncht – das Haus in seiner Urform. Und wie überall in der Ägäis, so ist auch auf Mykonos die Treppe der Hausfront vorgebaut. So streng die Grundform – Treppe, Geländer und Balkon hat die Bausitte der Willkür freigegeben, und sie variieren so ausschweifend, dass bei aller Gleichförmigkeit doch jedes Haus sein eigenes Gesicht gewinnt; in der Farbe aber ist ihnen keine Wahl gelassen, nur die Türen und Fensterläden dürfen vom Weiß abweichen. Das Vorrecht der Farbenfreiheit genießen sonst nur noch die unzähligen Kapellen für ihre Kuppeln, die das lichte Himmelsblau lieben, ein zärtliches Rosa oder ein metallisches Silber.

Griechenland ist ein endloser Wettstreit der Armut, und die Armut hat den Mykoniaten noch erfinderischer gemacht als seine einfallsreichen Landsleute sonst. Sie erlaubt es nicht, einen kaputten Gegenstand auf den Müllhaufen zu werfen – er gewinnt ihm noch immer einen Nutzen ab. Ein tönerner Wasserkrug zum Beispiel, dessen Boden der Zahn der Zeit längst zernagt hat, leistet noch treffliche Dienste als Kamin. Als solcher ziert er nun in zahllosen Spielarten die Dächer von Mykonos, so selbstgefällig in seiner fülligen Rundung, als sei er eigens nur für diesen Zweck erschaffen.

Reich ist Mykonos nur an Kapellen – 365 soll die Insel zählen, so viele, wie das Jahr Tage hat. Das macht ein Kirchlein auf vier Häuser. So ausschweifend fromm sind nun freilich die Mykoniaten auch nicht. Aber sie halten ihre Schwüre. Das Gelöbnis etwa, für die Errettung aus Seenot eine Kapelle zu bauen, oder früher – wie die hämischen Nachbarn behaupten – für das Gelingen eines Piratenstreiches. Einen aber biss einmal der Geiz. Er hielt sein Wort, er baute die Kapelle – in der Größe einer Zigarrenschachtel, oben auf dem Dach seines Hauses! Als der Papas (Pfarrer – Pope heißt er nur im slawischen Bereich) sie einsegnete, fand er in ihrem Gehäuse eine Katzenmutter mit einem frischen Wurf. Seither heißt sie die »Katzenkapelle«. Auch sonst zeigen sie eine Vorliebe für despektierliche Namen: Sieben Kirchlein, die sich an einem Platz treffen, nennen sich »die Klatschweiber«.

Mit den Kapellen (darinnen bis 1850 die Familien ihre Toten bestatteten) nehmen es an Zahl fast die Windmühlen auf, rings auf den Hügeln über der Stadt; sie sind rund und gedrungen, das braune Dach auf dem weißen Sockel ist spitz eingerollt wie ein Zelt. Ihre Kraft holen sie aus dem Wind, an dem es nie fehlt auf Mykonos, und sie fangen ihn mit Segeln. Aber an Arbeit fehlt es. Denn der Boden ist trocken und steinig, nur hie und da duldet er ein winziges Äckerchen. Mit einiger Übertreibung ließe sich sagen, jeder Bauer hat seine eigene Mühle. Der Grieche ist ein guter Rechner, aber ein noch hemmungsloserer Individualist.

Den Luxus solcher Eigenwilligkeit konnten sich die Frauen bisher nicht leisten. Das Wasser, das so kostbar ist auf Mykonos, hielt sie zusammen, draußen am Stadtrand beim gemeinsamen Waschtrog der Nachbarschaft, wo die Zisterne den seltenen Regen sammelte. Einige Brunnen hat die Stadt noch, in ihrer Mitte gleich drei nebeneinander. Wer aus allen dreien trinke, so hieß es, der werde ein Mädchen aus Mykonos als Frau heimführen. Nach einer anderen Lesart kündet der Trank aus dem einen eine Verlobung, aus dem zweiten eine Heirat und aus dem dritten die Scheidung. Meist aber reichte es nur zur Verlobung, gelegentlich auch zur Heirat, doch fast nie zur Scheidung, denn stets waren ein oder zwei Seile gerissen. Das ist nun vorbei, die alten Brunnen sind mit Eisendeckeln verschlossen – jetzt bedient man sich des gemeindlichen Leitungsrohres. Doch die Nachkommenschaft hat darunter nicht gelitten.

Den architektonischen Dreiklang macht das Taubenhäuschen komplett, das frei steht oder sich dem Wohnhaus anlehnt: ein quadratischer Turm, etwa vier mal vier Meter im Umriss, von fünf bis acht Metern Höhe, die Turmecken hochgezogen zu schlanken Zinnen; unten ein Raum zum Abstellen von Geräten und Gefäßen (manchmal ist er auch bewohnt), darüber die eigentlichen Hausherren, die Tauben, untergebracht sind. Diese obere Partie ist an zwei Mauerseiten vielfach durchbrochen, rund, drei- oder viereckig oder mit schmalen linearen Begrenzungsbändern, im Muster jeweils eigenwillig variiert – die Schlupflöcher für die Vögel, die in den zahlreichen Nischen des oberen Innenraums nisten. Der Zweck ist völlig in den Zierschmuck ein- und untergegangen, der dem Taubenhäuschen das Gesicht gibt, im Gegensatz zur Inselarchitektur sonst, die, ganz und gar auf das Wesentliche reduziert, sich aller Zierart und Schnörkel enthält und ihre Schönheit ausschließlich aus der reinen Erfüllung, aus der vollkommenen Umsetzung der Funktion in die Form bezieht – eine sehr griechische Paradoxie, dem Menschenhaus jeglichen Schmuck zu verwehren (mit Ausnahme der üppigen Blumenzier) und die ganze Lust an der Linie als Selbstzweck, am Spiel mit der Form für die – Vogelwohnung zu verausgaben! Türme pflegen sonst männlichen Geschlechts zu sein – nicht das Taubenhäuschen der Kykladen, das sich auf den Inseln wie ein Strandgut aus einem orientalischen Märchen ausnimmt, ein Schmuckkästchen in Gestalt einer kleinen, zierlichen Festung, so recht geeignet, eine geraubte Schöne, eine jungfräuliche Prinzessin etwa, in Gewahrsam zu halten. Die Erinnerung an »Tausendundeine Nacht« ist nicht zu weit hergeholt, begründet sie sich doch stilistisch mit der geometrischen Ornamentik der Flugseiten, die an maurische Vorbilder denken lässt – Jahrhunderte hindurch wurden die ägäischen Inseln im frühen Mittelalter von arabischen Korsaren heimgesucht. Nach einer anderen Version geht das Taubenhaus auf die Venezianer zurück, die nach dem vierten Kreuzzug, nach 1204, dreiundeinhalb Jahrhunderte über die Kykladen herrschten; die Brieftaube soll damals als Flugpost zwischen den Inseln gedient haben. Wie dem auch sei, die Inselgriechen haben sich das Taubenhäuschen längst eingemeindet. Lerneifrig, wie sie nun einmal sind, übernahmen sie von den Arabern das Piratenhandwerk, die diesem dienliche Taubenpost aber von den Venezianern. Inzwischen freilich ist die postalische Funktion des Taubenhäuschens durch die Konkurrenz des Telegrafen – und neuerdings auch des Telefons – längst überholt. Heute dient es nur noch der Bereicherung der häuslichen Tafel (und der Mistbeschaffung für die Felder). Übrigens ist es kein Monopol von Mykonos; es findet sich auf dem ganzen Inselschwarm im Dreieck zwischen Naxos, Siphnos und Andros – am häufigsten auf Tinos, vielleicht weil dort die katholische Tradition, von den Venezianern her, noch am stärksten verwurzelt ist.

Ehedem lebten die Mykoniaten von der Seeräuberei – heute vom Fremdenverkehr (ohne jedoch die Erinnerung an ihre frühere Profession heraufzubeschwören). Sie leben von der zuverlässigen Rastlosigkeit des sommerlichen Nordwindes, der Mykonos zum Capri der Athener »jeunesse dorée« und einer internationalen Schickeria gemacht hat. Nicht minder gut aufgehoben als in den Hotelkulturen ist man im Privatquartier bei den Mykoniaten selber, deren sprichwörtliche Sauberkeit keine Legende ist. Sie leben vom Fischfang und von einer überaus aromatischen Konditorenspezialität, *amigdaláta*, die überall in Griechenland ihre Liebhaber findet. Aber dies alles genügt nicht für die fünftausend Mykoniaten, und so helfen die Frauen nach mit dem Weben von bunten Woll- und Baumwollstoffen, welche die alte Überlieferung in kühnen Mustern, aber mit sicherem Geschmack frei abwandeln. Der Franzose Christian Dior, angetan von der Unbefangenheit ihrer farbenfrohen Originalität, gab ihnen einige Tipps, die ihnen zur Anpassung ihrer Pullis, Hemden, Blusen, Hosen und Decken an den modischen Zeitgeschmack verhalfen. Was dabei die Stoffe an »echter« Tradition einbüßten, gewannen sie an verspielter Eleganz, worüber kein heimattreuer Oberlehrer die Nase zu rümpfen braucht; bedenklicher schon, dass die heute verwendeten Kunstfarben nicht mehr so standhaft sind wie die alten Naturfarben (kalt waschen also ist die Parole). Was man hingegen den Mykoniaten hoch anrechen muss: Sie haben sich vom wirtschaftlichen Wohlergehen nicht korrumpieren lassen – ihre Preise halten sich noch innerhalb der Grenzen der Humanität.

Die Frauen haben Zeit für diese Arbeit, denn der Händler, der mit seinem Eselsladen die Gassen abklappert, kommt mit der Ware vors Haus. Was die Küche für den Alltag braucht, bietet er im monotonen Singsang feil: Kartoffeln, Eier, Gemüse, Obst. Nur nicht Fleisch. Aber das ist ja ohnehin dem Sonntag, wenn nicht dem Feiertag vorbehalten, und dann besorgt es der Mann.

Das modische Gehabe und die touristische Betriebsamkeit, welche über die Insel gekommen sind – sie bleiben ein charmantes

Gekräusel an der Oberfläche, das kaum unter die Haut des Mykoniaten dringt, auch wenn der junge Mann in der Saison nächtliche Schwerarbeit leistet, als Tänzer oder sonstwie zur Unterhaltung der Touristendamen; je nach Erwartung als forscher Draufgänger, sentimentaler Säusler oder trostbedürftiger Melancholiker. Kommt er aber in die Jahre, fügt er sich wieder der alten Sitte ein.

Seine freundliche Aufgeschlossenheit, sein Eingehen auf die Bedürfnisse der Fremden werden ausbalanciert durch eine distanzierte Gelassenheit, die ihn befähigt, Abstand zu halten. Der relative Wohlstand, den er seinem Fleiß, seinem erfinderischen Geschick und seiner Gastfreundschaft verdankt, erlaubt es, fast von einem »mykoniatischen Wunder« zu sprechen; denn er ist einer feindseligen Natur abgetrotzt, deren karger Boden den Bewohnern so gut wie nichts bietet – die Bäume der Insel lassen sich an den zehn Fingern abzählen. Auf ihre Unfruchtbarkeit führt man denn auch ihren Namen zurück: Die Phöniker, die sie nach der karischen Urbevölkerung und vor den griechischen Ioniern besiedelt haben sollen, hießen sie *muc on*, was in ihrer Sprache »arme Erde« besagte. Andere leiten ihn vom legendären Sohn des Anios ab, während ihn eine dritte Lesart in Zusammenhang mit dem Gebrüll der Giganten bringt, die Herakles auf des Zeus Geheiß tötete. Doch diese Interpretationen sind so wenig beweisbar wie die Behauptung des Aristoteles, auf der Insel befinde sich das Grab des Ajax – Lykophron und Kallimachos verlegten es nach dem benachbarten Delos. Fest steht nur, dass Mykonos im Altertum nicht hervorgetreten ist, weder politisch noch kulturell. Lucillius weiß von ihren Bewohnern nur zu berichten, sie seien glatzköpfig gewesen von Geburt an; vielleicht waren sie damals das Opfer eines endemischen Leidens – heute jedenfalls lässt ihr Haarwuchs nichts zu wünschen übrig. Bedauerlicher, dass die Insel heute nicht den Bericht des Plinius bestätigt, der ihren Wein rühmte – nicht einmal dem Rebstock, der doch auf den meisten Inseln heimisch geworden ist, gibt Mykonos Wurzelboden. Vielleicht meinte ein Götterspruch, die Insel bedürfe des Weines nicht, da schon ihr Licht und ihre Luft trunken machen.

Mykonos – das ist Wind, Mühlen, Kapellen, Taubenhäuser und ein Gewirr durcheinander geschüttelter Würfelhäuser. In den langen Schatten der untergehenden Sonne verklingt die Orgie in Weiß zu blauer Ruhe. Schnell senkt sich die Sonne dem Meere zu; in der kurzen Dämmerung aber ballt sie ihre Leuchtkraft noch einmal zu einem glühenden Rot, das den Himmel bis weit nach dem Osten ergreift, als könne sie sich nicht trennen von diesem Stückchen Erde.

Naxos – Brautlager des Dionysos

Dies ist die Sage von Naxos:

Aphrodite hatte das Herz Ariadnes in Liebe zu Theseus entzündet, dem Athener Königssohn. An der Spitze von sieben Jünglingen und sieben Jungfrauen war er, wie es Athen auferlegt war, als Bluttribut zu König Minos nach Kreta geschickt. Dort sollten die Opfer dem Ungeheuer Minotaurus zum Fraße vorgeworfen werden. Doch Ariadne, des Kreterkönigs Tochter, gab dem Geliebten heimlich einen Wollknäuel; ihn wickelte Theseus beim Eindringen in den Irrgarten ab, und so fand er später, nachdem er das Monster erschlagen, dem Faden entlang den befreienden Rückweg aus dem Labyrinth. Dann floh er mit Ariadne. Doch auf Naxos, wo sie Rast gemacht, verließ der Treulose die liebende Retterin. Da aber nahte sich der Gott Dionysos der Verlassenen und war verzückt durch sie und vermählte sich ihr. So wurde Naxos der Untröstlichen zur Stätte des Trostes und zum Hochzeitslager dem Gott des Rausches.

Von wilder Süße ist Naxos, ungebärdig und aufbrausend wie sein Wein, entfesselter als sonst die hellenische Landschaft. Ein massiger Gebirgsstock, in der Länge zwiefach gefaltet, durchstreicht die

Insel von Nord nach Süd, wo er im Zia zu eintausend Meter aufsteigt; an seiner Flanke öffnet sich eine riesige Höhle, die noch kein Menschenfuß ausgeschritten hat – auch die Bacchanten wagten sich nicht in ihre Tiefen, die in ihrer Vorhalle einst dem dionysischen Gott orgiastisch huldigten. Zwischen den Bergrücken schieben sich lange Täler ein und Kesselebenen, aus deren Grund sich Felskegel spitz emporschrauben, als wollten sie Löcher in den Himmel bohren. Nach Osten fällt das Gebirge steil und schnell, westwärts aber, der Hafenstadt zu, schwingt es sich – ein Tanz der Flächen – in weiten Stufen langsam abwärts und lagert noch ein breites Band dem Meere vor.

Die größte, die schönste, die reichste Blüte im Kranz der Kykladen – so spricht der Grieche von Naxos. Ja, auch die reichste. Alle Kykladen dürsten nach Wasser, nur Naxos ist mit ihm gesegnet, in seinen Ebenen und Tälern. Und alles, was in Griechenland wächst, gedeiht auch auf Naxos: Wein und Olive, Orange und Zitrone, Artischocke, Eierfrucht und die früheste Tomate, Feige, Mandel und Pistazie, und natürlich auch Kartoffel und Getreide; nicht zu vergessen die Kitrusfrucht, aus deren Schalen und Blättern sie den Kitron brennen, einen mildherben Likör. Eine Reihe von Bodenreformen hat den Landbesitz parzelliert. Die Grundstücke sind durch lebende Zäune voneinander getrennt – durch Zäune aus stachligen Agaven oder aus Bambus, dessen hohem Gestänge der Wind eine zarte Musik entlockt, ein leises melodiöses Knirschen, wie wenn Flöten sich selber spielen. An den Grundstücken hängen uralte Wasserrechte – stundenweise wird das Wasser in Gräben durch die einzelnen Gärten geleitet. Aber wenn schon einmal die Erde etwas hergibt in Griechenland, dann findet es nicht immer Abnehmer. Der skelettierte Eselskopf an einem Baum tut zwar schon an die zwanzig Jahre Dienst als Amulett gegen den bösen Blick, für den Verkauf ist er nicht zuständig.

Auch die Kirche ist es nicht, die große Trösterin der Armut. In Engarés ist die alte Kapelle zu klein geworden für das kinderreiche Dorf. Für eine größere Kirche ist kein Platz neben ihr, und das wenige Fruchtland muss geschont werden. So bauen sie denn die neue, große über die verwitterte kleine Kirche, die indessen für den Gottesdienst stehen bleibt – so lange, bis sich über sie das neue Gotteshaus fertig wölbt, dann erst darf in ihm das alte Mutterkirchlein abgerissen werden. Das ist unbequem. Aber Gott darf doch nicht wohnungslos werden, auch nicht vorübergehend!

Das Wasser bekommt der naxiotische Bauer nicht geschenkt, es quillt ihm nicht von selber in den Ackerschoß. So ist die Ebene mit Brunnengöpeln übersät. Zum Motor reicht es oft nicht. Wie eh und je hält daher das Maultier ganz allein den *manganopigano*, das Schöpfrad, in Betrieb, unaufhörlich im Kreis herum von sechs Uhr früh bis sechs Uhr abends, unterbrochen nur von zwei Stunden Mittagsrast. Seiner Hebekraft ist bei 20 Meter Tiefe die Grenze gesetzt. Eine listige Konstruktion von Stangen und Seilen macht das Tier glauben, es sei im Gespann (ansonsten es stehen bliebe), und die Augen sind ihm verbunden, damit nicht sein Sinn in die endlose Drehung seines Ganges gerate. Die Tierfreunde mögen dieser Automation nicht grollen: Das Maultier zeigt keinen Unmut. Und wissen wir denn, ob wir anders durchs Leben trotten?

So ist es in der Ebene, auf der untersten Stufe von Naxos. Auf seinem zweiten Stockwerk, an den Berghängen, hat es der Bauer schon schwerer. Das Wasser kommt ihm nicht von unten – er ist auf die seltenen Winterregen angewiesen; ihnen hält die Krume nicht stand am baumlosen Hang, und daher muss er sie mühsam terrassieren, zu einer Treppenlandschaft, die er mit meterhohen Steinmauern abstützt. So gewinnt er gerade Anbauflächen, die Erde und Wasser festhalten. Vor ihnen, die ganze Berge überziehen, verstummt die Rede vom »faulen« Südländer, vor diesen Zeugen des Schweißes der

Generationen; welche Arbeit allein, sie auch nur instand zu halten! Die Terrasse – das ist der Menschenstempel auf dieser übermenschlichen Landschaft.

Die Oberwelt der dritten Stufe, die Steinöde, ist das Reich des Hirten. Monatelang ist er mit der Herde auf der Weide; ein Junge geht ihm zur Hand und die Hunde. Die Nacht verbringt er auf dem nackten Boden einer rohen Steinhütte. Zweimal am Tage werden Schafe und Ziegen im Pferch zum Melken zusammengetrieben; dort packt der Junge das Tier bei Horn und Bein und schleppt es zum Hirten, der das Euter in einen Holzkübel entleert.

Mit uns sind zwei Buben vom Dorf heraufgekommen. Sie bringen den Hirten zweimal in der Woche Brot, Salz, Zigaretten und natürlich auch den Wein. Unerbittlich sengt die Mittagssonne auf den Stein, der ihre Glut noch vervielfacht zurückschleudert. Die Tiere leiden unter ihr nicht weniger als wir; nach dem Melken haben sie vor ihr Schutz gesucht unter dem splittrigen Schatten der Ölbäume. Wir aber suchen Zuflucht in der kühlen Steinhütte, wo uns die Hirten ihre kargen Gaben bieten, Milch und Käse. Sie geben sich frei und unbefangen und haben kein bitteres Wort über ihr hartes Leben. Die Frauen fehlen ihnen, fast mehr aber noch das männliche Freundesgespräch im *kafeníon*, im Kaffeehaus. So sprechen sie mit sich selber: des Abends in Gedichten, in langen Strophen, die sich endlos Zeit lassen und die von der Liebe handeln, vom Schicksal und von der Schönheit ihres Dorfes. Ihre Augen sind offen, ihr Blick hat Weite und ein bedächtiges Wägen. Ich frage den Alten, was ich ihm denn aus Deutschland mitbringen solle, wenn mich der Weg wieder einmal nach Naxos führe. »Deine Freundschaft« ist die Antwort, die – obwohl wörtlich gemeint – für mich einen Haken hat, verpflichtet sie mich doch zu mehr als ein konkret formulierter Wunsch. Hirte sei er, fährt er fort, weil es ihn nach der ganzen Freiheit verlange. Doch als ich ihn einlade, mit uns im Boot seine Insel zu umfahren, damit er sie auch einmal von außen sehe, lehnt er ab – er müsse doch die Tiere melken. »Also bist auch du ein Sklave«, halte ich ihm entgegen. Er darauf: »Lieber ein Sklave der Tiere als ein Sklave der Menschen!«

Dennoch, wer es von den Naxioten nur irgendwie schafft, sucht sich unten, in der Haupt- und Hafenstadt, niederzulassen, deren Mauern etwa 4000 der 14.000 Inselbewohner fassen. Von der See her präsentiert sich die Stadt als flacher Kegel, rundum mit weißen Häuserwürfeln bestückt, durch die sich unter Arkaden und Querbögen schmale Gässchen hindurchschlängeln. Die Flanken des Stadtkegels verlaufen sich rings in feldertragende Ebenen, dahinter sich ostwärts die Bergzüge zu immer höheren Wellen stauen.

Die Zeit hat sich der Stadt in Sedimenten aufeinander gestockt. Die Basis ist die alte Griechenstadt, das zeitlose Volk. Auf dem stumpfen Kegelkopf aber haben sich die Nachkommen der Venezianer niedergelassen, die im Jahre 1207, im Kielwasser des vierten Kreuzzuges (der vorübergehend das tausendjährige Byzanz zu Fall gebracht), Naxos in Besitz genommen und von ihm aus ein abenteuerliches, prachtgeschwelltes Fürstentum über die Kykladen begründet hatten. Der Shakespeare-Traum dieser Herrlichkeit dauerte bis 1566, bis die Türken kamen. Doch sie ließen die Verwaltung bei den venezianischen Geschlechtern, bis Naxos 1830 in die griechische Freiheit zurückkehrte. Von da an beschleunigte sich der Verfall der alten Feudalfamilien: Mehrere Bodenreformen überführten ihre Latifundien an die einheimischen Bauern. Noch immer aber behaupten sie ihren Katholizismus, noch immer stemmt sich der alte venezianische Stolz gegen die Geschichte.

Mögen Mauern und Fassaden bröckeln – in den gespensterhaften Palästen kämpfen sie gegen den Staub der Zeit; sie klammern sich an die überlieferten Formen, und daran erhält sich ihr Selbstbewusstsein, auch wenn ihnen kein neues Leben mehr nachwächst.

Ein Portal trägt den Wappenspruch: *sustine et abstine!* – halte aus und halte dich fern! Das *abstine* ist noch in Kraft – ein eiserner Vorhang trennt sie von den Griechen der Unterstadt. Aber das *sustine*, das Aushalten? Dies venezianische Mittelalter ist in anderer Weise tot, ist toter als die um zwei Jahrtausende ältere Antike. Eilig und scheu huschen Gesichter durch die Palastwände – Fledermäuse in einer verlassenen Gruft. Selten nur ein Kindergesicht. Dann aber ist viel alte Süße in ihm gesammelt.

An einem Punkt hält sich noch das Leben in der Oberstadt; wo früher die Fürsten ihr Kastell hatten, da unterhalten heute französische Ursulinerinnen eine in ganz Griechenland gerühmte Klosterschule. An die hundert meist orthodoxe Mädchen aus den angesehensten Familien des Landes erhalten dort ihre Ausbildung. Aber ihr fröhliches Gezwitscher vermag nichts wider diesen Tod. Trauer liegt über der Oberstadt, eine edle Agonie, in tapfere Resignation gefasst, die gespenstische Erinnerung an verrauschte Feste und an vergangene Größe. Nirgends sonst in Griechenland (außer noch in den peloponnesischen Frankenburgen von Mistra und Monemvasia) fanden wir solche Unaufhaltsamkeit des Vergehens – in Griechenland, wo doch die Zeit außer Kraft gesetzt zu sein scheint.

In der Unterstadt aber brodelt das Leben. Unten quellen die kleinen Häuser über von den vielköpfigen Familien. Da ist Lärmen und Singen und Bewegung, die Not auch und die Armut, aber sie kriegen die Menschen nicht unter. Unten ist auch die Freude ansässig, das Spiel, das Gelächter – und die Arbeit, Werkstatt, Handel und Geschäft.

Überall in Griechenland gibt es mehr Arbeiter als Arbeit. Auch auf Naxos – wenn ich es »reich« nannte, so weil es nicht ganz so arm ist wie die Inselwelt sonst. Unten der Hafen gibt manchem Schiffer und Lastträger das tägliche, wenn auch magere Brot. Sie kommen von den übervollen Dörfern, deren karge Steinäcker die vielen Münder nicht nähren. So suchen sie ihr Glück in der Stadt und fangen meist im Hafen an. Nur wenige aber finden das Glück, viele sind ergraut bei der Lastträgerei; am Winkel der Rückenbeuge lässt sich ablesen, wie lange sie schon dabei sind.

Ein anderer Anfang, und oft genug die Endstation, ist die Schuhputzerei; es ist ein »freier« Beruf, der *lóustros*, ein Einmannbetrieb auf der Straße. Den Bürstenkasten an einem Lederriemen über die Schulter gehängt, zieht er von Café zu Café – dort findet er die häufigste Kundschaft. Wer auf sich hält (und welcher Grieche tut das nicht), der lässt sich drei-, viermal am Tag die Schuhe putzen. Ein paar Drachmen kostet dies Selbstbewusstsein steigernde und prestigenährende Vergnügen, nach einem ungeschriebenen Gesetz jeweils ebenso viel wie die Tageszeitung – diese Preisliaison schützt den lóustros gegen die Schwindsucht der griechischen Währung. Sie ist aber auch essenziell begründet: denn die Zunge des Lóustros ist ebenso flink wie seine hin und her fliegenden Bürsten, die dem Gesetz der Schwere zu spotten scheinen, und nichts, was seinen hellhörigen Ohren entginge. So ist er denn ein Umschlagplatz der Nachrichten und Gerüchte, schneller noch als die Lokalzeitung. Und da seine Tätigkeit auf unerklärliche Weise die Schärfe und Schlagfertigkeit des Wortes fördert, sind sein Spott und seine Ironie gefürchtet – die meisten Witze, welche durch die Gassen laufen, haben ihn zum Vater. So tun die Lokalgrößen gut daran, sich ihn warmzuhalten – auf dem Trinkgeldwege; zum Embonpoint reicht es dennoch nicht.

Die Schuhputzer sind ein zuverlässiges Barometer für die Wirtschaftslage des Landes: Wenn es ihrer viele gibt, sind die Zeiten schlecht – denn in der Konjunktur findet sich andere Arbeit, die mehr einbringt.

Ein wenig besser dran ist Nikos, der Schmied. Auch er hat seine Esse, auf der er das Eisen zur bearbeitbaren Glut bringt, nach draußen verlegt, auf die Straße. Bei näherem Zusehen entdecke ich, dass er das Feuer nicht mit Koks oder sonstigen Kohlederivaten schürt, sondern mit Nuss- und Mandelschalen. Sie gäben nicht nur mehr Hitze als die Kohle, erklärt er mir, sie kosteten ihn auch nichts; der Lehrling sammele sie umsonst bei den Nachbarn, in den Cafés und Tavernen. Und mit dem Lächeln der Befriedigung fügt er hinzu: »Ist nicht die *ekonomia* eine wunderbare Sache!« Er ahnt nicht, dass er damit ein Schlüsselwort für die griechische Existenz ausgesprochen hat, die durch Neigung und Notwendigkeit immer wieder darauf angewiesen ist, aus nichts etwas zu machen. Es bleibt unverständlich, weshalb Zeus nicht die Ekonomia zur Göttin erhoben und ihr einen Platz an der olympischen Tafel zugeteilt hat – die Philosophen der Technik jedenfalls sollten es ihm in dieser Unterlassungssünde nicht gleichtun, sondern sich das Wort von Nikos, meinem naxiotischen Schmied, hinter die Ohren schreiben; denn es ist seine Ekonomia, der die Mutterschaft an der Technik zufällt.

Aber lassen wir die Arbeit, wenden wir uns von der Hand Griechenlands zu seinem Herzen, dem Kafeníon, dem Kaffeehaus – kein Ort kann so klein und arm sein, dass er es nicht in der Unzahl ernährte. Ein griechisches Kafeníon ist zunächst einmal eine Gelegenheit zum Sitzen und erst in zweiter Instanz ein Platz, an dem man unter anderem auch ein Tässchen türkischen Kaffees – in Begleitung mehrerer Gläser eisgekühlten Wassers – trinken kann, beileibe nicht muss. Unter anderem, denn das Café ist zugleich und in einem Büro und Berufsverband, Arbeitsamt und Gewerkschaft, Geschäfts- und Nachrichtenbörse – morgens, mittags, abends bis tief in die Nacht. Da sitzen sie nun, Stunden sinnierend und diskutierend, wie Fischer – die Angel ausgeworfen, mit dickem Köder dran, bis plötzlich der Zufall anbeißt, ein gutes Wort, ein Gedanke, eine Freude oder ein fetter Handel (und man sage nicht, das Angeln sei keine Arbeit), zwischendurch würzen sie das Warten mit einem

Spielchen, mit Karten oder Würfeln oder mit *tawlis*, dem Brettspiel, dem die kleinasiatischen Flüchtlinge, die nach der Katastrophe von 1922 herüberströmten, zum Siegeszug durch ganz Griechenland verhalfen.

Oft aber gibt er sich nur dem selbstverlorenen Spiel mit dem *komboloi* hin, der Kette, einst aus Bernstein, heute aus Kunststeingliedern, die in der Hand des Hellenen nicht zur Ruhe kommt – zu Hause, beim Spaziergang, im Kafeníon oder in der Taverne.

Das nicht verdeutschbare Komboloi ist der degenerierte Sprössling ehrwürdiger Ahnen: Mit ihm kontrollierte der Muslim das Abbeten der 99 Namen Allahs, später fand es, Mitbringsel wohl der Kreuzfahrer aus dem Heiligen Land, Nachfolge im katholischen Rosenkranz. Dem Griechen, mehr erpicht aufs Diesseitige, blieb es vorbehalten, das Komboloi zum männlichen Spielzeug zu profanieren. Spielzeug? Weit gefehlt – unter seinen flinken Fingern ist es das Begleitinstrument sämtlicher Tätigkeiten, die nicht zur Arbeit ausarten. Sie behaupten sogar, das Komboloi lenke von der Zigarette ab – dies allerdings vermag ich nicht zu bestätigen. Wohl aber seine Eignung für den einsamen Meditierer, als lautloses Mini-Klavier das Solo seiner Gedanken zu akkompagnieren; setzen sich jedoch die Freunde an den Tisch, steigert sich der Klatsch oder – lieber noch – der politische Disput zum dramatischen Crescendo, dann lassen sich mit ihm trefflich Akzent, Unterstreichung und Ausrufezeichen setzen.

Doch damit sind nur die Randtugenden des Komboloi genannt; seine volle Wirkung entwickelt es erst in seiner unübertroffenen Eigenschaft als konkretisierte Sinnlosigkeit – und eben sie macht es zum psychotherapeutischen Allheilmittel: Das Bewegungsspiel mit dem Komboloi dient dem griechischen Temperament zum Ventil und zweckfreien Selbstausdruck, wenn es gerade keinen direkten Anlass zur aktiven Entfaltung findet; es ist selbstloses Mittel für eine

Beschäftigung, mit welcher der Grieche noch die Leere der Zeit füllt, das Nichtstun, dem er sich so gerne überlässt – Kaugummi für die Hände (für den Mund bedarf seiner der Hellene nicht, lässt er doch, randvoll mit Worten, für nichts mehr Platz). Doch weit darüber hinaus ist das Komboloi ein mächtiger Zauberer, uneigennützig und überaus wohltätig, dessen Magie sich gleicherweise auf das Binden wie auf das Lösen versteht. Es entspannt den Nervösen, beruhigt die Verhetzten, sammelt den Zerfahrenen, konzentriert die Gedanken, wenn sie wie Vögel davonflattern wollen, beschwichtigt die Ungeduld und glättet die Zorneswogen, es lockert die Verkrampfung, lenkt ab vom Schmerz und befreit die sture Versessenheit vom Gegenstand ihrer Fixierung; und nicht zuletzt – man lasse die Kugeln nur durch die Finger gleiten – ist es Geburtshelfer dem Wort, das sich schwer tut, auf die Welt zu kommen. Kurz: Das Komboloi ist in einem Beruhigungspille und Belebungsspritze, Abkühlungs- und Entgiftungsanlage, Ventil und Blitzableiter, und immer wieder der Stifter des Friedens durch Gleichgewicht, das die Extreme auf die Norm des Maßes und der Mitte einpendelt. Wenn also die Leidenschaftlichkeit des Griechen, sein jähes Schwanken zwischen den Gegensätzen, sich doch immer wieder auf eine innere Ausgewogenheit einspielt, so dankt er dies nicht allein Gott Apollon, sondern auch dem Komboloi.

Das Komboloi ist also nicht nur das geringste, wenngleich das wohlfeilste Souvenir, das der Griechenlandfahrer heimbringen kann. Unseren Nervenärzten sei es angeraten – sie können Wunder mit ihm wirken; unseren Managern, die sich manchen Herzinfarkt und ihren Sekretärinnen manche Explosion durch das Spiel mit ihm ersparen können; und vor allem empfiehlt es sich unseren Politikern, wenn sie wieder einmal der Teufel reitet.

Was aber wäre das Komboloi ohne den Kaffee! Sie verhalten sich zueinander wie der Arzt zum Assistenten, und es ist schwer auszumachen, wer von ihnen der Chef ist – oft mögen sie auch die Rollen tauschen. Sicher ist nur, dass ihre Arbeitsteilung dem *kafedáki* die Aufgabe zuweist, die schizophrene Disposition des Griechen zur äußersten Geselligkeit und zum extremen Individualismus zugleich zur vollen Entfaltung zu bringen und zu überbrücken. Manos, mein naxiotischer Chauffeur, brachte es im Tag auf 6 bis 8 Tässchen, was als Durchschnittsleistung anzusehen ist. Er braucht seine Lieblingssorte nicht eigens zu bestellen – der Kellner bringt sie ihm unaufgefordert; wehe, wenn ihm dieser einmal den Kaffee in einer anderen Zubereitung auf den Tisch stellte – das wäre für Manos ein zwingender Anlass, das Stammcafé zu wechseln.

In anderen Ländern wird der Kaffee in einer oder zwei, wenn es hochkommt, in drei Arten serviert; er wird also kollektiv zubereitet. In Griechenland ist seine Herstellung ein durch und durch individueller Akt: Jedes Tässchen wird einzeln gekocht, nach dem Geschmack jedes einzelnen Kunden. Ich übertreibe etwas, denn die Wahlmöglichkeiten des Kunden beschränken sich auf rund 60 Zubereitungsarten – sie dürften immerhin ausreichen, um der Vielfalt der persönlichen Geschmacksansprüche einigermaßen gerecht zu werden. Diese Zahl ergibt sich aus den Kombinationsmöglichkeiten der drei Grundelemente: der Menge des Kaffees (stark–schwach), der Menge des Zuckers, der stets gleich eingekocht wird (süß–bitter) sowie der Kochdauer (einmaliges oder mehrmaliges, kurzes oder langes Aufkochen). Die Streubreite dieses Angebots erlaubt natürlich auch die Abstimmung auf das spezifische Bedürfnis der Tagesstunde: Am frühen Morgen etwa empfiehlt sich der Kaffee *varyglikos*, schwer und süß, während der zu später Nachtstunde *elafríglikos*, leicht und süß, vorzuziehen ist (kaum jedoch in den Augen des Griechen, zu dessen Talenten es zählt, immer und überall und unter allen Umständen ausgezeichnet schlafen zu können). Wer auf seine Linie Rücksicht zu nehmen genötigt ist, wird sich für *skéttos* entscheiden – ohne Zucker. Dem Fremden hingegen ist es anzuraten, es zunächst einmal mit *métrios* zu versuchen, »mittel« in der Dosierung sowohl des Kaffees wie des Zuckers. Wem schließlich der dicke Satz nicht behagt, der halte sich an *glikívrastos*, süß und lange (oder mehrmals) gekocht, wodurch sich der Kaffee feiner abklärt – er wird daher auch langsam und aus der Höhe eingegossen, während das schnelle und niedrige Eingießen den Schaum (*kaimáki*) wieder verdickt. Stets aber schicke man seinem Genuss einen Schluck Wasser voraus; erst auf dessen neutralem Untergrund kommt das Aroma des Kaffees zur vollen Geltung. Soll er langsam abkühlen, bestelle man ihn *se chondró vlitsáni* – in dickwandiger Tasse.

Man begreift nun, dass die Arbeit des *kafezís*, des Cafétiers, kein Beruf ist: Sie ist eine Kunst. Ein Ritus, eine Liturgie. Zu ihrem Gelingen genügt die individuelle Befähigung noch nicht (ganz zu schweigen von der Beschaffenheit des Wassers, das auch in Athen über Gebühr gechlort ist, und von der Qualität des Kaffees, der in Griechenland stark, das heißt schwarz gebrannt und sehr fein gemahlen wird). Ein entscheidendes Wort spricht auch die Art des verwendeten Brennstoffes mit. Gas und Elektrizität etwa bewirken eine allzu schnelle Erhitzung; bekömmlicher ist dem Geschmack des Kaffees die langsamere Erwärmung durch die Holzkohlenglut. So kommt es, dass der Kaffee in den abgelegenen Dörfern des Festlandes oder auf den Inseln besser, genauer: noch besser mundet als in Athen.

Die wichtigste Funktion des Kafeníon ist noch nachzutragen: Es ist der Ort, wo die stärkste Leidenschaft des Griechen ihre Orgien feiert – die Politik. Jeder Grieche ist ja der geborene Staatsmann. Das macht das Regieren so schwer in diesem Land, das Regieren über 7 Millionen Wähler, von denen jeder seiner Überzeugung nach ein verhinderter Minister ist. So ist das Café das Parlament der öffentlichen Meinung, der Knotenpunkt, in dem alle Fäden zusammenlaufen, die Stätte, wo sie ihre Netze knüpfen, ohne die im Meer des griechischen Lebens nichts zu fischen ist, weder Erfolg noch Amt noch Ansehen – die Netze der Beziehung und der Protektion, die sich von der Familie über die Freunde zu den Freunden der Freunde spannen. Und es ist schließlich die Bühne (für viele die einzige Bühne), auf welcher der Grieche sich selber und seiner Umwelt darstellt und bestätigt. – Wer den Nabel Griechenlands sucht, hier ist er, im Kafeníon auf der Agora, rund um den Marktplatz, wie eh und je in den Jahrtausenden. Und da die Griechen unverbesserliche Individualisten sind, ist das Café nichts weniger als der Ort, der Griechenland zusammenhält: Es ist das Scharnier seiner vielzelligen Glieder. Es ist – für den Fremden – das Tor zum Griechen.

Naxos hat noch ein anderes Tor. Keinen Tag, den wir in der Stadt verbrachten, ohne dem »paláti« unsere Reverenz zu erweisen. Draußen auf dem zwanzig Meter hohen Riff, am Nordrand des Hafens und dem Land durch einen wellenbrechenden Kunstdamm verbunden, draußen erhebt sich dies Tor in gebieterischer Einsamkeit. Vom Land her scheint es ins Meer zu führen; wer sich aber von der See her nähert, hört sich von ihm angerufen: »Tritt ein hier, nach Naxos.« Doch zu solcher Einladung war es nicht gedacht. »to paláti« heißt das Riff heute, »zum Palast«, weil das Tor in alter Zeit einem Tempel zum Eingang diente. Das war in der kurzen Glanzzeit der Insel, im sechsten Jahrhundert vor Christus. War er dem Dionysos zugedacht? Oder dessen Gegenspieler, dem Lichtgott Apollon, da sich das Tor Delos zuwendet? Darüber streiten sich die Archäologen; einig aber sind sie sich in der Feststellung, dass der Tempel nie zur Vollendung reifte. Und das gleiche Schicksal widerfuhr der christlichen Basilika, die ein Jahrtausend später seinen Grundmauern aufgebaut wurde. Das Tor aber überlebte beide, überlebte zweiundeinhalb Jahrtausende – um es mit dem schönen Wort des Münchener Malers Richard Seewald zu sagen: in seiner Vollkommenheit das letzte Wort, die reinste Gestalt der Idee – Tor. Ein Tor ins Nichts, wenn man so will, für Naxos oder das Meer, für die Vögel, für die Winde – nichts als ein Tor. Zwei senkrechte Pfeiler, waagrecht darauf der Türsturz, die drei aus dem herrlichsten Marmor und je aus einem Stück, zusammen die reinste Harmonie. Ein Tor eben – zu Griechenland, zum griechischen Maß, das sich im rechten Winkel erfüllt.

Unten klatscht die Brandung an den Fels. Dort habe sich Ariadne hinabgestürzt, die von Theseus treulos Verlassene – will uns der Begleiter, ein naxiotischer Lehrer, wissen machen. Wir glauben es ihm nicht: Ein Mädchen, dem sich Dionysos vermählt, ertränkt sich nicht.

Aber die Stadt ist noch nicht die Insel; oft hat die Kykladeninsel (wie Mykonos, Ios, Sikinos, Pholegandros, Antiparos, Kithnos, Kea) nur eine größere Siedlung; auch die Bauern wohnen in ihr – draußen auf dem Land unterhalten sie einzeln stehende Steinhütten, die sie nur zur Saat und Ernte aufsuchen. Aber Naxos (und auch Tinos, Andros, Paros, Seriphos, Siphnos, Santorin) hat neben der Stadt ständige Dörfer – wegen der Größe, wegen der fruchtbaren Ebenen, die in seine Berge eingesprenkelt sind.

Da ist Chalkis – im Kessel mitten zwischen den beiden Bergzügen, der Nabel von Naxos, rings umlagert von einem Silbersee der Ölbäume – der größte Reichtum der Insel. Nicht weit davon Philothi, Ausgangspunkt zum Berg Zia und seiner Höhle. Sie alle sind nun durch Asphaltstraßen mit der Hauptstadt verbunden, sodass man sie im täglichen Autobus leicht erreicht. Auch Méllanes, wohin es den Freund des Alten zieht; in seiner Nähe stößt er auf die Spuren einer alten Bildhauerwerkstätte – ein Exempel mehr dafür, dass in Griechenland das Paradoxon nicht aufhört. Dem Dionysos geweiht, glänzte Naxos im Altertum durch die Ausfuhr von Apollonstatuen. Einige ehrwürdige Zeugen erinnern noch daran. In der Nähe der vermutlichen Werkstätte findet sich zwischen den Felsen der unvollendete Rumpf eines *kouros* (Jünglings), das Gesicht abgesplittert, verwittert gleich dem umliegenden Gestein und vom schwarzgrünen, kleinblättrigen Hartgewächs überwuchert; er gehört wohl dem siebten Jahrhundert vor Christus an. Etwas unterhalb ruht sein jüngerer und vollkommener Bruder in einem Gartenstück; noch hat er die Arme am Körper, aber die Beine treten schon auseinander, das lange Haar hinten ist ausskulptiert, er muss also schon einmal gestanden haben. Dort liegt er nun, ein gefälliger Gott, zwischen Blumen und Disteln, beschattet von einem Mandelbaum, Schweigen gebietend, aus der Furcht, ein lautes Wort könne ihn aus dem Schlafe stören.

Das eigenwilligste Dorf aber ist Apíranthos, auf der Ostseite des Gebirges. Wie die Nachbargemeinde Kóronos ist es von den Enkeln geflüchteter Kreter bewohnt; die Türken hatten sie einst aus der Heimat gejagt. Deren Erinnerung halten die Berge wach, die sie sich auf Naxos wählten. Ein wildes und stolzes Volk – von den Leuten unten in Ebene und Stadt denken sie gering. Sie leben von ihren dürftigen Feldern, von den Schafen und Ziegen, und vor allem vom Naxosschmirgel, dessen Förderung ihr Privileg ist. Einige Familien besitzen uralte Schürfrechte; unter ihrer Führung schließen sich acht bis zehn Männer zusammen und treiben einen Stollen in den Schmirgelberg, wie eh und je in Handarbeit, jede Gruppe für sich. Sie arbeiten nicht im Lohn, sie teilen der Ertrag nach der Anzahl der Körbe, die der Einzelne fördert. Der Staat behält sich den Verkauf vor – da bleibt nicht viel, zumal sich der Naturschmirgel mehr und mehr von seinem künstlichen Konkurrenzprodukt verdrängt sieht.

Sie haben Sinn für Form, die Leute von Apíranthos. Das bezeugen schon ihre zweistöckigen Häuser. Oben befindet sich das Schlafzimmer und vor allem der »Salon« für die häuslichen Festlichkeiten

– und für den Empfang des fremden Gastes, den sie nur allzu gern frisch von der Straße weg ins Haus holen. Der Besucher wird dann zunächst einmal mit *glíká tou koutalioú* (»die Süßigkeiten, die mit dem Löffel geboten werden«) traktiert, mit einer kandierten Traube, Kirsche, Orangenschale, Quitte oder einem Rosenblatt. Je nach dem vermeintlichen Rang des Gastes (und des Gastgebers, in den sich dieser selbst einstuft) folgt darauf ein zweiter oder sogar ein dritter »Gang«: ein Kafedáki, ein Tässchen türkischen Kaffees, und schließlich ein Likör – und jede Etappe begleitet ein Glas frischen Wassers. Es wäre ein Zeichen schlechter Manieren, entzöge man sich diesem leicht strapaziösen Zeremoniell, mit dem das Haus seine Gastfreundschaft und die Dame des Hauses ihre hausfraulichen Künste demonstriert. Doch ist dieser Ritus keine naxiotische Spezialität, sondern allgemeingriechisch, wenngleich er auf den Inseln feierlicher und ausschweifender zelebriert wird als auf dem Festland.

Das untere Stockwerk des Hauses von Apíranthos, zu ebener Erde, ist vom Lagerraum und von der Küche eingenommen, die einen offenen Kamin hat (das Brot aber und den Festtagsbraten backen sie meist im frei stehenden gemeinsamen Herd der Nachbarschaft). Die Balkendecke ist durch einen Querbogen (»volta« genannt – was auf seinen venezianischen Ursprung hinweist) zweigeteilt, weil ihre kurzen, dünnen Hölzer nicht für die ganze Deckenbreite ausreichen. Von der Decke hängen Früchte herab, getrocknete Gewürzkräuter, Ketten von Zwiebeln und Knoblauch, und manchmal auch ein hausgeschlachtetes Schwein. Den Wein lagern sie nicht in Holzfässern, sondern in riesigen dick gebauchten Tonkrügen – Amphoren, nicht anders, als sie die Antike in Gebrauch hatte. Das Stoffzeug weben sie selber, für Bett, Tisch und Kleid – und die Mädchen die gesamte Aussteuer. So halten sie sich streng an die alte Sitte, und bei den Wahlen können sich die konservativen

Parteien auf ihre Stimmen verlassen. Sie weben, scheint es, nicht an der Zeit, sondern am Tuche der Ewigkeit.

Einer Sitte freilich hat der Staat ein Ende gemacht: der Blutrache, die sie noch bis vor wenigen Jahrzehnten nach kretischer Familientradition in strengen Regeln übten. Die Pflicht der Rache traf jeweils den männlichen Verwandten, der dem Ermordeten am nächsten war. Der Mörder konnte den Ort seiner Untat ungehindert fliehen, wenn ihn ein Kind seines Opfers an der Hand bis zur Dorfgrenze führte – von da ab war er vogelfrei. Die Kette des Rachemordens konnte nur enden, wenn die Mutter des Ermordeten den Mörder an Sohnes Statt annahm. So schlug das Heidentum, allein aus sich heraus, in die reinste Christlichkeit um.

Nicht weniger aber sind sie den hellen Seiten des Lebens zugetan. Es ist kaum eine langweiligere Tätigkeit zu denken als das Entschälen der Mandeln; zu diesem Zweck beklopft man sie auf dem Tisch mit einem Stein. Doch sie wären keine Griechen, verstünden sie es nicht, aus der Arbeit eine Unterhaltung zu machen. Zum Entschälen kommen, jeden Abend in ein anderes Haus, die Freunde und Nachbarn und natürlich auch deren Frauen und Kinder, besonders gern die Jungen im heiratsfähigen Alter. Und dann beginnt das gemeinsame Klopfen, das allmählich in den Rhythmus eines Liedes schlüpft, zu dem die Stimmen bald einfallen, ein zweites Lied kommt hinzu und viele andere, die *kozakiá*, die »Zöpfchen«, heißen, weil sie auf eine feststehende Melodie, ähnlich den bayerischen Schnadahüpfln, jeweils zwei improvisierte Verse eines Sängers bringen, denen dann der Gegensänger seine Antwort in der gleichen Weise anzuflechten hat. Dazu trinken sie, und nach einiger Zeit geht das Singen ins Tanzen über, denn inzwischen sind zwei Musikanten dazugekommen, ein Geiger und ein Lautenspieler. Die Tänzer von Apíranthos aber gelten als die besten der Insel. Sie tanzen, wie überall in Griechenland, den Kalamatianós und den Sirtós – die alten Reigentänze. Später aber, wenn sie warm geworden sind, gehen sie zum *bállo* über, der nur auf den Insel getanzt wird – eine Pantomime vom Liebeswerben der Vögel, der einzige griechische Tanz, in dem sich Mann und Frau als Paar begegnen. Sind Fremde da, so zeigen sie schließlich, dass sie sich auch auf den modernen Gesellschaftstanz verstehen, den sie to *kolitó* heißen, den »Klebenden«.

Die Musik macht der Stamátis auf der Geige, und der Jorgos begleitet ihn auf der Laute und singt auch manchmal dazu. Die beiden haben kaum ihresgleichen auf den Kykladen, ja die Griechen von Chicago haben sie sogar einmal nach drüben eingeladen. Doch der Stamátis konnte sich nicht von seinem Bergdorf trennen; für die Hochzeiten und Heiligenfeste auf den Nachbarinseln, dafür ist er allenfalls zu haben. Längst wäre er ein Krösus, frönte er nicht *einem* Laster: Unter allen Griechen, die wir auf der Insel trafen, war er der einzige Säufer. Noch schlimmer: Das Bier war es, nicht der Wein. Es ginge nicht anders, sagte er, denn auf den Hochzeiten spielen sie 40 bis 50 Stunden hindurch! Auch kann er das Rauchen nicht lassen; selbst beim Spielen klemmt er die Zigarette zwischen den vierten und fünften Finger der Fiedelhand und nascht schnell einen Zug, wenn der Jorgos gerade ein Gesangssolo einlegt. Der Jorgos muss ziemlich oft solieren.

Wie nirgendwo fiel uns auf in Apíranthos: Jeder dieser Männer hat ein *Gesicht* – *sein* Gesicht. Eines aber ist ihren Augen gemein: das Lachen und die List. Von alters her (und wie heute noch manchmal auf Kreta) stehlen sie Vieh – *nur* Vieh, versteht sich (und dieser Sitte hat die Polizei noch nicht völlig beizukommen vermocht). Erst wenn der junge Mann ein Schaf oder eine Ziege geraubt hat, ohne erwischt zu werden, versteht sich, erst dann würdigen ihn die Mädchen ihrer Blicke. Und nicht ohne Stolz erzählen sie, wie einst ihre Vorfahren den Wittelsbacher Otto hereinlegten, den ersten Griechenkönig nach der Befreiung von den Türken. Sie erboten sich, ihm ungemerkt sein Leibross zu stehlen. Der König ging auf die Wette ein. Der Sicherheit halber ließ er das Pferd die Nacht über in einen Stall führen und einen zuverlässigen Korporal aufsitzen. Als es aber dunkel wurde, begaben sich die Bauern in den Stall, und es begann ein Fest, mit Wein und Tanz und Tanz und Wein, und der Soldat auf dem Ross bekam natürlich auch ein Glas, dann ein zweites und mehrere dazu, bis er schließlich im Sitzen einschlief. Da warfen die Naxioten Seile über die Deckenbalken, knüpften sie an den vier Enden des Holzsattels fest und hievten diesen samt schlafendem Wächter sacht und langsam ein wenig hoch, bis sie das königliche Tier unter ihm herausziehen konnten. So gewannen sie Pferd, Wette und Ehre.

Da wir kein Tier mit uns hatten, fiel es uns schwer, von Apíranthos zu scheiden, von seinen Menschen und seinen Bergen, von seiner guten Zeitlosigkeit.

Leichter als vom Festen trennt es sich vom Flüssigen. So mieteten wir das Kaiki des Pantelís, eine kleine Fischerbarke mit Segel und Motor, und fuhren die Nordküste entlang. Die Ägäis hatte all ihre Lieblichkeit für diese Stunden aufgespart. Vor dem Bug unseres Schiffes trieb ein Delfinenpaar sein geschmeidiges Sprungspiel in den Wellen. Die See gab sich sanft. Umso wilder gebärdete sich die steile Bergküste. Beim Sturz ins Meer zerreißt es den Fels. Weiße Marmorflüsse ergießen sich in das tiefblaue Gewässer, stoßen lehmfarbene Schmirgelbatzen aus sich heraus, Gneise fallen dunkel ein, dazwischen sich Basalte senkrecht in die Höhe stemmen – die Haut ist weggerissen, und mit ihr alles Pflanzentum, und die zuckenden Eingeweide der Erde liegen bloß; weiß, grau, gelb, gemischt mit Rot, Schwarz und Violett in wilder Farbenjagd, ein wüstes Schlingen und Schieben, Sichstauen und Sichfallenlassen.

Wir umfahren das nördliche Kap, Stavrós (das »Kreuz«, weil sich dort die Winde von West und Ost schneiden), und steuern eine kleine Bucht an, hinter deren Halbkreis sich die Berge türmen. Ein Dörflein liegt da mit vierzig Häusern – *ston Apollona* heißt es, »beim Apollon«. Man kann es nun auch, mit Autobus, Taxi oder eigenem Wagen, auf der Asphaltstraße erreichen, die – einzigartig auf den Kykladen – die Insel umrundet: vom Hauptort in der nordwestlichen Ebene rasch ansteigend über Chalkis nach Apíranthos, von da schnell fallend in das nördliche Tal, das beim Apollonort das Meer erreicht.

Nicht das Dorf war unser Ziel, sondern Apollon selber, der wohl – sein Bart bezeugt es – ein Dionysos werden sollte. Auf Naxos ist das Unvollendete zu Hause: der Palati vor der Stadt, die Dioskuren von Méllanes, und nun dieser Gott! Ein Riese, fast elf Meter lang, liegt er in seinem Marmorbruch – oder richtiger: Die Wiege wurde ihm zum Sarge. Denn nach halb getaner Arbeit stieß man am Kopf auf eine Bruchstelle im Stein, und da ließ man den Halbgeborenen in Ruhe. So liegt er nun, fast zweitausendundsiebenhundert Jahre, in der sanften Neige des Geländes, das ihm den Blick freigibt über die weite See – ein Erdenkloß, und doch durch den Schlag des Menschen geadelt zu einer Gottheit.

Kapitän Pantelís erklärt uns, dass ihm das Apollon-Grundstück gehöre; vom Vater habe er es geerbt. Ob wir es ihm abkaufen wollten? Er verlange nicht viel, denn der Marmor sei kein Geschäft mehr, und sonst tauge es zu gar nichts, nicht einmal zur Schafsweide. Wir aber wagten nicht, einen Gott zu kaufen – schon gar nicht einen, der elf Meter lang ist.

Es ist nicht gut, Theseus zu sein und Naxos zurückzulassen. Aber wir nahmen es mit in unseren Herzen: das griechische Tor und das sterbende Kastell, die Hirten und die Tänzer von Apíranthos, den Pantelís und den Stamátis, die wilden Berge mit den schlafenden Göttern, und immer wieder diese blaue See, die Ägäis, die das Herz klar macht und zur Ruhe bringt.

Kapitel III

Variationen des Insel-Themas

Mykonos und Naxos lassen sich nicht als Lehrstücke, als Paradigmata für den Archipel schlechthin missbrauchen.

Die Namen der Inselgruppen markieren nicht allein ihre geografische Lage, sie stehen auch für höchst verschiedenartige Landschaftscharaktere, Menschengesichter, Existenzbedingungen und Wohnarchitekturen. Ja nicht einmal die einzelne Insel ist ohne abstrahierende Gewalt in das Begriffskorsett eines Familienkollektivs zu pressen, so sehr besteht jede auf ihrer Eigenart und Besonderheit. Lassen wir uns dennoch wenigstens auf eine Überblicksskizze des ägäischen Inselskeletts ein:

Kreta

Der Anfang gebührt zweifellos dem größten Knochen – Kreta, die fünftgrößte Insel im Mittelmeer mit 8259 km² und 550.000 Einwohnern. Seine Längsachse von West nach Ost schließt auf 260 km die Ägäis nach Süden ab; mit Höhen bis zu 2500 m grenzt es sich im steilen Südsturz seiner fast geschlossenen Gebirgsmauer von der insellosen Libyschen See nach Afrika hin hart ab, während es sich nordwärts im gemächlichen Fall mit ausufernden Tälern, vorgelagerten Ebenen und offenen Hafentoren Griechenland zukehrt. Größe und Geschichte, dazu die Fähigkeit zur weitgehenden Selbstversorgung stellen Kreta vor die Frage, ob es sich als kleiner Kontinent oder als große Insel verstehen soll.

Es ist ganz und gar auf Übertreibung angelegt, nicht allein in seiner Ausdehnung; alles, was den Griechen ausmacht, potenziert der Kreter zum Extrem: das individuelle Freiheitsverlangen, die Ehrsucht ohne Grenzen, den kämpferischen Mut, Generosität und Gastfreundschaft – kein verlässlicherer Freund, kein unbarmherzigerer Feind (im Zweiten Weltkrieg bekamen es die britischen Agenten und die deutschen Besatzungssoldaten alternativ zu spüren). Kurz, er ist der Supergrieche, für Hellas mehr noch, was der Korse für Frankreich, auch in puncto Patriotismus und Chauvinismus sein unerschöpfliches Reservoir an Köpfen und Kräften, Hauptlieferant für die griechische Politik, Dichtung und Musik, und als Tänzer unübertroffen. Staat und Gesellschaft tun sich freilich schwer mit ihm, denn er ist die Zeiten hindurch der unzähmbare Rebell, der kaum zu integrierende Außenseiter. Und nicht zuletzt: Kreta, das älteste Europa, trägt sein jugendlichstes Volk, berstend vor Vitalität und Originalität, ebenso unersättlich in seinem Lebenshunger wie bedenkenlos in der Selbstvergeudung. So viele Sedimente der Geschichte auf ihm lasten, keine Müdigkeit, keine Spur von Verbrauchtheit – allenfalls ein Touch von Weisheit, so weise, dass sie sich keine Torheit entgehen lässt.

Das älteste Europa, denn auf Kreta entfaltete sich, im Übergang von der Stein- zur Bronzezeit (2600–1400 v. Chr.), die erste abendländische Hochkultur, die einzige glückliche und friedfertige, scheint es, so man ihren künstlerischen Aussagen Glauben schenkt. Viele seiner Ordnungselemente und Formimpulse gingen, über Mykene, verwandelt in das antike Hellas sein, nicht nur die Kretagebürtigen Götter, die sich später auf dem Olymp ansiedelten. Kein Zufall daher, dass auf dieser Insel erstmals das Wort »Europa« aufleuchtete – noch ehe es geboren war.

Nicht allein sein Gesicht, auch seine Arme wendet Kreta Griechenland zu, als wolle es die Ägäis umarmen: Mit dem linken greift es über Antikythera, Kythera und Elaphonisos (den Wachtposten an der Passage vom westlichen Mittelmeer zum »Archipelagos«) zum festländischen Peloponnes, die Rechte streckt es ostwärts über das kleine, arme Kasos, über Karpathos (in seinem Landschaftsprofil, seinen Menschen die kleine Schwester Kretas) nach Rhodos, dem Herzstück des Dodekanes – in der Haltung gleichsam eines Gekreuzigten, in dessen Zeichen ihm denn auch seine nachminoische Passionsgeschichte bis in unser Jahrhundert hinein nicht erspart blieb.

Der Dodekanes

Empfiehlt es sich in der Regel, am Wort des Griechen etliche Abstriche vorzunehmen, seiner Bezeichnung *Dodekanes* (»Zwölfinselgruppe«) ist eine Menge draufzulegen, denn es sind ihrer 163 Eilande mit zusammen rund 2700 km². Die gute Hälfte davon beansprucht allein Rhodos (mit ca. 95.000 Einwohnern), Herrin zumeist über die Nachbarn ringsum, denen sich nur Kos, die zweitgrößte, zeitenweise entziehen konnte.

Geografisch formiert sich der Dodekanes nicht als Einheit. Teils verlängert er die Bergachsen Kleinasiens und winkelt sich dann von dessen Küste senkrecht ab – Kos, Chalki, Rhodos (mit direkter Fortsetzung nach Kreta); teils verläuft er parallel zu den türkischen Festlandketten – mit Arki, Lipsi, Leros, Kalymnos, Symi, Tilos. In dieses montane Geflecht haben sich, als Außenseiter, noch rundstrukturierte Altvulkane eingenistet – Nisyros und Patmos.

Sie alle aber partizipieren an den reichen Winterregen des nahen Kontinents – soweit sie nicht, wie auf den kleineren, humusarmen Inseln, in den verkarsteten Böden gleich wieder versickern. Daher sich denn Rhodos und Kos fast der doppelten Niederschlagsmenge des kretischen Iraklion erfreuen, ja fast des Dreifachen von Attika und den Kykladen. Die Festlandsnähe bremst ferner auf dem Dodekanes die auf der Ägäis dominierenden Nordwinde, vor allem den sommerlichen Meltemi, der die Kiefern auf den Kykladen nach Süden buckelt und das Wachstum ihrer Nutzpflanzen bremst.

Auch siedlungsgeografisch wendet sich die Inselgruppe dem benachbarten Anatolien mit ihren Haupt- und Hafenorten zu. Erst recht in ihren geschichtlichen Bezügen: im kulturellen und ökonomischen Austausch, wenn die kleinasiatischen Ufer in griechischer Hand waren, in politischer und militärischer Abwehr während der Spannungsphasen. Vor allem aber profitiert *Rhodos* in den Zeiten des dichten Verkehrs zwischen Orient und Okzident von seiner Schnittpunktlage, in der sich die Seewege von Nord nach Süd (von den Dardanellen nach Ägypten) und von West nach Ost (von Italien nach dem »Heiligen Land«) kreuzen. Sie machte die große Insel im hellenistischen Zeitalter zum Zentrum des Seehandels und der Kultur, in dem die vornehmen Römer zur Schule gingen; und dann nochmals im Mittelalter, während der Kreuzzüge, als die Johanniter (die späteren Malteser) mit vorübergehendem Glück den Dodekanes zur abendländischen Bastion gegen die anbrandende Türkenflut ausbauten.

Rhodos leitet seinen Namen von der Nymphe Rhode ab, Geliebte des Sonnengottes Helios, auf dessen Wunsch hin Vater Zeus erst die Insel aus dem Meere hatte auftauchen lassen. Die Mythologie hat immer Recht, auch in diesem Fall: Mit seinen weichen Formen, seiner sanften Lieblichkeit und molligen Fülle setzt das sonnendurchtränkte Rhodos geradezu den femininen Kontrapunkt zur supermännlichen Härte und Herbheit Kretas. Selbst seine Menschen scheinen davon geprägt: Sie sind »leichter«, gewandter, anpassungsfähiger, regsamer als die Inselleute sonst. So sind auch alle Voraussetzungen versammelt, um Rhodos zum Abladeplatz des modernen Massentourismus zu machen.

Ein Viertel nur seiner Ausdehnung (und Einwohnerzahl) misst *Kos* – ein wohlbestellter Garten, in dem das ganze südliche Früchte-Alphabet gedeiht: von Artischocke und Aubergine über Granatapfel, Mandel, Orange und Olive bis zu Paprika, Tabak, Tomate und Traube, Zitrone und Zucchini. Die Griechen selber schätzen besonders seine unübertroffenen Wassermelonen. Zeitlosen Weltruf aber verdankt die Insel dem Hippokrates, der erst die Medizin von der religiösen Magie zur Wissenschaft emanzipierte – Grund genug, um ihm ein Heiligtum unweit der Stadt zu widmen, wo sich die breite Ebene langsam zum südlichen Bergzug des Dikeos (946 m Höhe) anhügelt. Diese Ortswahl für seine Schule war gewiss nicht dem Zufall der Willkür überlassen: Das Klima von Kos bekommt den Menschen nicht weniger als den Pflanzen.

So lässt es sich auf Kos leben, gesund und ohne Not, die sich sonst als Dauergast auf den Inseln niedergelassen hat. Kein Wunder, dass seine Bewohner als besonders spendabel gelten (was etwas heißt, denn welcher Grieche ist es nicht?). Auch friedlich sind sie gestimmt, trotz ihres ausgeprägten Eigensinns; gefürchtet ist allein ihre ironische Zunge, die sich ausschließlich an den Nachbarinseln wetzt. Ganz sorgenfrei sind sie nicht, denn Kos wird besonders häufig von schweren Erdbeben erschüttert (zuletzt 1933); von der Bruchempfindlichkeit seines Untergrundes zeugt auch der alte Vulkan, der sich in seine westliche Schwanzflosse eingekratert hat.

An der Opulenz von Rhodos und Kos haben die kleinen Dodekanesen nicht im Entferntesten teil. Teils sind sie von Haus aus arm, teils verarmt – wie etwa das wasser-, wald- und fruchtlose *Symi*. Unter den Osmanen hatte es jedoch seinen Mangel an natürlicher Mitgift durch sein Geschick zur See zu kompensieren vermocht: durch Schiffsbau (gerühmt schon in der Antike), durch große Handelsfahrt und Schwammfischerei. Mit all dem ist es vorbei. Mit den

Werften, seit der Dampfer das Holzkaiki verdrängte; mit dem Seehandel für die türkische Kundschaft, seit dem Übergang in italienische Hand (1913 – erst 1947 wurde es, mit dem gesamten Dodekanes, wieder »griechisch«); mit der Schwammtaucherei, seit in der abgegrasten Ägäis nichts mehr zu ernten ist. So blieb nur die Auswanderung; sie hat die Bevölkerung in unserem Jahrhundert halbiert. Neuerdings tröpfelt wieder kleine Münze auf die Insel, mit den Touristen, die ihrem Buchtenreichtum und dem pittoresken Hafenstädtchen mit den abblätternden Fassaden der alten, hochstöckigen »Herrenhäuser« romantische Genugtuung abgewinnen.

Eine Aschenbrödelexistenz fristet das bergige *Tilos* – es hat nichts zu bieten außer seine nackte Schönheit, noch unangetastet in zeitloser Einsamkeit. »Interessanter« gibt sich *Nisyros*. Von außen her wenig einladend, enthüllt es erst nach dem Aufstieg zu seinem Höhenrand (300 m) sein Geheimnis, im steilen Blick nach unten auf den elliptisch bergumschlossenen Kraterboden mit zischenden Fumarolen und brodelnden Schlammtümpeln – sterile Schwefelwüste in allen Nuancen vom kalten Weiß über giftiges Gelb zu Grünlich-Braun. Doch nur in der südlichen Bodenhälfte; in der nördlichen sind die hephaistischen Gespenster schon seit langem zur Ruhe gekommen und nähren nun mit ihrem fruchtbaren Auswurf ein üppiges Wachstum, einen dichten Flor aus Rebstöcken, Öl- und Mandelbäumen – die Fülle schlechthin. Jäher können Tod und Leben nicht aufeinander prallen, sich wechselseitig erhöhend in ihrer unmittelbaren Gegensätzlichkeit, im fortwährenden Ringen um jeden Meter Grund. Anders also als das meerdurchbrochene Santorin, diese grandiose Kulisse von Hades und Unterwelt, inszeniert Nisyros das ewige Spiel von wütender Vernichtung und blühender Hoffnung.

Nordwärts *Kalymnos*. Die weit geöffnete Hafenbucht ist rings bestückt mit Würfelhäusern. In ihrem üblichen Inselweiß blaue

Tupfer – ihr Zusammenklingen assoziiert die griechische Landesfahne: patriotische Demonstration gegen die Italiener, Herren über die Insel 1911–1947. Dabei beließ man es, zur Erinnerung.

Der betriebsame Ort demonstriert bescheidenen Wohlstand. Man fragt sich woher, begibt man sich ins Hinterland: ein einziger Felsenzyklop, ohne Frucht und Baum. Ein Tal nur im Osten prangt mit kleinen Mandarinenplantagen; die Qualität ihrer Ernte ist in Griechenland unerreicht, aber die Menge lohnt sich kaum.

Jede Insel hat eine Spezialität – Kalymnos deren zwei. Die andere wächst nicht auf seinen Feldern, sondern auf den Meeresgründen – kaum noch der Ägäis, vielmehr vor den Küsten des Nahen Ostens und Nordafrikas, wo sich allein noch die jahrtausendealte Schwammtaucherei lohnt. Die benachbarten Konkurrenten haben dieses lebensgefährlichste aller Gewerbe meist schon aufgegeben. Nicht der zähe Kalymniote. Da die Fanggründe weithin leer gefegt sind, wandern viele nach den ergiebigeren Küsten Floridas oder Australiens aus. Nicht zuletzt von ihren Geldern nähren sich die Familien daheim. Das ist nicht die Ausnahme, das ist die Regel für fast alle kleineren Inseln der Ägäis.

Auch für *Leros*, das seinen schlechten Ruf nicht verdient. Es verdankt ihn seinem Missbrauch als Verbannungsort von alters her, den die Militärjunta (1967–1974) mit der Errichtung eines Konzentrationslagers erneuerte. Anlass dazu bot ihr die Hinterlassenschaft Mussolinis in Gestalt ungemein scheußlicher Kasernen – er hatte das vierfach eingebuchtete Leros wegen seiner Hafengunst zum Flottenstützpunkt für den östlichen Teil seines imperialen »mare nostrum« ausgebaut, im südwestlichen Golf von Lakki. Wer diese Schatten der Vergangenheit meiden will, findet in der nordöstlichen Agia Marina einen unbelasteten Landeplatz. Kaum eine andere Insel bietet sich derart amphibisch dar, in der intimen Verzahnung von Land und See.

Wo das Böse, ist das Heilige nah: nächste Station auf der Nordroute: *Patmos* – die Insel des heiligen Johannes (dem griechisch-orthodoxen Herzen näher als alle anderen Apostel), dem sich dort in der römischen Verbannung um 95 n. Chr. die Apokalypse offenbart hatte. Nichts freilich an ihr rechtfertigt seine Schreckensvision des Zeitenendes, eher lässt sich denken an ein Paradiesgärtlein für den sanften Lieblingsjünger Christi, an einen heiteren Traum des Friedens: In der spielerisch verschlungenen Küstenlinie, im mild bewegten Schwung der tanzenden Hügel manifestiert sich die Lieblichkeit selber. Der alte Vulkan, dessen nach Süden offener Kreiskrater sicheren Hafenschutz gewährt, ist schon in vorgeschichtlicher Zeit verstummt; seine Lava- und Aschenböden böten mehr als das Nötige, regnete es nur häufiger.

Die Insel hat Geist, johanneischen Geist, dessen Flamme ihr berühmtes Kloster immer noch nährt, eine zinnenbewehrte Burg hoch über den Dörfern, die Macht repräsentiert; sie fiel ihm schon bei der Gründung 1088 zu, mit der ihm der byzantinische Kaiser Alexios I. Kommenos die Souveränität über die benachbarten Inseln bis Leros und einen theologischen Sonderstatus (dem Athos vergleichbar) verlieh, respektiert später selbst von den Venezianern, Genuesern, Türken und den stets gegenwärtigen Korsaren. Ausgestattet mit staatlicher Autonomie, befreit von allen Steuern und Dienstleistungen, im Besitz eigener Schiffe und reicher Ländereien, erhöhte es seinen führenden Rang in der Orthodoxie durch die Errichtung (1713) einer Theologischen Schule, Magnet für den klerikalen Nachwuchs von Russland bis zum koptischen Abessinien. Solch frommer Ruf zog Geschenke und Stiftungen aus aller östlicher Christenwelt an; sie verwandelten das Kloster in ein Schatzhaus von Fresken, Ikonen, Sakralgegenständen aller Art und heiligen Schriften (einschließlich des Markus-Evangeliums aus dem 6. Jahrhundert). Zu einem Museum ist es dennoch nicht versteinert. Schlägt auf dem

Athos das mystische Herz des orthodoxen Hellenentums, fast schon in der Agonie – Patmos ist sein Kopf, und er denkt noch. Gleichwohl haftet der Insel keinerlei frömmelnder Muff an, ihre Mönche (unter denen im Unterschied zu fast allen anderen Klöstern die Novizen nicht fehlen) sind weltoffener, gebildeter als anderswo, im intimen Kontakt zu den Insel-Laien – mit ihnen zusammen ein »heile Welt«, der es an irdischer Heiterkeit nicht mangelt.

Ostägäische Inseln

Hinter Patmos verläuft die Grenze zwischen dem Dodekanes und der *Ostägäischen Inselkette*; nicht erst in der Neuzeit von der politischen Administration gezogen, trennt sie von alters her die dorische von der ionischen Besiedlung. Gemeinsam aber ihr Bezug zum anatolischen Bergsystem: Streicht Samos, wie ein vorausgeworfener Speer, als Verlängerung der kleinasiatischen Küste, also quer zu ihr, in die See hinein, desgleichen weiter nördlich Ikaria, so lagert sich ihr Chios als Bergparallele vor; Lesbos und Lemnos sorgen wieder für die altvulkanische Ausnahme. Auch haben die Ostägäischen, gleich dem Dodekanes, am Reichtum der festländischen Regen teil. Auf größerer Fläche aber (von Rhodos abgesehen) vermögen sie die Niederschläge zu halten und zu üppigerem Bewuchs zu nutzen; die dichteren Waldbestände bremsen ihrerseits die Erosion, und so gewähren sie mit 70 bis 80 Einwohnern pro Quadratkilometer eine fast doppelt so hohe Bevölkerungsdichte wie die Kykladen; hinter ihr bleibt auch der Dodekanes zurück. Absprengsel des nahen Kontinents, prägt der reichliche Segen von oben auch ihre Bauweise: Im Unterschied zu den Kykladen und meist zum Dodekanes bedarf es nicht der Flachdeckung der Häuser (das Gleiche gilt für die Sporaden mit Bezug zum thessalischen Festland), da ja der Regen nicht in der Zisterne gesammelt zu werden braucht; stattdessen ist ihnen zum Schutz der Wohnungen geboten, den nassen Überfluss mittels walmgegiebelter Ziegeldächer nach außen abzuleiten. Unverkennbar ferner die ausgeprägte Orientalisierung der Haus-Architektur, ließen sich doch die sonst inselabstinenten Türken auf den drei reichen Großen unmittelbar vor ihren Toren nur allzu gerne nieder, oft als Latifundienbesitzer. Schließlich nötigte sie ihre Lage, in weit höherem Grade politisch und ökonomisch mit der kontinentalen Gegenküste zu kommunizieren. Umso verheerender wirkt sich für sie die Amputation von ihrem »Hinterland« aus, in der Folge der »kleinasiatischen Katastrophe« von 1922, die der 3000-jährigen Griechenkolonisation des anatolischen Uferrandes das Ende setzte und seither Hellas durch einen »Eisernen Vorhang« von der Türkei scheidet. Sie hängen nun in der Luft. Zurückgeworfen auf sich allein, reicht die eigene Basis kaum über das Vegetieren hinaus. So sind sie denn von der Bevölkerungsflucht noch ärger getroffen als die anderen Inselgruppen.

In alter Zeit suchten die Hellenen Samos wegen der Werke auf, die Herodot (5. Jh. v. Chr.) als die »drei größten« aus griechischer Hand rühmte: wegen des Wassertunnels des Eupalinos, der auf 1045 m Länge einen Berg durchstößt, zur Versorgung der Hauptstadt Pithagorion (heute auch Tigani). Wegen seiner ausgreifenden Mole. Und schließlich hatte der Gläubige der Hera, der First Lady des Olymp, seine Reverenz zu erweisen, die dort ihre Heimat und ihren Tempel hatte, »den größten von allen«. Sie alle entstammen – wie kann es anders sein – der Initiative eines Tyrannen, des Polykrates (539–522 v. Chr.), der sich im Besitz des Piratenmonopols auf die Kunst verstand, Blut in Gold zu verwandeln und, angetrieben vom Denkmalsehrgeiz, dieses wiederum in Kunst, Philosophie und Wissenschaft. Was Namen hatte in der hellenistischen Landen, folgte dem Ruf an seinen mäzenatischen Hof – die Dichter Anakreon, Ibykos, Äsop, der Mystiker, Mathematiker und Musiker

Pythagoras, die Architekten Rhoikos und Theodoros – Pfropfreis freilich nur auf dem samischen Stamm, der wie kaum ein anderes Inselvolk zum Wunder des hellenischen Denkens und Formens beitrug.

Doch Samos lebt nicht nur von seiner Geschichte, es ist von intensivster Gegenwärtigkeit: eine ewig junge Inselschöne im reich gerillten Faltenwurf der Waldhänge, die in Ebenenbändern und weichen Buchtungen ausschwingen. Sie liegt gleichsam auf dem Bauch: in doppelter Wellung lang gestreckt das grün verhüllte Rückgrat, dessen Hauptwirbel im Ampelos zu 1161 m aufsteigt und seine Rippen südwärts in weiter Stufung entsendet, im schnellen Fall nach Norden, um sich dann westwärts nach einer Nackensenke zum steiler aufschießenden, kahl geschorenen Kopf des Kerketeus (1494 m) zu erheben. So versammelt Samos alle ägäischen Elemente: die innige Umarmung von Land und See, das bewegte Linienspiel von Höhe und Tiefe, die dichte Fülle des Bewuchses und die nackte Felsgewalt, schattige Strände kettenförmig aneinander gereiht, und immer wieder der freie Blick (nach Osten) in die getürmte Bergwelt des nahen Kleinasien und (nach West und Süd) in die inselbestückten Weiten der Ägäis. Wer also auf sein Reiseprogramm mehrere Inseln setzt, beginne nicht mit Samos – er käme von dort nicht mehr weg. Zumal es noch einen zweiten Köder zum Bleiben auswirft: seinen Wein, der seinem Ruf nichts schuldig bleibt. Korrekturbedürftig ist freilich: Galt früheren Geschlechtern, weniger zuckerverwöhnt, »der« Samos als Spitze der begehrten Süßweine, haben sich die samoischen Winzer längst dem neuzeitlichen Geschmackswandel angepasst und brillieren nun mit herben, trockenen Tropfen.

Knochiger, mit geringerem Fleischansatz, streicht *Chios* in einem Bergzug von Süd nach Nord, sich nur ostwärts einen schmalen Küstensaum vorlagernd. Ihn freilich haben die arbeitsamen Chioten zum Wuchern gebracht, vor allem im flacheren Südteil, der ihnen ein weltweites Produktionsmonopol beschert, den Mastix. Zwar gedeiht sein Strauch rund um das Mittelmeer, doch nur auf dieser Insel lässt sich der *pistacia lentus Chia* jenes Harz abzapfen, das sich, wie es sich für ein ägäisches Gewächs gebührt, vielfältiger Verwendung zuführen lässt: als Magenmedikament, Kaugummi, Süßigkeit, Schnapsessenz, als Klebemittel (mit dem sich die Komödianten noch heute Bärtigkeit zulegen) und als Grundstoff der chemischen Industrie zu mancherlei Zweck. Die türkischen Haremsdamen unterstellten ihm gar die Wirkkraft eines Aphrodisiakums, die jedoch der blinden Gläubigkeit vorbehalten bleibt. Wie auch immer, die Osmanen schätzten den Mastix so hoch ein, dass sie bei ihrem blutigen Massaker 1822, beim Beginn des griechischen Befreiungskrieges (30.000 Erschlagene, Versklavung von 41000 Frauen und Kindern), die 15.000 Bauern der Mastixdörfer Pyrgi, Mesta, Olympi verschonten.

Sonst aber waren diese »Masticha choria« zu allen Zeiten Zielscheiben der Korsaren und wechselnden Fremdherren. Daher sie rings um den Stadtrand die Außenmauern der Häuser zu Festungskasematten verschanzten, mit gesicherten Ausfalltoren; auch waren die Wohngebäude durch ein unterirdisches Tunnelgeflecht verknüpft, zur Flucht oder beweglichen Verteidigung. Friedlicher die Innenansicht: Die Hauswände, welche die Platia einkreisen, sind mit geometrischen Sgraffiti ornamentiert, in der Kratzputztechnik; sie trägt einer dunklen eine hellere Mörtelschicht auf und raspelt aus dieser noch vor der Abbindung lineare Muster heraus. So präsentieren sich die Außenmauern als Tapetenwände, die den Gemeindeplatz in einen Wohnraum verwandeln; ihm gemäß spielt sich denn auch das Leben und Treiben im Dorfzentrum ab.

Auch die Chioten verfügen über eine zweite Spezialität: über Ellbogen, die nicht ihresgleichen haben in der Inselwelt. Ununterbrochen seit der Antike sagt man ihnen das große Geld nach. Da es nicht aus der Insel selber herauszuholen war (der Mastix ernährt ja nur den Süden), nutzten sie deren Lage, Smyrna (Izmir) gegenüber, dem zentralen Umschlagplatz Anatoliens. Wer immer von »Europa« nach Konstantinopel fuhr oder von dort nach Ägypten, die Hellenen, Venezianer, Genuesern (Herren über die Insel 134–1566), Türken, legte auf Chios an. So wuchs es geradezu natürlich in den Handel und die Schifffahrt hinein; und als dann die »große Katastrophe« (1922) die Insel vom kleinasiatischen Hinterland abnabelte, bereitete es den großen Reedereien keine Mühe, mit ihren Flotten flugs auf die »große Fahrt« umzuschalten.

Absorbiert vom mammonistischen Eifer, fiel der chiotische Beitrag zur hellenischen Kultur vergleichsweise spärlich aus. Doch lässt sich das Plädoyer der Insel hören: Wer einen Homer hervorbrachte, hat sein geistiges Soll für alle Zeit erfüllt. Immerhin weist die Insel auch noch eine ansehnliche Bildhauerschule aus dem 6. Jahrhundert v. Chr. vor, die erste demokratische Verfassung in der Geschichte, und nicht zuletzt das Kloster Nea Moni (erbaut um 1040–1050), das mit der Hekatonpiliani (auf Paros), mit Daphni (bei Athen), Osios Lukas (vor Delphi) und drei Kirchen in Saloniki zu den größten Schöpfungen der byzantinischen Sakralarchitektur auf altgriechischem Boden zählt.

Man ist verführt, von einer Arbeitsteilung der drei großen ostägäischen Inseln zu sprechen: Entfielen auf Samos die bildhauerische Kunst, die frühe Technik, Philosophie und Wissenschaften (den Wein nicht zu vergessen), auf Chios die materielle Tüchtigkeit, Lesbos ist das Inselland der Bauern und – der Poesie (sowie neuerdings in der Hauptstadt Mytilene der kleinindustriellen Aktivität).

Auf *Lesbos* lebt ein anderer Menschenschlag, der Stamm der Äoler, der nicht so sehr wie das ionische Chios auf Arbeit, Leistung und Verdienst erpicht ist, sondern eher den Daseinsfreuden, der Muße und den Musen zuneigt. Dem hat es wohl die Insel – und die Welt – zu danken, dass sie zum Geburtsort der Lyrik (und wahrscheinlich auch der Instrumentalmusik) wurde, im siebten Jahrhundert vor Chr.: in Terpandros, Alkaios und der Sappho fand das sich seiner selbst bewusst werdende Ich erstmals seine persönliche Stimme, im Anfang schon Blüte und ausgereifte Frucht zugleich. Sie mögen in noch tieferen Schichten der Überlieferung wurzeln, denn bereits die Dichtergestalten des frühgriechischen Mythos, Orpheus und Arion, waren mit Lesbos verknüpft – sicher nicht ohne realen Bezug. Diese Quelle ist nicht versiegt, sie sprudelt noch in unserem Zeitalter: In der »Äolischen Dichterschule« (Ephtaliotis, Bernardakis, Myrivillis, Venesis und Elytis) leistete Lesbos neben Kreta den wichtigsten Beitrag zur griechischen Gegenwartsliteratur. Seine künstlerische Ader bezeugt sich aber auch in seinem Handwerk, in der Weberei und Töpferei (vor allem in Agiassos, an der Ostflanke des höchsten Inselberges, des 967 m hohen Olympos), sowie in dem vagabundierenden Schustersohn Theophilos (1868–1934), dem bedeutendsten »naiven Maler« des Landes. Den musischen Talenten der Lesbioten schreiben es schließlich die Griechen auch zu, dass sie den besten Uzo des Landes, den Anisschnaps, zu brennen verstehen – besonders in Plomarion.

Lesbos ist nicht aus einem Guss, es ist vielmehr aus drei mehr oder minder heterogenen Stücken zusammengebacken, die zwei tief einschneidende Fjorde voneinander abgrenzen – vom Süden her durch den schmalen Grat von Yeras (14 km Länge) und im Westen durch den ausladenderen von Kalloni (21 km). Stiefkind der vegetationslose Westteil, zur Mitte hin aus altvulkanischen Andesiten und Basalten, die an den Küsten in weicherer Tuffhügelung abfallen – unter ihr begraben und konserviert, dann herauserodiert fossile, durch Versinterung versteinerte Baumstämme (im Dreieck der Orte Antissa–Sigri–Eressos), einzig in Europa.

Anders im Südosten auf metamorphen Kalken das waldbestandene Bergmassiv des Olympos, während sich im Nordosten beide Landschaftscharaktere überlappen. Die Unterschiedlichkeit ihrer geologischen Muster ist jedoch verdeckt von dem weit ausgreifenden Teppich der lichten Ölbaumhaine. Sie machen Lesbos zu »der« Oliveninsel, zum größten Ölbaumareal ganz Griechenlands.

Thrakische Inseln

Auf keinen gemeinsamen Nenner lassen sich die »Thrakischen Inseln« in der Nordostägäis bringen (Lemnos, Samothrake, Thasos, Agios Evstratios sowie, der Türkei zugehörig, Imbros und Tenedos) – es sei denn auf den historischen: auf ihre stets umkämpfte Wächterlage am Eingang zu den Dardanellen. Da sie, zu klein zum Aufbau einer eigenen Hausmacht, das zugewiesene Kontrollamt über die internationale Hauptverkehrsader zwischen dem Mittelmeer und dem Schwarzen Meer nicht aus eigener Kraft wahrzunehmen vermochten, war alle Wandermacht zwischen West und Ost, zwischen Nord und Süd provoziert, sich diese strategischen Leckerbissen einzuverleiben. Mag diese Schicksalsformel für die gesamte Ägäis gelten, sie potenziert sich in dieser Inselgruppe. Umso erstaunlicher die extreme Verschiedenartigkeit, ja Gegensätzlichkeit im Bauprofil und Bewuchs, in der geologischen Struktur, welche die thrakischen Inselmonaden auf engstem Raum entfalten: das breitbehäbige Lemnos, der felsige Steilschuss des mystischen Samothrake, das waldige Thasos, Goldgrube in jedem Sinne und zu allen Zeiten, und das wüste, isolierte Agios Evstratios, zu nichts anderem nutze als fürs Exil.

Das griechische Wort für den Vulkanismus leitet sich von Hephaistos ab. Zweimal stürzten die Göttereltern den hässlichen Sohn vom Olymp in die Ägäis, wo er auf Lemnos seine Heim- und Werkstatt fand. Mit ihm, der sich in Ermangelung der Leibesschönheit durch handwerkliches Geschick auszeichnete, begründete der Mythos die altvulkanische Entstehung der Insel. Seine trägen Lavamassen – ohne Kraft Höhen aufzuwerfen – dehnten sich rund in flache Weite, und da der Magmaherd schon in vorgeschichtlicher Zeit zur Ruhe kam, mutierten sie zur Fruchtbarkeit – der gute Boden machte Lemnos die Zeiten hindurch zur größten Korninsel der Ägäis; neuerdings dient er auch dem Baumwollanbau. Auf die gleiche Genese geht ihre überdifferenzierte Küstengliederung zurück, die sich im Golf von Moudros zum größten und sichersten Naturhafen buchtet – stets geschätzt von den Kriegsflotten, zuletzt, im Ersten Weltkrieg, für das Gallipoli-Unternehmen der Entente cordiale.

In hellenischer Zeit galten die Lemnier als unübertroffene Meister des Schmiedehandwerkes – Hephaistos, so hieß es, habe es sie gelehrt, als Dank für die Gastfreundschaft, die sie ihm gewährt hatten. Auch standen sie im Ruf der Friedlichkeit. Weniger ihre Frauen, die in einem feministischen Aufstand sämtliche Männer umbrachten, nachdem diese thrakische Weiber heimgeführt hatten. Später freilich besannen sie sich eines anderen: Als die Argonauten auf der Insel landeten, öffneten sie sich den Helden, und diese wären wohl in ihrer Umarmung verblieben, hätte sie nicht Herakles an ihre Pflicht gemahnt, das Goldene Vlies aus Kolchis zu holen.

Danach liefen Jason und die Seinen das sturmgepeitschte *Samothrake* an, um den »Großen Göttern«, zuständig für die Rettung aus Seenot, zu huldigen, bevor sie die gefährlichste Strecke ihrer Fahrt, die Dardanellen, passierten. Die Insel verhieß noch wichtigere Hilfe. Mit Eleusis und Ephesos bildete sie (eine Stiftung der thrakischen Saer, die ja auch Dionysos und Orpheus dem hellenischen Kosmos zuführten) das Dreiergestirn der griechischen Mysterienkulte, in der Gegenströmung zur Aufklärung, zur Formenfreude und zur Lebensbejahung des ostägäischen Ioniertums und zur spartanischen Ehrsüchtigkeit, die sich in der kriegerischen und körperlichen Tüchtigkeit erging – auf Samothrake löste sich die Seele im mystischen Prozess von der irdischen Welt ab, um in die Unsterblichkeit einzugehen. Es ist den späteren Jahrtausenden nicht gelungen, die rätselhaften Mysterien von Samothrake zu entschleiern, auch nicht in jüngster Zeit den Anthroposophen, die in ihm einen Vor-Ort ihrer Lehre entdecken wollten; selbst die sonst so ausschweifende Geschwätzigkeit der Griechen hielt sich strikt an ihr Geheimnisgebot. Man weiß nur, dass der Suchende in zwei Stufen in die Riten eingewiesen wurde: als Myste, als »Eingeweihter«, in die niedere, als Epopte, als »Schauender«, in die höhere Weihe und dazwischen hatte er ein Sündenbekenntnis abzulegen; und dass jedem die Aufnahme offen stand, Griechen und Nichtgriechen, Mann und Frau, dem Freien und dem Sklaven, und nicht zuletzt als Asyl den Flüchtenden. Doch der Funke von Samothrake scheint nicht immer gezündet zu haben: Zumindest sein prominentester Zögling, Philipp II., der Gründer des Makedonenimperiums, ließ in seiner taten- und untatenreichen Biografie so wenig Läuterung erkennen wie seine intrigante Gemahlin Olympia, der er im Inselheiligtum zum ersten Mal begegnet war.

Anders als Patmos und Delos, doch dem Athos vergleichbar, ist Samothrake durchtränkt vom Genius loci: so weltabweisend, so düster, streng, asketisch, entrückend in seinem Höhenwurf – Sprungbrett zum Überirdischen. Und vor der schroffen Maßlosigkeit seiner Wände schrumpft das Ich zum Maß der Nichtigkeit. Wenn eine Landschaft spricht – die von Samothrake verkündet die transzendente Botschaft, der noch der spätere, nachchristliche Hellenismus Gehör gab.

Sein Hauptgipfel, der 1600 m hohe Phengari (»Mond«), habe einst, hieß es, Poseidon als Hochsitz gedient, um dem Kampfestreiben vor Troja zuzuschauen. Wer es ihm nachtun will, von der Nordküste, von der Uferstätte des alten Heiligtums her, oder den Südhang hinauf, vom Kessel der Chora, des Hauptortes aus, der schafft es in diesem wildbewegten Felsenmeer nicht ohne einheimischen Führer.

Im transzendenten Spannungsfeld zwischen der »heidnischen« Erlösungssehnsucht Samothrakes und der christlichen Mystik des Athos nistet sich *Thasos* als Intermezzo, als Hörnerklang der Weltfreude ein, gesegnet mit irdischer Üppigkeit auf und unter der Erde, zu aller Zeit vollauf beschäftigt mit Geschäft und Lebensgenuss. Nicht uneingeschränkt. Denn seine Bodenschätze an Gold und Silber, an Amethysten und Opalen, aber auch an Eisen-, Kupfer-, Antimongruben und Marmorbrüchen, machten es den stärkeren Umweltmächten immer wieder zum begehrten Objekt des Beutehungers. So folgten den Thrakern die Parier, stritten sich um ihren Besitz die Athener und Spartaner im hundertjährigen Kampf um die hellenische Hegemonie, den sie mit dem thasischen Gold zu finanzieren suchten; auch die Makedonen, Römer, Byzantiner, die Kreuzfahrer und die Türken konnten die Hand nicht lassen vom thasischen Überfluss. Und als sich dieser erschöpfte, kehrte in unseren Tagen das zweifelhafte Glück wieder, mit dem ersten größeren Erdölfund auf griechischem Boden (1973), im Küstenschelf vor der Insel – zweifelhaft, da er den griechisch-türkischen Streit um die Nutzung des ägäischen Meeresgrundes entfachte, der nicht zuletzt die südliche Nato-Flanke brüchig macht.

Nur ein paar Jahrhunderte hatte Thasos seinen Wohlstand voll für sich selber zu nutzen vermocht: von der Ankunft der Parier (700–660 v. Chr.) bis nach den Perserkriegen. Er vermittelte seinen Bürgern einen seltenen Genuss: Sie brauchten keine Steuern zu zahlen. Dennoch widerstanden sie der Korrumpierung des Reichtums, den sie in Kunst und Kultur zu verwandeln verstanden. Die Trümmer der alten Stadt zeugen noch heute davon, ihre Münzen, die zu den schönsten der Antike zählen, ihre Bildhauerschule, die mit denen Athens, der Kykladen und der Ostägäischen Inseln wetteiferte, nicht zu vergessen »ihr« Polygnotos (450 v. Chr.), der erste große Maler der Griechen. Auch die Bauern ließen sich nicht verführen, die Hände in den Schoß zu legen. Kaum weniger ringsum begehrt als die thasische Goldmünze – die harte Währung damals im Handelsverkehr zwischen Südrussland, Ägypten und Sizilien – waren die Weine und das Öl der Insel, die noch heute in hohem Ruf stehen, wie auch ihr Honig, mit dem sich allenfalls der des Athos messen kann. Der Bauer hatte und hat es freilich auch vergleichsweise leichter: Die Insel ist – eine ägäische Rarität – zu einem Drittel waldbestanden, im zentralen Bergmassiv (1203 m) mit Laub und Nadelhölzern, hangab den Küsten zu mit Obst- und Ölbäumen, und da sie die Krume halten, es auch an den winterlichen Niederschlägen nicht fehlt und schließlich die europäischen Touristen die Schönheiten der zahlreichen Buchtenstände entdeckten, lässt es sich heute auf Thasos wieder leben.

Die Sporaden

Ostwärts des thessalischen Bergzuges, des Pelion, gingen die Sporaden vor Anker – die schweren Brocken noch in Festlandsnähe, die leichteren trieben im Sog des Athos nach Nordosten. Doch klein sind sie alle, insulare Feuilletons von idyllischer Poesie, eingehüllt in lichtgrüne Bekleidung (im Gegensatz zur Nacktheit der eher dramatischen Kykladen); sie verdanken sie den reichen Himmelsergüssen, an denen sie der kontinentnahe Gebirgsbruder teilhaben lässt. Felslandsgeprägt daher auch ihr Wohnbau: Zur Abwehr der Regen sind die hochgezogenen Häuser mit roten Ziegeln oder grauen Schieferplatten walmgegiebelt, während die Kuben der Kykladen flach gedeckt sind, um das karge Nass aufzufangen und in die Zisterne abzuleiten. Doch die Stildifferenz ist nicht allein klimatisch bedingt – sie reflektiert auch eine unterschiedliche Mentalität ihrer Bewohner.

Ein Katzensprung von nur 4 km trennt *Skiathos* von der festländischen Halbinsel Magnesia: Auf ganzen 48 km² brüstet es sich mit (meist feinsandigen) 66 Sandstränden, die seine agilen Bewohner längst in klingende Touristenmünze umzusetzen verstehen – leider ist ihr die einst hoch gerühmte Kultur des Kaikibaues erlegen. Die reiche Gliederung der Insel führt sich auf den 435 m hohen Karafiltsanaka-Rücken zurück, zwischen dessen Rippen ringsum sich das erdige »Fleisch« im sanften Hügelfall zu den Uferterrassen ausbreitet. Der gleichnamige Haupt- und Hafenort schirmt sich mit einem vorgelagerten Hausarchipel winziger Inselchen gegen alle Wetter ab. So intim aber wie sein Häusergewirr mit seinen offenen Türen gibt sich das ganze Skiathos, im Auf und Ab seiner Kiefernbestände und Ölbaumhaine, eine wahre Wohnlandschaft, angefüllt mit wechselndem Pflanzenmobiliar.

Auf den ersten Blick weniger attraktiv, herber gibt sich das doppelt so große *Skopelos* (das alte Peparethos), massiver und einförmiger. Es wird dominiert vom Megalovouno, einem waldigen Höhenzug (bis 688 m), der die Insel auf 20 km in ihrer ganzen Länge durchzieht. Von seiner Mitte aus schickt er einen breiten fruchtbaren Kampos bis zur Hafenbucht, der einzigen am schroffen Küstenstrich des Nordens. Seinen Hang hinauf türmt sich der Hauptort, dessen enges Gassengewirr keinen Platz lässt für die unerlässliche Platia (der Herzplatz der Gemeinde), für die nun mit Markt, Kafenia und Tavernen die breite Allee entlang der Hafenmole herhalten muss. Die zahllosen Kapellen, die hochstöckigen Häuser, vielfältig variiert in der gepflegten Eigenwilligkeit der Fassaden, atmen kleinen Wohlstand, der wohl von der guten Roterde der Insel stammt; sie macht sie zum Zwetschgenparadies der Ägäis – sein »geistiges« Endprodukt lässt den jugoslawischen Slibowitz vergessen. Doch auch an Wein, Oliven, Mirabellen und anderem Obst mangelt es nicht.

Ein lichter Waldteppich bedeckt auch *Alonisos*. Gleich den anderen Sporaden zeigt es dem Norden sein Felsgebiss, dem Süden aber sein freundlich-offenes Gesicht. Der anheimelnde Charme des Hauptortes Alonisos, in unvergleichlich schöner Lage auf einem Hügel tief landeinwärts gelegen, und der Küstenorte Patitiri und Votsi fiel freilich dem schweren Beben von 1965 zum Opfer – Alonisos wurde aufgegeben (heute bemüht man sich, aus Motiven des Denkmalschutzes wie des Tourismus, um seine Revitalisierung durch zahlungskräftige Athener und Ausländer); unten an der Küste hielt der Beton seinen nivellierenden Einzug. Von hier aus lohnt sich auch die Fischerei, bieten sich ihr doch reiche Gründe in der nördlichen und östlichen Nachbarschaft, wo sich das Sporadenband breit auffächert, zu den Kleinstinseln Peristeri, Skanzoura, Kyra Panagia, Piperi, Psathoura – Refugien für die letzten Mönchsrobben des Mittelmeeres.

Südwärts setzt sich schließlich *Skyros* ab, mit 200 km² die größte der Sporaden. Ob es ihrer Familie zu Recht zugeordnet wird, lässt sich jedoch anzweifeln. Der weite Abstand von ihnen und vom Festland (der ein Regendefizit zur Folge hat), die Bodenbeschaffenheit, das orografische Profil und der kubische Wohnbau (mit Flachdach, zum Sammeln der Niederschläge) weisen die Insel fast schon den Kykladen zu. Dem widerspricht die buchtenlose Nordküste, die sich der Ägäis verschließt – der einzige Hafen, Linaria im Südwesten, bindet sie verkehrsgeografisch über Euböa ans Festland. Gleichwohl scharen sich drei Viertel der durchwegs bäuerlichen Bevölkerung um die Burgpyramide, die sich mit ihrem fränkischen Kastro der offenen See zukehrt und schutzlos ihren Stürmen ausgesetzt ist.

So ist Skyros als Übergangsstation, als Scharnier zwischen den beiden Inselgruppen zu verstehen.

Doch dieser akademische Streit kümmert die Einheimischen nicht, nach ihrer wohlbegründeten Meinung ist Skyros nichts als Skyros. Noch profilierteres Eigenprofil als durch den dünneren Außenverputz (der das Mauerwerk transparenter macht), durch die schwächere Vermörtelung mit Ton (der weniger bindet als der Kalk) und durch die Auszwickung der Zwischenräume der kaum behauenen Bruchsteine mit flachen Schieferplättchen entwickelt das skyrotische Haus in seinem Interieur: Kleider- und Speiseschränke sind in die Innenwände eingelassen, das bewegliche Mobiliar, aus wenigem und leichtem Holz, verspielt klein, mit Schnitzereien ornamentiert, ist sehr niedrig gehalten. Dies alles fehlt im üblichen Kykladenhaus, und auch der reichliche Prunk an Kupfergeschirr und Porzellan, den der Besitzerstolz gern vorzeigt – Türen und Fenster stehen stets offen. Solcher Volkskultur der privaten Wohnlichkeit rühmt sich keine andere Insel der Ägäis. Verständlich, dass die »Skyros-Möbel« Anklang im Lande finden, ihr Exportwert wird nur vom Marmor übertroffen, auch wenn seine bunt gefaserte Brekzien-Qualität heute nicht mehr so gefragt ist wie einst bei den Römern.

Die enge Verwinkelung der Gassen, ihre Staffelung den Burghang hinauf, die intime Hausarchitektur machen Skyros zu einem der »malerischsten« Dörfer der Ägäis; seine Bewohner, die an der alten Volkstracht festhalten, setzen ihm noch bewegte Tupfer auf. Bauern sind nun einmal konservativer als Seeleute.

Stolz sind die Skyrioten auch auf ihre Geschichte. Die Mythologie vermeldet, der misstrauische König Lykomedes habe dort den verbannten Theseus von einem Felsen heimtückisch zu Tode gestoßen – was die Athener 469 v. Chr. unter Kimon zum Vorwand nutzten, als strafende Richter sich der Insel zu bemächtigen. Auch das Schicksal des Achilles entschied sich auf der Insel. Mutter Thetis, die Meeresgöttin, hatte ihm Frauenkleider übergezogen und ihn unter die Mägde gesteckt, um ihn vor Odysseus zu verbergen, der ausgeschickt war, den Helden der Helden zur Mitfahrt nach Troja aufzuspüren – was denn auch seiner Listigkeit unschwer glückte.

Euböa

Mit diesem Unternehmen verknüpft ist auch der große Nachbar Euböa, wo alles begonnen hatte: in der Bucht von Aulis (südlich der Hauptstadt Chalkis), wo Agamemnon die Achäerflotte zur Überfahrt nach Troja versammelt hatte, bereit, zur Besänftigung des widrigen Wetters der Göttin Artemis seine Tochter Iphigenie zu opfern – Initialzündung der mykenischen Tragödie nach seiner Heimkehr.

Mit 3654 km^2 präsentiert sich Euböa als die zweitgrößte Insel des Archipelagos – 170 km lang, 20 km breit, im Dirphis zu 1745 m Höhe gipfelnd. Nur das Wohlwollen kann ihm freilich die Insularität zuerkennen, die bei genauerem Hinsehen ihre Zwitterhaftigkeit nicht verheimlicht. Die nahe Parallellage, der geologische Aufbau, die klimatischen Bedingungen und die Vegetation schlagen Euböa dem Festland zu, dem es sich in der Mitte, bei Chalkis, auf 65 m nähert, verkürzt noch auf 40 m durch die Pfeiler der Brücke; sie überspannt den Euripos-Kanal, der pünktlich siebenmal binnen 24 Stunden seine Strömungsrichtung wechselt – womit er schon Aristoteles vergebliche Kopfschmerzen bereitete. Dem hält das Plädoyer für die Inselhaftigkeit entgegen, dass am westlichen Golf bei Aigai (heute Limni) Poseidon seinen Unterwasserpalast errichtet hatte, samt einem Stall voller Schimmel mit goldenen Mähnen und bronzenen Hufen; sie spannte er vor seinen goldenen Wagen, mit dem er, übers Meer fahrend, selbst die stürmischsten Wogen glättete. Im Kampf der Olympier gegen die Giganten riss er mit seinem

Dreizack ganze Gebirge auf und warf sie in die See: So entstanden die Inseln.

Neben Rhodos (dank des Tourismus) ist Euböa die einzige Insel, die ihren Bevölkerungsstand bis heute zu behaupten vermochte. Die Fruchtbarkeit ihrer weiten Ebenen hält auch die Jungen – schon im Altertum diente sie Athen als Kornkammer, als Lieferant auch seines Holz- und Erzbedarfes; im Mittelalter nutzten sie die Venezianer als Agrarbasis für ihr Seeimperium, schließlich ließen sich die Türken, entgegen ihrer Inselabstinenz sonst, in der ergiebigeren Nordhälfte nieder – der trocknere Süden ist mit dünnerer Krume und nackterem Fels schon von der Kykladennähe gezeichnet. Zu den wichtigeren Einnahmequellen zählen heute auch noch die Braunkohlelager von Aliveri (Basis eines der größten Stromkraftwerke des Landes) und die Magnesitförderung bei Limni.

Größe und natürlicher Wohlstand aktivierten die Insel im archaischen Zeitalter, vor allem vom achten bis zum sechsten Jahrhundert, zu kolonisatorischer Expansion – auf der Chalkidike (benannt nach der euböischen Hauptstadt), an den Küsten Makedoniens und Thrakiens (mit nicht weniger als 32 Hafenstädten), auf den vor der Haustür liegenden Sporaden und den nördlichen Kykladen Andros, Tinos, Kea; doch auch weit nach dem Westen griffen die Siedler aus, nach Korfu, und auf ihr Konto gehen die unteritalienischen Gründungen von Reggio die Calabria (Rhedion) und Cumae, das seinen Namen vom heimatlichen Kymi bezog. Mit dem Wachstum der See- und Handelsmacht aber verschärfte sich die innereuböische Herrschaftsvitalität, vor allem zwischen Chalkis und dem südlichen Eretria – diese Chance des lachenden Dritten ließ sich Athen nicht entgehen. Heute bedient sich die Invasion der Athener friedlicherer Mittel – das Südwestufer Euböas ist fast schon als Villenvorort in die Landesmetropole integriert.

Bemächtigte sich der Geograf der Sprache des Dichters, könnte er sagen, das seetüchtige Festlandhellas habe sich eine diamantene Inselkette umgelegt, rund um seine Küsten, vom nördlichen Osten den Peloponnes entlang und dann an den westlichen Ufern hinauf, von den Sporaden und nördlichen Kykladen über die Saronischen zu den Ionischen Inseln, bis Korfu gegenüber dem Epirus.

Am weitesten öffnet Griechenland seine Arme der Ägäis im Golf vor Athen–Piräus (was nicht zuletzt Athen zur führenden Stimme im Konzert der hellenischen Geschichte verhalf). In ihm lagern sich die Saronischen Inseln, ein Band, dessen Mittelstück *Ägina* einnimmt. Wiewohl überflutet von den Heerscharen der nahen Dreimillionenstadt, hat sich sein grünes Hügelland (vor allem im kaum begangenen Osten) etwas von der Jungfräulichkeit bewahrt, die in seine Anfänge eingewoben ist. Zweimal stürzte sich die kretische Nymphe Britomartis – Tochter des Zeus und der Karme, der Artemis verschworen – ins Meer, um sich den Nachstellungen erst des Königs Minos, dann der Fischer, in deren Netz sie sich verfangen hatte, zu entrinnen, bis sie schließlich die gnädigen Wellen an das Ufer von Ägina schwemmten. An seiner Nordküste verbarg sie sich in einem Hain und machte sich unsichtbar (= *aphanes*). Ihr zu Ehren, der »Aphaia«, weihten die Ägineten ihren großen Tempel, der so überzeugend die Kunst der Griechen aufweist, »die Fortsetzung der Natur mit anderen (mit menschlichen) Mitteln« voranzutreiben, zu einer in Stein gehauenen Baumhaftigkeit.

Er musste sich, 23 Jahre nach der Vernichtung der Perserflotte in der Bucht von Salamis, eine Umbenennung gefallen lassen. Unmittelbar vor seiner Tür war das dorisch besiedelte Ägina ein »Flecken im Auge des Piräus«, zumal es sich früher als Athen zur führenden Finanz- und Handelsmacht entwickelt hatte. In der sich zuspitzenden Rivalität zu den Spartanern, den Stammesverwandten der Ägineten, gebot die strategische Logik den attischen Ioniern, den maritimen Sperrriegel vor ihrem Ausfallstor in ihren Besitz zu bringen. Damit war dem eigenständigen Ägina für alle Zeit das Rückgrat gebrochen. Zur Besiegelung ihrer Herrschaft tauften die Athener das äginetische Heiligtum auf ihre Stadtgöttin Athena um.

Noch ein zweiter Verwandtschaftsstrang verknüpft Ägina mit Zeus. Er vermachte es seiner Geliebten Ägina, der Tochter des Flussgottes Asopos, und benannte die unbewohnte Insel, die vordem Oinone geheißen hatte, nach ihr. Ihr Sohn und Erbe, der Urkönig Aiakos, wurde seines Reiches ohne Untertanen nicht recht froh, und also verwandelte Vater Zeus ihm zuliebe die Ameisen, die Myrmidonen, in Menschen (in dieser Namensableitung sprach sich der hellenische Respekt vor dem äginetischen Gewerbe- und Handelsfleiß aus). Er wäre jedoch kaum gegen eine vieljährige Dürreperiode angekommen, hätte Zeus nicht das Flehen des Aiakos erhört und der Insel endlich wieder Regen geschickt. Dort, wo er mit seinem göttlichen Vater Zwiesprache gehalten, auf dem höchsten Berg (dem Oros oder heute Prophitis Elias – 514 m), errichtete ihm die Dankbarkeit ein Heiligtum.

Auch die Hauptstadt im Süden war sich einen Tempel schuldig, der Apollon zugedacht war. Doch die Insel ist nicht allein ihrer Säulen und Berge wegen liebenswert, der Besucher fühlt sich rasch einbezogen in das gesellige Treiben des Hafenortes, dessen Mole stets dicht belegt ist von Fischer-, Schwammtaucher- und Handels-Kaikia, seefahrenden Tante-Emma-Läden, die in bunter Fülle feilbieten, was die Inselwelt herzugeben hat an Früchten. Als Gegenleistung exportiert Ägina seine Spezialitäten in alle Provinzen: Pistazien, die besten des Landes, und seine Tonwaren, welche die jahrtausendealte Tradition weiterführen mit den doppelhenkligen Stamni, porösen Krügen, die für die Verdunstung durchlässig sind und so das Wasser kühl halten – wo braucht man dergleichen nicht in Griechenland?

Mit Trauer lässt sich nur vom westlichen Nachbarn sprechen, von *Salamis*. Längst vom Piräus und dessen Industrien eingemeindet, hängt versmogter Schatten über seinem großen Namen. Ehre seiner Vergangenheit – Schweigen seiner Gegenwart.

Poros aber, der Westspitze des Peloponnes angeschmiegt – sein Name zergeht dem Griechen auf dem Gaumen. Im wörtlichen Sinne. Spendet es doch das köstlichste Wasser weit und breit – und in diesem Lande empfindet man die Quelle noch als Offenbarung. Es scheint dem grünen Wuchs nicht weniger bekömmlich: Auf den Hügeln schießen Pinien und Kiefern, Eukalyptus, Zypressen und Platanen aus dem Boden, während unten, auf den schmalen Uferebenen, in den hoch ummauerten Gärten, Zitronen und Orangen, Mandeln, Steinobst und Nussbäume, Gemüse aller Art in Hülle und Fülle wuchern – kurz ein südliches Paradies, wie es sich der Nordling erträumt, aber auch der Grieche, dem die Natur allein »schön« erscheint, wo sie Reichtum ausschüttet. Poros unterscheidet sich von den ägäischen Schwestern noch im anderen Sinne: Es ist keine richtige Insel, sondern nur beinahe, gerade noch. Im Altertum ließ sich noch der schmale Sund – mit 1,5 km Länge, 250 m Breite und 4 m Tiefe fast ein Binnensee – gehend durchwaten; heute flitzen kleine Bötchen zum gegenüberliegenden Festlandsdorf Galata (dem einstigen mythenträchtigen Troizen) hin und her – bei der Überfahrt glaubt man zwischen Häuserzeilen zu schwimmen.

Vom lautgeselligen Urlaubs- und Wochenendtrubel zur stillen Beschaulichkeit sind es nur ein paar Kilometer südwärts dem Westufer entlang, zum pinienumlagerten Kloster Zoodochos Pigis etwa (der »Lebensquelle«) und eine Stunde östlich davon zum Ägäis-orientierten antiken Hauptort. Unweit das einzig interessante Zeugnis der Antike: der Tempel des Poseidon (um 520 v. Chr.) an seiner alten Kultstelle, die dem Seebund von Athen, Ägina, Epidauros, Hermione, Nauplia und Prasai seit dem 8. Jahrhundert als religiösrechtliche Zentrale gedient hatte – und später als unverletzliches Asyl den Flüchtenden; es bewahrte den Rebellen Demosthenes, verfolgt von den Häschern der makedonischen Reichsherren, 320 v. Chr. nicht vor dem Freitod. – Danach überkam Poros die Nacht der Geschichte, aus der es nur episodisch im griechischen Befreiungskrieg (1821–1830) kurzfristig auftauchte.

Im schärfsten Kontrast *Hydra*, 600 m hohe Quermauer, welche die Ägäis nach Süden abschließt. Ein Hohn auf seinen antiken Namen Hydreia, die »Wohlbewässerte«, und nicht weniger auf das türkische »Tschamliza«, »Platz der Pinien« – trug es diese Bezeichnungen einst zu Recht, so tut man sich heute selbst mit der Lupe schwer, in seinen Felsöden einen Baum, einen Acker, eine Siedlung auszumachen. Nur in der Mitte der Nordküste ist die Bergwand zu einem Halbrund aufgerissen, dem sich mehrstöckige »Paläste« und ein wirres Häusergewürfel im blendenden Weiß die Hänge hinauf staffeln; an der Ufersohle ringsum Boutiquen, Galerien, Ateliers, Bars, Tavernen, eine neben der anderen, am Quai in konkurrierender Show dicht vertäut die aufwendigsten Luxusjachten – Jubel, Trubel, Heiterkeit nicht ohne Charme und Geschmack, bunter Tummelplatz des kleinen Jet-Sets, gemixt mit Boheme und Hippieness, dazwischen sogar noch heimisches Volk, Kellner, Händler, Fischer, kurz, die perfekte Bühne für ein südliches Hafen-Musical. Man fragt sich (wie auch bei Rhodos-Stadt und Mykonos), woher denn Hydra seine besondere Attraktivität für die Touristen-Internationale nehme. Von seiner wüsten Felsgewalt wird kaum Wandergebrauch gemacht, die Sandstrände sind dünn gesät, das griechische Element ertrinkt in der kosmopolitschen Überflutung.

Vielleicht fühlt sich der Fremde auf der Insel so wohl, weil sie, ganz und gar Gegenwärtigkeit, nicht mit bildungsverpflichtender

Geschichte befrachtet ist, nicht mit Säulen und Grundmauern. Vergangenheit hat sie dennoch, jedoch erst ab den 17. bis zum 19. Jahrhundert n. Chr. – da aber so gewaltig, dass sie der patriotische Kult der stolzen Namenskette von Marathon, Salamis und den Thermopylen einreiht. Und wie es sich für Inselgebürtige geziemt, war es die See, welche die Hydrioten ruhmträchtig machte.

Den kriminellen Neigungen sagt man nach, sie ließen sich am wirksamsten durch ihre Kanalisierung in den Polizistenberuf domestizieren. Die Hydrioten waren – wohl oder übel vom Zwang ihres Armenhauses her – Seeräuber. Die Osmanenherrscher begegneten ihnen mit dem altbewährten Rezept: Wem man nicht mit der Fuchtel beikommt, den stelle man in seine Dienste. Es verfehlte auch in diesem Fall nicht seine Wirkung, zumal von der Integration der hydriotischen Seetüchtigkeit in die türkische Flotte und Handelsfahrt die Insel noch mehr profitierte als der Sultan. Ihre Blütezeit verdanken sie nicht zuletzt Napoleon, seiner Kontinentalsperre, mit der er England auf die Knie zu zwingen gedachte; als Blockadebrecher, welche die Briten mit Getreide aus Südrussland versorgten, erwarben die Hydrioten nicht nur die Genehmigung der Pforte, ihre Schiffe kriegsmäßig auszurüsten, das im Fast-Monopol ausgeübte Gewerbe brachte den Kapitänen und Reedern immense Reichtümer ein. Sie nutzten sie zum Bau der eingangs erwähnten »Paläste«, die sie mit Stilmöbeln und kostbarem Schnickschnack aus aller Welt füllten. Doch konnten sie sich ihrer Schätze nicht lange erfreuen. Denn als 1821 der griechische Befreiungskrieg ausbrach, waren sie wieder zur Stelle, mit 186 Schiffen, denen die Hauptlast der Kämpfe zur See zufiel, und vor allem auch mit ihrem Gold zur Finanzierung der nationalen Sache. So entscheidend ihr Beitrag in die Waagschale des Sieges fiel, er verschlang ihren gesamten Besitz – übrig blieb ihnen nur der Ruhm. Erst der zeitgenössische Tourismus stellte die Insel wieder auf die Beine.

Mit Hydra schließt sich der äußere Inselring. Im Fadenkreuz der inneren Ägäis präsentieren sich als ihr zerteiltes Herzstück die Kykladen: an die 210 (davon nur 19 mehr als 20 km^2 umfassen), auf deren 2700 km^2 Gesamtfläche sich noch 105.000 Bewohner mehr schlecht als recht ernähren.

Die Kykladen

Es gibt Unterschiede der Inselhaftigkeit. Ihre »Reinheit« hängt ab von der Größe, d. h. von der Noch-Überschaubarkeit und von der maritimen Ausschließlichkeit, d. h. von der Festlandsferne bzw. dem Mehr oder Minder der Kontinentalbezüge. In dieser Sicht ist die Kyklade mehr Insel als die der Ägäis sonst.

Ihre insulare Intensität enthüllt sich dem ersten Blick. Weniger als die festlandsnahe Randinsel in Ost, West und Nord profitiert sie von den reicheren Niederschlägen der Küstengebirge, und da sie auch der Erosionskraft der Winde ungeschützter ausgeliefert ist, ihre Bewohner und fremden Herren die Waldbestände noch hemmungsloser ausgebeutet haben, liegt ihr die Humushaut dünner auf, mit spärlicherem Grün, und lässt den Felsgrund weithin unbedeckt – sie alle sind ja im Meer verankerte Gebirge. Gleißender auch ihr Licht, nicht getrübt durch die Ausdünstungen des Festlands. Kein Zweifel, die Kyklade ist das Aschenputtel unter den Inseln, neben der sich bekanntermaßen die prächtig gewandeten Prinzessinnen nicht sehen lassen können.

Anders auch die Wohnarchitektur: kubische Würfel oder Rechtecke aus rohen Hausteinen, mehrfach gestaffelt und flach gedeckt, um das rare Nass aufzufangen und in der Zisterne zu speichern, die Wände innen und außen grell weiß kalkgetüncht (mehrmals im Jahr), um die Sonnenstrahlung zurückzuwerfen und die Wohnräume kühl zu halten. Die dominierende Horizontale lässt keinen

Aufbruch in die Höhe zu, sie verweist das Wohnen auf die Bodennähe, Ausdruck zugleich der Bescheidung in die Bescheidenheit der Mittel wie ihrer Bewältigung durch den Sinn für die einfache, die klare Form und harmonische Fügung – wahrhaft das Haus »an sich«, auf das Wesentliche reduziert im Schmuck der Schmucklosigkeit, auf die redliche Übereinstimmung des menschlichen Maßes mit den natürlichen Bedingungen.

Anders schließlich die Menschen: die Gesichter schärfer profiliert, die Mimik und Gestik verhaltener, gelassener, herber – wenn auch griechische Herbheit allemal offener, bewegter sprudelt als das Temperament der »Nordlichter«.

Spulen wir die mehrfache Kykladenkette ab, vom Nordwesten her über die südliche Reihe und dann wieder nordwärts die östliche Zeile hinauf – im Kurs gegen den Uhrzeiger, wie er sich nach der Ausfahrt vom Piräus empfiehlt.

Erste Station *Kea* (auch Keos) – hoch gebuckelter Schild vor Sunion, dem Südostkap Attikas. Dem Westen öffnet es sich in der Doppelbucht Korissia-Varkari – einziger Zugang zur Insel, deren steile Felsmauern im Osten und Süden der Ägäis den Rücken zuwenden. Der Hauptort aber, uneinsehbar von der See, verkriecht sich auf mittlere Höhe in einer Hangfalte; der Sicherheit halber hat sich dort auch die inselbeherrschende Venezianerburg niedergelassen. Unweit davon ein archaischer Löwe, im Halbrelief aus dem Stein gehauen. Wie denn auch die Namen Simonides und Bakchylides (6. und 5. Jh. v. Chr.), die zu den größten Lyrikern des alten Hellas zählten, ahnen lassen, dass sich Keas Stimme einstens vernehmbar machte. Dazu mögen es, neben seiner ausreichend bewässerten Landwirtschaft, nicht zuletzt seine Bodenschätze befähigt haben, Silber und Brauneisen; ihre Lager sind längst erschöpft.

Der materielle Rang der einzelnen Insel in der Antike ist an den »Schutzleistungen« abzulesen, die sie als Mitglieder des Attisch-Delischen Seebundes an Athen zu entrichten hatten. Ungleich weniger als Kea hatte *Kithnos* abzuführen, obwohl es sich in seiner geologischen Struktur kaum vom Nachbarn unterscheidet. Doch den Mangel an Erzen können weder seine gerühmten Thermalquellen beim Nordwesthafen Loutra (»die Bäder«) ausgleichen noch sein nicht minder geschätzter Käse und auch nicht sein Ruf, die stärksten Maultiere der Inselwelt zu züchten.

Wo immer die Mythologie dämonische Mächte ansiedelt, bekunden sie vulkanischen Ursprung oder Erzadern (die den Alten im nicht minder geheimnisvollen Bezug zum Erdinnern erschienen). An diesen mangelt es *Seriphos* nicht, wo Perseus durch die Enthüllung des Gorgonenhauptes der Medusa den betrügerischen König Polidektes samt seinem Hofstaat zu Stein erstarren ließ. Eine steinerne Bergwüste ist die ganze Insel, deren Einsprengsel an Eisen, Kupfer und Blei – vom Altertum bis heute fast ununterbrochen gefördert – ihr doch zu keinem Wohlstand verhalfen. Ihre trockenen Böden sind so karg, dass sie nur da und dort Zwiebeln und Kapern hergeben – die letzteren freilich unübertroffen an Größe und Aroma. So nimmt es nicht wunder, dass Seriphos – in seiner Eigenschaft als Anti-Idylle – sich Machthabern aller Zeiten als idealer Verbannungsort empfahl.

Nicht ganz zu Recht, denn die fast kreisrunde Insel, in 600 m Höhe gipfelnd, macht sich liebenswert durch das bewegte Linienspiel ihrer Küste. Sie holt im Südosten aus zur weiten Rundbucht des Haupthafens Livadi. Aus seinem flachen Hinterland erhebt sich ein ansehnlicher Vorberg, an dessen Flanken ringsum die viel verwinkelte Chora klebt, überkrönt wiederum von einer venezianischen Festung – eines der eindruckvollsten Dörfer der Ägäis.

Äußerster Kontrast zur Härte und Herbheit von Seriphos die südliche Lieblichkeit, der sanftgrüne Charme von *Siphnos*. Sie sind freilich seiner Osthälfte und dem Süden vorbehalten, deren schiefrige

Hügel und kleine Ebenen, bestreut mit Taubentürmchen, an die 60.000 Ölbäume tragen, dazu Mandeln, Feigen, Zwiebeln. Auch finden sich reichlich gute Tonerden, mit denen die Siphnier etwas anzufangen wissen: Ihre Töpferwaren finden Absatz in ganz Griechenland; der Fremde kann sie, am einzigen guten Hafen, Kamares (an der Westküste), oder bei der Sandbucht Plati Gialos (im SO), vom Brennofen weg erstehen. Nicht minder verstehen sich die Bewohner auf das Bauen – davon zeugt der Hauptort Apollonia, in dem sechs autonome Gemeinden zusammengewachsen sind, zeugen seine zahllosen Kapellen und Kirchen (mit guten Fresken aus dem 16. und 17. Jahrhundert). – Anders der kahle Kalkrücken im Norden, der sich der Westküste entlang fortsetzt. Insgesamt eine schizophrene Insellandschaft: sterile Bergöde im Kontrapunkt zu wohlbestelltem Gartenland.

Siphnos also ist zweifellos ein Lieblingskind der Ägäis. In der Vergangenheit noch mehr als heute. Denn in der klassischen Zeit war es reich durch seine Goldförderung. Mammon aber verdirbt den Charakter: Nach einiger Zeit kamen die Siphnier nicht mehr dem Gebot nach, Delphi den Zehnten ihrer Einkünfte zu stiften. Die Gottheit strafte sie (so Plutarch), denn daraufhin »geschah ein Einbruch des Meeres und vernichtete ihre Bergwerke« (was bei Agios Sozon und Agios Minas noch zu sehen ist). Auch die Silber-, Blei- und Ockerminen haben sich seither erschöpft. Die Erfahrung mit der Hybris hat die Siphnier bescheidener gestimmt, und auch heiterer. Die Spitze und Spritzigkeit ihrer Liedreimereien ist von den Nachbarn nicht wenig gefürchtet.

Über *Kimolos* (der »Kreide«-Insel) nach *Milos*, Angelpunkt der westlichen Kykladenreihe, die in ihm nach Ost abdreht. Früher als die anderen Inseln nahm es der Mensch in Besitz, schon in der frühen Steinzeit. Denn unter seinem vulkanischen Gestein findet sich auch der harte Obsidian, welcher der vormetallischen Zeit zur Herstellung von Pfeilspitzen, Messern und anderem Handwerkszeug diente. Sein Exportmonopol, von Phylakopi aus an der mittleren Nordküste, über den gesamten Umkreis der Ägäis, verhalf Milos zur ersten Blüte unter den Inseln. Kein Wunder, dass sich erst die kretischen Minoer, dann die Mykener und schließlich die Dorer der Insel bemächtigten. Hingegen war es ihre strategische Bedeutung, welche die Athener 416 v. Chr. zu ihrer berüchtigten Strafexpedition veranlasste, hatten es doch die Mileser trotz ihrer Mitgliedschaft im Attischen Seebund gewagt, im Peloponnesischen Krieg einen neutralen Kurs zu steuern. Heute, unter dem Zepter der Ökonomie, sind es wieder seine »hephaistischen« Schätze – Baryt, Kaolin, Gips und Schwefel – denen Milos einen neuen Boom verdankt. Ihre weißen, hellgrünen und gelben Halden türmen sich zu wilder Fantasmagorie, im Nordosten jenseits des hübschen Kleinhafens Apollonia unweit des alten Phylakopi, das nicht nur als »Antiquität« besuchenswert ist, sondern wegen seiner höhlenüberdachten Ufereinbrüche – surrealster Badeplatz der gesamten Ägäis.

Die Bevölkerung aber siedelt von alters her auf dem Hügelland im Nordwesten, vom Hafen Adamas hinauf zu den Würfeldörfern Plaka und Tripiti. An dessen Hängen bringt sich auch das alte Hellas in Erinnerung, u. a. mit einem Theater und Katakomben aus der römischen Kaiserzeit. Auf der höchsten Erhebung das obligate Venezianerkastro, mit dem schönsten Blick über die ganze Insel, die sich kreisförmig um die Urkaldera schlingt, ausgefüllt nun seit Menschengedenken mit einem Fast-Binnensee, der sich nur in einer schmalen Rinne nach Westen dem Meere öffnet: wegen seiner Hafensicherheit stets von den fremden Flotten begehrt, »wenn drunten in der Türkei« sich wieder einmal die Völker die Köpfe einschlugen, im Krimkrieg, im Ersten und Zweiten Weltkrieg.

Solch internationales Interesse braucht der versteinerte Knochen *Pholegandros* nicht zu früchten: keine Schätze auf oder unter der

Erde, nur ein unzuverlässiger Anliegeplatz, Karavostasi, zwei magere Dörfer – nicht zu erahnen, wovon sich seine Bewohner ernähren. Ist es die lieblose Gewalt ihrer Gebirgsöde, die ihr Verlangen nach Wohnlichkeit zu architektonischer Originalität steigert? Kaum eine bühnenreifere Platia in der Ägäis als in der Chora, grüne Fülle in der Mitte, umsäumt von Kirchen und Kafenia, dicht daneben eine weiße Gasse, die das Thema Treppen in sämtlichen Variationen durchspielt.

Nicht ganz so zum Skelett abgefallen das benachbarte *Sikinos*. Auch diese Insel erstreckt sich im schmalen Bergzug von West nach Ost, doch ist ihr Nordrand über die ganze Länge von 14 km von der Höhenkante bis zum Meere in waagrechter Fächerung durchterrassiert, im tänzerischen Schwingen der Flächen, die Reben tragen, dazwischen ein paar Zwiebeln und ein wenig Getreide – es würde für die 300 Einwohner nicht reichen, hülfen die in alle Welt ausgewanderten Söhne nicht mit regelmäßigen Geldüberweisungen nach. Je ärmer die Insel, umso schöner die Häuser – ihr Ensemble in der Chora (auf dem 200 m hohen Sattel) zelebriert den »Kykladenstil« in reinster Vollendung und Ursprünglichkeit.

Unweit *Ios* (auch Nios), das sich dem Westen in tiefer Einbuchtung öffnet – im Flankenschutz seiner Vorsprünge sicherer Port gegen alle Winde, vor allem gegen den sommerlichen Meltemi, der, wenn er allzu sehr tobt, den Hafen füllt mit Schiffen und Booten aller Art und Größe, im Warten auf freundlicheres Wetter. Der operettenhafte Molenplatz, umrandet von Tavernen und Kafenia, verwandelt mit seinem bunten Treiben den Mannschaften die unfreiwillige Fahrtpause zum vergnüglichen Zeitvertreib, zumal sich der Golf, von feinen Sandstränden eingesäumt, zum Hippiezentrum der Kykladen gemausert hat. Eine Viertelstunde nur ist es zum einzigen Inselort, der Chora, die sich etagenförmig um die Burgpyramide aufstockt, das Häusergewirr durchsträhnt von schmalen

Gassen. Der Hafengolf – wie auch die südliche Nachbarbucht Milopotamos (wo es noch etwas ruhiger zugeht) – verlängert sich in einen Kampus, eine üppig bestandene Gartenebene: grüne Tropfen, die Fruchtbarkeit vortäuschen, denn die innere Bergmasse der Insel ist purer Stein.

Auf Ios gabelt sich die Kykladenkette in einen östlichen und einen südlichen Ausläufer. Diesen nimmt zunächst *Santorin* (oder *Thera*) auf, das der zeitlosen Gegenwärtigkeit der ägäischen Inseln das würzige Faszinosum der Unwirklichkeit, richtiger der Unterwirklichkeit, beisteuert: eine Inselruine, welche die Übergewalt von Tod, Vernichtung und Vergänglichkeit schlagend demonstriert. Ihr Zentralmassiv (drei Viertel der gesamten Inselmasse) sprengte um 1627 v. Chr. die wohl mächtigste Vulkaneruption der Erdgeschichte in die Luft. Stehen blieb nur der sichelförmige Kraterrand, an drei Stellen schmal eingebrochen, sodass die Binnenfläche auf 84 km^2 und bis zu 300 m Tiefe vom Meer ausgefüllt ist. Aus ihr, inmitten der azurblauen See, erhoben sich später ein paar kleine Kratereilande, schwarzes Lavagedärm bis zu 120 m Höhe, da und dort von auszischenden Schwefeldämpfen gelbgrünlich verfärbt, die Paläa und die Nea Kaimeni (die alten und die neuen Verbrannten) – totes Geröll. Die steilen Innenwände des äußeren Kraterrandes aber türmen rote Tuffe, schwarzen Basalt und weiße Bimsasche, dazwischen noch riesige grüne und braune Eruptionsbrocken, in wirrer Schichtenverschlingung bis zu 300 m Höhe auf- und durcheinander, als habe die Erde ihre Innereien erbrochen, und darüber, sich an die Höhenkante festkrallend, Dörfer im blendenden Kykladenweiß gleich liegenden Skeletten.

So ist Santorin mehr Hades als Hellas, seine Nachtseite, im Gleißen der ägäischen Sonne von noch schmerzhafterer Dunkelheit: eine immer wieder aufgerissene Wunde, eine geköpfte Insel, Rumpf ohne Haupt, Apokalypse zum Naturdenkmal versteinert.

Aber Thera ist doppelgesichtig: Der steilen und sterilen Klage des inneren Kraterrandes gesellt sich antithetisch die freundliche Vitalität der sanft fallenden Außenhänge. Auf ihnen verwandelte sich im Lauf der heilenden Zeiten der mörderische Fluch der Bimsasche zum Segen der Fruchtbarkeit, die üppige Ernten an Trauben, Tomaten und Hülsenfrüchten abwirft. Und der Bims selber verhilft den Theranern zu einem weiteren Einkommen (das erste beziehen sie heute aus dem Touristengeschäft), als Pozzuoli- oder Santorinerde, die sich im Wasser unausschwemmbar verhärtet und daher, dem Kalkmörtel beigemengt, trefflich für Unterseebauten eignet (wie etwa zur inneren Auskleidung des Suezkanals). Einen dritten Akzent erhält Santorin schließlich durch den kalküberzogenen Schieferberg des Propheten Elias (mit dem gleichnamigen Kloster aus dem Jahre 1711), der im Südosten dem vulkanischen Auswurf zu 568 m Höhe entsteigt – die Säule, an der sich die eruptive Unrast vertäut hat.

Es ist dieser schneidende Gegensatz von tödlicher Naturgewalt und lebensspendender Opulenz, die Grenzsituation von Höllenmacht und irdischer Fülle, das Paradoxon von dunkler Abgründigkeit und sonniger Wohlbestelltheit, die einem auf Santorin die Sinne und die Sprache verschlägt. Obschon Vulkanismus und Erdbeben (das letzte, 1956, zerstörte an die 2000 Häuser) die Insel nie zu dauerhafter Ruhe kommen lassen, kapitulieren die Bewohner nicht vor ihrer Unzuverlässigkeit. Die Ausgrabungen von 1967 auf der Südspitze Akrotiri (die bedeutendste in den letzten Jahrzehnten auf griechischem Boden) legten eine minoische Stadt frei, die an zivilisatorischem Raffinement und künstlerischem Rang den kretischen Palastfunden nicht nachsteht. Eine zweite Blütezeit erlebte Santorin durch dorische Siedler, die um 900 v. Chr. auf dem Messavouno (der den Eliasberg ostwärts fortsetzt) eine ausgedehnte Stadt gründeten, mit allen zivilen, öffentlichen und kultischen Attributen, die uns von den klassischen Metropolen des Festlandes her vertraut sind. So konnte es nicht ausbleiben, dass hellenische Archäologen in Santorin aufgrund seines Unterganges und seiner bedeutenden Geschichte die platonische Legende vom versunkenen Atlantis lokalisieren wollten – die Meeresgeologen machen einen Strich durch ihre patriotische These.

In Santorin wendet sich die südliche Kykladenachse wieder nach Osten, nach *Anaphi*. Es ist ohne Hafen, riffumsät, und erlaubt daher das Ausbooten in der Nähe der 220 m hoch gelegenen Chora nur bei stiller See. Das Dorf lohnt Mühe und Risiko der Fahrt. Das Mauern ist ein spezifisch kykladisches Talent – ihre Meisterehren gebühren den Anaphioten: Als ob Stein und Ziegel aus knetbarer Masse bestünden, verstehen sie es, mit den Linien und Formen musikalisch zu spielen, so verliebt in den bewegten Schwung und ins ornamentale Detail, dass in ihnen fast die hellenische Dominanz des rechten Winkels ertrinkt. Der Wittelsbacher Otto, der erste König des neuen Griechenland, wusste sehr wohl, weshalb er Maurer aus Anaphi zum Neuaufbau Athens holte.

Im Wettbewerb der Kykladen um den Titel der »ärmsten« Insel liegt Anaphi vorn: nur ein paar magere Felder in Chora-Nähe, ansonsten gewellte Steinwüste in immer neuen Formationen. Der zweistündige Weg entlang der Südküste bis zur steil aufragenden, 450 m hohen Bergkuppe des Kalamos (mit den Ruinen der venezianischen Burg Gigitroli) führt durch eine Aneinanderreihung sämtlicher typischen Landschaftselemente der Ägäis.

Als südöstlicher Eckstein des vielzelligen Kykladengerüstes präsentiert sich schließlich *Astipaläa* (administrativ schon dem Dodekanes zugehörig). Im nördlichen und südlichen Abstand erscheint es als Inselzwilling (der siamesischen Abart), wegen seines H-förmigen Umrisses, in dem poetische Gemüter einen Schmetterling sehen: je im Wesen und Osten ein von Nord nach Süd streichender

Bergzug, verbunden durch einen niedrigen Querstrich, eine flache Landenge, von beiden Seiten her durch Buchten (mit sicheren Ankerplätzen) tief eingekerbt. Die Skala und die Chora, die einzige, in den letzten Jahren zusammengewachsene Ortschaft, klammert sich an den kastrogekrönten Südabsturz der Westkette; sie nährt sich vom benachbarten Kampos, dank der kleinen Quellenoase des Agios Joannis. Pries das Altertum die Insel wegen ihrer Blumen- und Früchtepracht als »Tafel der Götter«, deckt sie heute kaum den Tisch des Armenhauses. Was aber einst Aristoteles notiert hatte, bestätigten in unseren Tagen französische Serologen experimentell: Die Insel ist schlangenfeindlich – Reptilien, auf ihr ausgesetzt, gehen alsbald aus unerklärlichen Gründen ein. Umso mehr scheint ihr Boden den Schnecken zu bekommen, was schon Plinius vermerkte.

Der Herkunft ihres Namens ist umstritten. Nüchterne Gelehrte führen ihn auf das phönikische Wort für »Niederung« zurück, womit die Landenge Maltezana gemeint sein könnte – Romantiker leiten ihn von der gleichnamigen Schwester der Europa ab, die dort dem Poseidon zwei Söhne gebar. Weniger sentimental ihre Geschichte: Ursprünglich von Kolonisten aus Megara besiedelt, bemächtigten sich ihrer 105 v. Chr. die Römer, um sie als Operationsbasis gegen die Piratenseuche zu nutzen. Später entdeckten die Korsaren, dass sie für ihre Zwecke nicht weniger taugte – als Schlupfwinkel für Raubzüge (noch bis 1812).

Die andere, die östliche Abzweigung der Kykladenkette fächert sich ab Ios zu einem Kleinarchipel auf, den *Erimonisia*, den »einsamen« Inseln. Ihrer zwanzig im Dreieck zwischen Naxos, Ios und Amorgos, von denen noch Iraklia, Schinoussa, Katokouphonisi und Denoussa bewohnt sind – dem Genre Miniaturen, Kleinodien in vielfältiger Variation zugehörig, Meeresoasen aus dem Buch Utopia.

Nichts aber von solcher Idylle prägt die südliche Einfassungswand, das gewaltige *Amorgos*, obwohl es im Abseits des großen

Linienverkehrs noch von den Touristenschwärmen verschont ist (außer im Juli und August). Ein langer Bergstrich, der von SW nach NO im Korakas, Elias und Krikelas (800 m) immer höher steigt, auf der Süd- und Ostflanke steil abstürzt, nordwärts aber mit den drei Gipfeln korrespondierend saftige Ebenen zur tief gestaffelten Küste entsendet. Wiesen die antiken Autoren, die es mit den Zahlen allerdings nicht sehr genau nahmen, der Insel 30.000 Einwohner zu, um 1900 zählte sie noch 4000, heute 1600 Köpfe. Mit 121 km^2 Fläche unterhalb der Größenordnung der eigenen Machtentfaltung, unterstand die Insel in archaischer Zeit erst den minoischen Kretern, dann den Mykenern, und auch in der venezianischen Epoche brachte sie es nur zu einer Dependence der Fürsten von Naxos. Ihre Blüte erfuhr sie offenbar früher, in der Steinzeit – die schönsten Kykladenidole im Athener Nationalmuseum stammen aus Amorgos. Geblieben ist ihm aber unterhalb der Chora das Kloster Chozoviotissa, gleichzeitig mit Patmos im Jahre 1088 als dessen Filiale erbaut, das in der Kühnheit seiner Anlage den Klöstern des Athos und der Meteora nicht nachsteht – als milchiger Wasserfall stürzt es in 300 m Höhe aus der braunroten Steilwand des Eliasberges (698 m), zu seinen Füßen die Weite des schwarzblauen Meeres, an dessen fernem Horizont an klaren Tagen die Konturen Kretas aufschimmern.

Aus der Kykladen-Kollektion verbleiben uns noch fünf große Namen. In ihrer Mitte nicht der geringste: *Paros*, dessen Genealogie sich auf die Nymphe Paria beruft, der König Minos vier Söhne zeugte – mythologische Beurkundung der Frühbesiedlung der Insel durch vorgriechische Kreter. Erkennt man in der Insel die ererbte Gestalt, dann muss sich die Stammmutter fülliger Formen erfreut haben. Einer Riesenglucke gleich hockt der zentrale Berg da, als brüte er gerade die Insel aus. Doch der alles beherrschende Profitis Elias selber (der überall in der Ägäis die christliche Nachfolge des

Poseidon antrat) geizt nicht mit Wohltaten: Seit Menschengedenken liefert sein Marmor der Bildhauerhand den edelsten Stein. Und seine Hänge bescheren einen der besten Rotweine der Inseln – halbsüß, vollmundig, von berauschender Kraft.

Etwa in der Mitte der Nordküste die fast geschlossene Hafenbucht, deren Binnenkante entlang sich der Hauptort Parikia erstreckt. Parallel zur Uferallee windet sich, ein paar Schritte landein, die schmale Hauptgasse zwischen den gepflegten Häuserzeilen. Zwischen beiden Straßen erhebt sich auf niedriger Anhöhe das venezianische Kastro (1260 n. Chr.) auf den Grundmauern eines Antentempels, dessen Quadern, Trommeln und Säulenstücke in die hohe Festungsmauer verbaut sind, die heute wiederum von bewohnter Häuslichkeit vereinnahmt ist – ein bizarres Gemengsel aus hellenischer Antike, »fränkischem« Mittelalter und neuzeitlicher Nutzung. Keine ägäische Inselgegenwart kann es sich leisten, Vergangenes ungebraucht zu lassen.

Auch sonst fehlt es Paros nicht an großer Erinnerung: an Tempelanlagen der Leto, der Aphrodite, des Asklepios und Apollon. Ein Heiligtum wahrt auch das Gedenken an Archilochos (um 650 v. Chr.), der mit dem Dreiergestirn aus Lesbos als erste persönliche Stimme, als Begründer der hellenischen Lyrik die Zeiten überlebt. Noch stolzer aber ist der Parianer auf den Kirchenkomplex der Katapiliani, »bei der Unterstadt«, der drei Basiliken aus dem 5. und 6. Jahrhundert, später mit Kreuzkuppeln überdeckt, zu organischer Einheit fügt – das bedeutendste Zeugnis frühbyzantinischer Kirchenarchitektur in der Ägäis (älter als der Athos, Patmos und Chios). Schließlich hat sich der kleine pittoreske Fischerhafen Naoussa im 16. Jahrhundert in die kulturelle Bilanz der Insel eingeschrieben, als Sitz einer kretisch-venezianischen Malerschule, deren stilbildende Kraft bis zu den Ionischen Inseln, dem Athos und tief nach Russland hinein ausstrahlte.

Doch die Bedeutung von Paros erschöpfte sich nicht in den lyrischen und bildenden Künsten – es machte auch Geschichte. Durch Telesikles vor allem, den Vater des Archilochos, der 680 v. Chr. Thasos in Besitz nahm und mit dessen Gold den Reichtum seiner Heimatinsel begründete. Nach den Perserkriegen, die es in der Neutralität überstand, konnte Paros wohl eine attische Strafexpedition unter Miltiades abwehren, nicht aber einen zweiten Angriff unter Themistokles, der es seiner Schätze beraubte. Fortan verblieb es im Schatten. Doch sein Unternehmersinn ließ sich nicht unterkriegen. Wo immer man heute in der Ägäis einem ortsfremden Fischerboot begegnet – man kann Gift darauf nehmen –, es hat einen parischen Heimathafen.

Welche Insel man auch ansteuert, der Dampfer von Piräus aus läuft zunächst meist *Syra* (auch Syros) inmitten der Kykladenringe an – erst von da strahlen die Linien sternförmig nach allen Richtungen aus. Dem ersten Blick präsentiert sich der große Hafenort als glänzende Verheißung: Aus dem weißen Stadtgewimmel ragen zwei Bergbrüste empor, die Hänge mit Häuserwaben dicht beklebt, beide je in einer Kathedrale gipfelnd – im Wettbewerb, über Volk und See zu ihren Füßen himmlischen Segen auszugießen. Denn um die eine Höhe sammelt sich die katholische, um die andere die orthodoxe »Welt«. Der »römische« Hügel hat eine venezianische Geschichte; die »fränkischen« Fürsten von Naxos hatten im 13. Jahrhundert auch Syra in Besitz genommen, wo ihr Missionseifer bei den einheimischen Griechen mehr Resonanz fand als anderswo in der Ägäis (außer auf Tinos). Die »Bekehrten« erhielten noch Zuzug durch flüchtende Glaubensbrüder von den Nachbarinseln während der Türkenjahrhunderte, hielt doch der »allerkatholischste König« von Frankreich seine schützende Hand über Syra, dem die Pforte im Bemühen um gute Beziehungen Respekt bezeugte. Doch die türkischen Massaker auf Chios und Psara während des griechischen

Freiheitskrieges (1821–1830) spülten abermals, diesmal »orthodoxe« Flüchtlingsströme nach Syra. Seither sind diese in der Mehrzahl: Von der 25.000-köpfigen Bevölkerung bekennen sich noch 8000 zum Katholizismus – die »Francosyriani«. Ihre Zahl verringert sich durch die Häufigkeit der Mischehen, mit denen sich der Ruf der Insel als »Isola de Papa« mehr und mehr verflüchtigt.

Im 19. Jahrhundert entwickelte es sich, nach der Errichtung des neugriechischen Staates, zum Haupthafen auch des nahen Festlandes, und dank ihm auch zum Handels- und Industriezentrum. Das brachte viel Geld auf die Insel; auch Geist. Die erste griechische Zeitung erschien auf Syra, das auch der Literatur und Musik Heimatrechte einräumte, und der gewerkschaftlichen Organisation die ersten Ansätze. Nicht minder aber wucherte Protz und Prunk der Honoratioren-»Paläste«. Heute sind sie verschlossen und verfallen, zu leeren Fassaden reduziert. Denn mit der Eröffnung des Kanals von Korinth 1893 verlagerte sich der Schwerpunkt des griechischen Handels und Seeverkehrs zum aufblühenden Piräus. Seither siecht der Hauptort Ermoupolis unaufhaltsam dahin, auch die Errichtung einer Werft und mehrerer Kleinbetriebe sowie die Nutzung seiner Ebenen für den Gartenbau verlangsamen nur ihren Niedergang. Immerhin behauptet sich Syra, trotz massiver Abwanderung, als Sitz der Verwaltung über die Kykladen, als ihre Handels- und Fischereizentrale; mit 334 Einwohnern pro Quadratkilometer (2003) ist es immer noch die dichtestbesiedelte Insel – 37,8 zählt man im Kykladenschnitt.

Die Symptome des Verwesens, die enge Besiedlung, die leer laufende, dennoch laute Geschäftigkeit machen Syra nicht gerade zur touristischen Attraktion. Zu Unrecht, denn seine Süd- und Ostküsten sind reich an sandigen Buchten und pittoresken Fischerdörfern.

Auf demselben Längengrad wie Syra liegt, Euböa fortsetzend, *Andros*, vom Norden her gesehen – lassen wir Skyros aus dem Spiel –, die erste der Kykladen, nach Naxos die zweite an Höhe, Flächenumfang und Fruchtbarkeit. Auf den vier Bergmassiven (bis zu 1000 m) außer im Süden waldbestanden, an den Hängen und auf den kleinen Ebenen gesegnet mit Getreide, Wein, Öl, Feigen, Mandeln, Tomaten und Zwiebeln, verdankt es seinen grünen Wohlstand den feuchten Nordwestwinden, denen es die letzten Tropfen abzapft, die ihnen der Weg über das Festland und Euböa gelassen hat. Im Altertum soll es an die 100.000 Einwohner ernährt haben, heute zählt es in 70 Weilern noch 9000. Nicht einige von ihnen suchen ihr Brot auf der See, und da den Andriern auch ein harter Geschäftssinn eigen ist, stellen sie mit Chios und Kasos der griechischen Handelsflotte das bedeutendste Kontingent an Reedern.

Die maritime Orientierung der Insel demonstriert auch die Verlegung ihrer Haupt- und Hafenorte auf die Ostseite, dem Festland ab- und der Ägäis zugekehrt. Vielleicht übernahmen sie mit ihnen nur die Tradition der Venezianer (1207–1566), die von dort aus die Insel beherrschten. Ihre Zwingburg liegt auf einem künstlich vom Land abgeschnittenen Felsvorsprung, der das Küstengelände in zwei Buchten unterteilt; eine zweite unterhielten sie im südöstlichen Nachbargolf, bei der Ortschaft Korthion. Die antike Hauptstadt jedoch, Palaeopolis, befand sich an der Westküste, im Halbrund eines Hanges; mehrmals geplündert, fiel sie im 4. Jh. n. Chr. einem Erdbeben zum Opfer. Aus ihren Trümmern wurde der berühmte Hermes geborgen, heute ein Glanzstück des Athener Nationalmuseums.

Der Westen verfügt noch über zwei weitere Landeplätze: in der Mitte im Fischerdorf Batsis, nördlich davon in Gavrion, wo die Autofähre vom attischen Raphina aus anlegt; von dort aus offerieren sich dem Auto-Kentauren 100 km gute Straßen.

Zwischen Andros und *Tinos* nur ein enger Sund von 1200 m Breite – er aber hat es in sich: In ihm ballen sich die sommerlichen Nordwinde zu solch gewaltiger Wucht, dass selbst große Schiffe kaum gegen sie ankommen. Und stellt es sich als direkter Fortsatz der von NW nach SO streichenden Gebirgsachse Euböa-Andros dar (die dann auf Mykonos ausläuft), die Zäsur des schmalen Meeresspalts trennt Welten – zum Nachteil von Tinos, das vom vegetationsfeindlichen Karst sterilisiert ist.

Die Bodenkargheit, potenziert noch durch Regenarmut, mag es erklären, weshalb die Insel in der Antike politisch und kulturell kaum in Erscheinung trat – sie hinterließ, unweit der Hauptstadt, lediglich einen Poseidontempel: Grundgemäuer, allenfalls »interessant« für die Bildungsgeier, die für den kriminologischen Aspekt der Archäologie anfällig sind. Umso mehr ist Tinos den heutigen Griechen lieb und teuer als Hauptwallfahrtsort des orthodoxen Landes. Weshalb dem Ägäisreisenden nicht der Antritt seiner Fahrt am 25. März und 15. August zu empfehlen ist. Denn alles, was das Planken hat, steuert zu Mariä Verkündigung und Himmelfahrt das Kloster Panagia Evangelistria auf Tinos an, mehrfach überfrachtet mit Tausenden von Pilgern, die an diesen Tagen (und nicht allein zu diesen) der Muttergottes ihre Sorgen und Wünsche, oft auch ihren Dank, wörtlich zu Füßen legen.

Am Anfang war – wie in Lourdes – ein Offenbarungswunder, zum Beginn des griechischen Befreiungskrieges gegen die Türken. Ein Traum hieß eine Nonne, an angezeigter Stelle eine vergrabene Marienikone aus dem Boden zu holen. Sie missachtete zunächst den Auftrag, erinnerte sich aber seiner, als eine Seuche die Insel heimsuchte. Nun tat sie, was ihr befohlen, und siehe da, am 23. Januar 1823 gab die Erde das Heiligenbild preis. Von diesem Tag an erlosch die Seuche, gesundeten die Kranken, und seither wirkt das Bild die erstaunlichsten Wunder.

Auf der Anhöhe oberhalb des Häusergewimmels der Stadt Tinos wurde der heiligen Ikone alsbald eine majestätische Klosterkirche errichtet, genau über ihrem Fundort – blendender Blickfang in Weiß zwischen dem tiefen Meeresblau und den graugelben Bergwellen im Hinterland. Von der Decke des dunklen Innenraumes hängen Weihgeschenke aller Art – kein Gelöbnis des Herzensschmerzes oder des Leibesleidens, das hier nicht seine Einlösung fand: Öllämpchen, Schiffe, Regen, Fässer, Häuser, Kühe, Votivtäfelchen (*támata* oder *taximata*) mit Nasen, Augen, Beinen, Armen, Unterleibern und Frauenbrüsten, sie alle in Gold oder Silber getrieben – Dankesbeweise oder Bestechungsbitten. Die Ikone selber ist kaum noch sichtbar unter dem dichten Behang von Opfergaben an Schmuck und Edelsteinen; von Zeit zu Zeit werden sie abgeräumt, um neuen Spenden Platz zu machen.

An den beiden Feiertagen kann die Kirche die Pilgerscharen nicht fassen. Daher sich denn Maria zu ihnen begibt, in feierlicher Prozession angeführt vom Metropoliten, in seinem Gefolge die Honoratioren von Staat und Stadt, Soldaten, Polizisten, Volk, auf der Prachtstraße von ihrer Heimstätte zum Hafen und wieder zurück, über die am Boden liegenden Leidenden und ihre Gebrechen hinweg.

Was aber erhob Tinos zum Zentrum der griechischen Volksfrömmigkeit? Seine Bewohner zeichnen sich eher durch Fleiß und Tatsachensinn aus als durch Glaubenseifer, und an heiligen Ikonen ist auch andernorts kein Mangel. Die Antwort: Beim Wunder von Tinos stand das religionspolitische Kalkül Pate.

Die Insel war von 1207 bis 1309 in der Hand der venezianischen Familie Ghisi, dann bis 1718 der Lagunenstadt selber – länger als irgendeine andere Ägäisinsel. In der zweiten Phase bekehrte sich fast die gesamte Bevölkerung (mehr also als auf Syra) zum Katholizismus – heute bekennt sich zu ihm noch ein Drittel. Im Zeichen des nationalen Befreiungskampfes mag sich die Orthodoxie, unversöhnlicher Gegner Roms, genötigt gesehen haben, sich auf dessen griechischer Hochburg nachdrücklich zur Geltung zu bringen.

Die Erinnerung an die Venezianer hält auch noch das Kastro Exobourgo fest, auf der beherrschenden Bergpyramide (553 m hoch) inmitten der Insel (während sie sonst für ihre Festungen die Hafennähe bevorzugten). Venezianischen Stempel tragen ferner die unzähligen Taubentürmchen, mit kunstvoll ornamentierten Schlupflöchern und Zinnen – mit ihrem Formenniveau nehmen es die von Andros, Mykonos und Siphnos nicht auf.

Das Mysterium der heiligen Erde beschränkt sich nicht auf Tinos, es erstreckt bzw. erstreckte sich auch auf die Nachbarschaft, auf Delos – auch dort ohne geografische Begründbarkeit.

Delos – Geburtsstätte des Lichtgottes

Delos hat für die großen Schiffe keinen Hafen. So fährt man auf einer Fischerbarke von Mykonos herüber, in ein bis zwei Stunden, je nach der Laune des Meeres.

Und dann betritt man den Boden der Insel, mit seiner Geringfügigkeit von 3,8 km² neben Delphi die große Kultstätte Apollons im alten Griechenland. Ein kahles Felsenriff, ein Steinskelett, dem der salzige Seewind seit Jahrtausenden des Fleisch von den Knochen genagt hat. Nur zwei Palmen gibt die Insel Leben. Und etwa zwanzig Menschen: den französischen Archäologen, den griechischen Altertumswächtern, einer Hand voll Hirten mit ihren Schafen, und nicht den einen Esel zu vergessen, der die tägliche Nahrung von der Barke zu dem kleinen Touristenhotel schleppt. Aber Tausende von Fremden pilgern jährlich aus aller Welt nach Delos, denn es ist das Pompeji Griechenlands, sein größtes Ruinenfeld – ein steinernes Bilderbuch, darin die Geschichte vom siebenten Jahrhundert bis zur Zeitenwende aufgeblättert ist.

Heilig war Delos als Geburtsstätte des Lichtgottes. In seiner großen Zeit durfte daher auf seinem Boden kein Menschlicher geboren werden noch sterben. Auch Artemis hatte Altäre dort, neben den drei Tempeln ihres Zwillingsbruders Apollon, Aphrodite sodann, und später ließen sich noch viele andere Götter auf der Insel nieder, Hera und Herakles, ja syrische und ägyptische Gottheiten; und wo Apollon, da ist Dionysos nicht weit, der sich in phallischer Anwesenheit mächtig bezeugt – so will es der Sinn des Griechen, der auf das Gleichgewicht der Lebenskräfte gerichtet ist. Aber im Schutze Apollons blühte auch das Geschäft. Es war das Schatzhaus des Attischen Seebundes (dessen Depositen Perikles unter dem Vorwand der Sicherheit nach Athen überführte – und mit ihnen die Akropolisbauten finanzierte), Bank und Umschlagplatz zwischen den hellenistischen Reichen, zwischen Okzident und Orient. Handelszentrum der Ägäis unter den Römern und schließlich im spätrömischen Imperium der zentrale Markt für Sklaven und Hetären. In Griechenland wohnt das Geschäft gern neben dem Göttlichen. Nur in Griechenland?

Reeder, Bank- und Kaufleute errichteten auf der Insel Geschäftshäuser, Lagerhallen, Werkstätten und prächtige Luxusvillen – zweistöckige Rechtecke, flach gedeckt und lang gezogen, mit geräumigen Säulenvorhöfen. Sie überbieten sich in kunstvollen Mosaikböden, die das späte Raffinement eines barocken Realismus bekunden: ein schön geformter Dreizack (genau denselben entdeckte man auf den Fässern im Meer vor Marseille – so war er wohl das Geschäftszeichen eines Reeders, der auf Delos zu Hause war), ein pickender Vogel, springende Delphine, ein trunkener Silen und der orientalisch gewandete Dionysos, auf einem Panther reitend. Und natürlich durften Stadion und Theater (mit 5000 Plätzen) nicht fehlen. Aber auch an Zeugnissen des Alltags mangelt es nicht: am schönsten in ihrer formvollendeten Werkgerechtigkeit eine marmorne Ölpresse. Und schon damals war das Wasser die allgegenwärtige Sorge. Zahllos die Zisternen, die dem Regen entgegenlauern – eine

Windmühlen sind das Wahrzeichen von Mykonos. Von ehemals 24 hat man fünf zum Wohlgefallen der Touristen restauriert.

Auch Mykonos verfügt über ein »Klein Venedig«. »Mikri Venetia« heißt das Tavernenviertel südlich der Stadt.

Die Tintenfische – Oktopodis – werden in der Sonne getrocknet. Ihre Beinchen dienen später als Delikatesse zum Ouzo.

Objekt vieler Künstler und Fotografen auf Mykonos: die Kirche Parapotiani – eine Symbiose aus fünf Kapellen.

Taubenhäuser auf Tinos. Die Insel lieferte zu venezianischer Zeit 300.000 Taubeneier als kostbare Delikatesse nach Venedig.

Der Ölbaum – ein Geschenk der Göttin Athena. Zwischen seinem 40. und 100. Lebensalter trägt er am prächtigsten.

Macchia-Landschaft auf Naxos. Ihre Duftnote – Thymian und Oregano. Die beiden Kräuter sind auch die Würze der griechischen Küche.

Das gigantische Wahrzeichen von Naxos – »Portanara«. Das 2500 Jahre alte Tor war der Eingang zu einem Apollo-Tempel.

Die Samaria-Schlucht auf Kreta gilt mit einer Tiefe von 600 Metern und einer Länge von 18 Kilometern als die längste Schlucht Europas.

Auf der abgelegenen Insel Karpathos tragen die Frauen von Olympos noch Tracht und sprechen einen altgriechischen Dialekt.

Das *kafenion* ersetzt den Männern die Zeitung. Hier erfährt und diskutiert man die Neuigkeiten aus nah und fern.

Muli und Esel – ihr sicherer Tritt auf steinigen Pfaden bewahrt sie in Griechenland immer noch vor der Konkurrenz durch den Traktor.

Im Hafen von Rhodos tummeln sich heute Urlauber aus aller Welt. Weniger friedlich gebärdeten sich im frühen Mittelalter die Kreuzritter.

Über dem neuen Lindos thront auf Rhodos das alte: aus dem 15. Jahrhundert eine Johanniterburg mit der Akropolis aus dem 3. Jh. v. Chr.

große für das Volk, während die Reichen eigene Wasserspeicher unterhielten, Paradiese heute für die Frösche, die dicker und stimmgewaltiger nirgends sonst zu finden sind.

Weniger ist im heiligen Bezirk erhalten. Aber überall wachsen aus den Trümmern der Grundmauern schlanke Säulen empor. Delos selber und Mykonos haben in ihrem Gestein kaum Marmor. Da es aber dieser sein musste, holten sie ihn von den Nachbarinseln – den grobporigen aus Naxos und den feinen aus Paros, der nicht wie der pentelische (der Akropolis) das Licht schluckt, sondern zurückwirft. Was kostbar, ist im Museum der Insel und in Athen sichergestellt. Aber an der Prozessionsstraße haben die naxiotischen Löwen in langer Reihe noch immer die Wacht (nur einen hat sich Venedig geholt): Sprungbereit kauern sie auf den Sockeln, den Rachen weit aufgerissen im Brüllen – das Ungeheuerliche in Stein gebannt. Zu ihren Füßen zirpen die Grillen und treiben die Eidechsen ihr zeitloses Sonnenspiel.

Die Löwen wenden sich dem heiligen See zu, der vor vier Jahrzehnten der Malaria wegen trockengelegt wurde; jetzt wellt der Wind dort Büsche und Sträucher. An den Palme in seiner Mitte beginnt die Sage von Delos. Die schöne Leto war schwanger von Zeus. Aber Hera, rasend vor Eifersucht, jagte die Geliebte ihres unbeständigen Gatten von Ort zu Ort, und aus Angst vor dem Zorn der Göttin versagte ihr die Erde die Zuflucht, auch Delos, das damals frei umherschwamm, bald über, bald unter dem Meeresspiegel. Bis endlich Poseidon, im Bund mit seinem Bruder und gerührt vom Mitleid, mit seinem Dreizack zuschlug und die Insel festspießte. Nun endlich konnte Leto, im Schmerz der Niederkunft sich an den Baum klammernd, Apollon gebären.

Davon hat Delos den Namen: »die Erscheinende«. Die Insel gipfelt in dem 107 m hohen Kynthos. Dort hatte Zeus die Geburt seines Sohnes abgewartet. Als es soweit war, barst das Eiland in Blumen und Blüten aus, singende Schwäne flogen über sie hin, hyperboreische Jünglinge und Jungfrauen brachten Opfer. Aus der See aber schoss eine diamantene Säule empor, an der die Insel vor Anker ging.

Der Tag neigt sich. Vom Kynthos aus nehmen wir Abschied. Und von seiner Höhe aus begreifen wir, warum Delos dem Lichtgott Apollon heilig ist, diesem griechischsten aller griechischen Götter. Es ist die Mitte des Kykladenrings, es ist das Herzstück der Ägäis, um das sich die Inselketten, Ring um Ring, schützend schlingen. Und es ist der Ort des reinsten Lichtes und der lichtesten Reinheit in Griechenland – auch Attika hat nicht seinesgleichen. Dies Licht ist materialisierter Geist; in ihm fallen die Sinne mit dem Sinn zusammen. Delos, »die Erscheinende«, hört nicht auf, aus ihrem Licht Apollon immer wieder von neuem zu gebären.

Kapitel IV

Esel, Schaf und Ölbaum – die irdische Dreifaltigkeit

Jede Insel ist eine Welt für sich. Und doch haben sie einen gemeinsamen Nenner – die irdische Dreifaltigkeit aus Esel, Schaf und Ölbaum.

Der Esel ist auf den ägäischen Inseln noch immer Herr der Straße (trotz der wachsenden Konkurrenz von PKW und LKW), schon wegen der verwinkelten Gassen, die in den Dörfern nach seiner Breite bemessen sind; aber auch auf dem Festland ist der Esel nicht wegzudenken von den Straßen. Wer es ganz genau wissen will: 1999 zählte man im Land 121.000 Esel und 11.000 Pferde, 1975 waren es 296.000 Esel und 166.000 Pferde – 1935 waren es ihrer noch 378.000 und 280.000; auch mit ihrer Laufbahn geht es also abwärts, dank der fortschreitenden Motorisierung der Eselei.

Ja, Griechenland hat es gut, auf seinem Boden laufen die Esel noch in Eselsgestalt herum. Und in ihren unfruchtbaren Bastarden – dem großen, schweren Maultier aus Eselshengst und Pferdestute und dem kleineren Maulesen aus dem umgekehrten Elternpaar: Sie alle rennen wie die Pferde, ziehen wie die Ochsen und fressen – eben wie die Esel. Überall stehen sie herum, am Stadtrand und auf dem Marktplatz – schwarz, braun, grau, weiß gesprenkelt, in ihrer unerschütterlichen Gelassenheit die Stoiker unter den Tieren. Der aufgeschundene Pelz ist dünn und ohne Glanz. Aber welche Kraft, welche Zähigkeit in den grazilen Gliedern! Wo im Fels kein Verlass mehr ist auf das Pferd, da ist sein schlanker Huf unfehlbar im Tritt und strauchelt nie. Und wenn die Nacht den Boden verschlingt unter den Füßen, hängt sich der Treiber an den Schwanz des Tieres und überlässt ihm die Wegsuche. Unerschütterlich leistet er seinem Herrn die schwersten Dienste – wie es gerade kommt, als selbstbeweglicher Laden, als Zugtier, Taxi oder LKW, das perfekte Mädchen für alles, die vollkommene Perle vom Lande. Was aber in diesem Lande noch mehr zählt, dem sich der Regen sechs bis sieben Monate versagt: Esel und Maultier kommen mit einem Nichts an Wasser aus. Nicht einmal des Körnerfutters bedürfen sie; ihnen genügt das stachelige Hartgewächs, das sie sich zwischen den Steinen suchen, indessen der Herr die Mittagspause mit einer kleinen Siesta im Schatten würzt. Überaus langlebig, legt er sich erst zu seiner letzten Stunde. Dumm nennen ihn dumme Leute, bockig und störrisch. Weit gefehlt! Er ist klüger als das Pferd und im Grund auch gutmütiger. Allerdings hat er Selbstbewusstsein, das Achtung heischt, und er hat Gefühle, deren Verletzung er mit überraschender Eigenwilligkeit rächt. Die freundliche, die ruhige, bestimmte Hand aber vergilt er mit verhaltener Anhänglichkeit und stiller Pflichttreue. Als Diener ist er kein Lakai, er schmeichelt nicht, er leckt nicht die Hand – er wahrt und erwartet Distanz.

Unberührt auch von allem Hohn und Spott, den die hartnäckige Überlieferung auf seinen breiten Rücken abzuladen beliebt, trippelt der Esel durch die Äonen. Manche Jahrhunderte freilich, nicht von Blindheit geschlagen, erkannten ihn in seiner V.I.P.-Haftigkeit als *very important person*. Die Weisheit des ältesten Orients erhob ihn gar in den Rang der Gottheit, deren Herrschaftsbereich sich bis nach dem pelasgischen, vorhellenischen Arkadien erstreckte. Zum Zeichen ihrer Würde trugen die Könige Altägyptens ein Rohrzepter mit Eselsohren, und Eselsohren waren das privilegierte Symbol von Set, dem Gott der Finsternis. Seltsam genug, dachten ihn jene Zeitalter meist dem Dunklen, dem Schrecklichen zugehörig. So auch in der Gestalt des Typhon, des ungeheuerlichsten aller Ungeheuer –

sein Eselshaupt reichte bis an das Firmament; hingegen mussten sich die Empusen, diese schamlosen Dämoninnen, welche sich des Mittags den schlafenden Männern gesellten und ihnen die Lebenskraft aussaugten, mit dem Hinterteil der Eselin begnügen. Auch dem Dionysos galt der Esel als heilig – ihrer zwei versetzte er unter die Sterne. Mit dem Vordringen des Sonnenkultes aber und mit der Verdrängung des alten Kronos durch den helleren Sohn Zeus sinkt der Esel auf die Stufe der metaphysischen Halbwelt ab, in den dämonischen Umkreis von Pan, Priapos, Marsyas, Silen, den Satyrn und ihren zahlreichen Gesellen; nun personifiziert man mit ihm die Geilheit und die Grausamkeit, und zwar bis zu deren Grenzbereich, wo sie ins Grotesk-Komische umschlagen – wie im Falle des Königs Midas, dem Eselsohren anwuchsen, zur Strafe, weil der Apollons Spiel – im musikalischen Wettstreit mit Marsyas – nicht den Siegespreis zuerkannt hatte.

Schließlich achtet der Hochmut der Späten keine Schranke mehr. Dem klassischen Athen blieb es vorbehalten, dem Esel auch noch das klassische Attribut der Dummheit anzuhängen, das er nie mehr loswerden sollte. Das ist zumindest der Geschichte des Antisthenes zu entnehmen, der sich seines Lehrers Sokrates nicht würdig erwies. Er stellte nämlich dem versammelten Volk von Athen den Antrag, durch Mehrheitsbeschluss die Esel zu Pferden zu erklären. Als sein Vorschlag nur Gelächter erntete, tat er erstaunt: »Warum lacht ihr, Freunde? Macht ihr nicht auch Nichtskönner durch Abstimmung zu Feldherren?« Zu dieser Zeit hatte Sokrates schon den Schierlingsbecher geleert. So stand keiner gegen diese diffamierende, diese ungerechte, diese unsinnige Gleichsetzung des Esels mit dem Nichtskönner auf. Augustus freilich hielt ihn in Ehren, nachdem ihm ein Esel den Sieg von Actium vorhergesagt hatte.

Gerechtigkeit wurde dem Esel erst wieder durch das frühe Christentum zuteil. Auf einem Esel flüchtete die Heilige Familie nach

Ägypten, auf einer Eselin zog Jesus zum Palmsonntag in Jerusalem ein; seither trage der Esel, berichtet die Legende, auf seinem Rücken das Kreuz, das der dunkle Längsstreifen entlang dem Rückgrat mit dem Querstrich auf der Schulterpartie bildet. Diese hohe Wertschätzung hatte schon das Alte Testament begründet: Mit dem Esel des Propheten Bileam, der, verständiger als sein Besitzer, vor diesem den Engel sah und vom Herrn mit der Menschensprache begabt wurde (ein Ereignis, das später manchem protestantischen Theologen arge Kopfschmerzen bereiten sollte). Die Erinnerung daran hielt das *festinum asinorum* wach, das Eselsfest, das während des Mittelalters in spanischen und französischen Städten als Volksschauspiel gefeiert wurde. Die gleiche Reminiszenz enthielt das Ordensgebot der Trinitarier, das den Patres nur den Ritt auf dem Esel gestattete, nicht aber zu Pferde. Und im ersten Kreuzzug ritt Gottfried von Bouillon dem Pilgerheer auf einem Esel voran – dieser Kreuzzug allein unter allen kam an sein Ziel. Doch bald darauf ging es mit dem Esel wieder bergab: Zum späten Mittelalter wurde es in Deutschland Brauch, die Verbrecher auf einem Esel reitend vom Büttel durch die Stadt führen zu lassen.

Einmal aber noch, in einem lichten Augenblick, verstand sich die Geschichte zur Rehabilitierung des Esels – durch das Eingeständnis, dass der Krieg auf einer Eselei beruhte. Das war, als der Adel Venedigs über die Kykladen herrschte, im Zeitalter der Kreuzzüge. Bartolomeo Ghisi besaß nicht nur Tinos, sondern auch einen weit und breit gerühmten Eselshengst, der als Zuchtvater nicht seinesgleichen hatte in der Inselwelt. Eines Tages also, im Jahre 1286, bemächtigten sich Seeräuber des wertvollen Tieres und verkauften es an Guillermo Sanudo, Baron über Syra, obwohl dieser über dessen Herkunft Bescheid wissen musste, waren dem Hengst doch die Initialen des Besitzers ins Fell gebrannt; und außerdem lag seine Einzigartigkeit offen zutage. Der bestohlene Ghisi aber, nicht willens, den schweren Verlust kampflos hinzunehmen, setzte sein Heer nach Syra über; und sicher hätte er auch die Inselstadt erobert, wäre dem Sanudo nicht in letzter Stunde die Flotte seines Lehensherrn, König Karls II. von Neapel, zu Hilfe gekommen. Daraufhin wurde der Streitfall zur prozessualen Entscheidung dem Vertreter Venedigs auf Euböa übergeben, der das Verfahren so lange hinzog, bis der Hengst eines natürlichen Alterstodes starb.

Der Esel aber – ein Casus belli? Darüber können nur Analphabeten der Geschichte staunen – und Analphabeten der Asinologie. Als ob man sich nicht schon aus belangloseren Gründen die Schädel wechselseitig eingeschlagen hätte! Als ob es keinen Krieg um die schöne Helena gegeben hätte! Den Ghisi aber und den Sanudi ist immerhin die rechte Einstellung zum Esel zu bescheinigen. – Und auch den Nordkoreanern heute: 1976 bestellten sie in Ägypten 200 Esel (davon 180 weibliche), was ihre feindlichen Brüder im Süden zutiefst beunruhigte. Argwöhnten sie doch, die Kommunisten wollten im bergigen Grenzland einen Guerillakrieg entfesseln, in dem den Vierbeinern die Versorgung der Infiltranten mit Waffen und Munition zugedacht würde. Womit bewiesen ist, dass selbst das Atomzeitalter auf den Esel nicht verzichten kann, sobald es schwierig wird.

Es spricht nicht wenig für unsere viel geschmähte Gegenwart, dass sie dem Sinn des Esels wieder auf die Spur zu kommen scheint: Die Partei der amerikanischen Demokraten pflegt sich im Bild des Esels darzustellen. Und ist es ein bloßer Zufall, wenn in George Orwells »Farm der Tiere« der Esel die unterdrückten Tiere sammelt und unter seiner Führung die Demokratie endlich über die Diktatur der Schweine obsiegt? Hand aufs Herz: Allein vor die Wahl gestellt zwischen der Schweinerei und der Eselei – wer zögert da noch?

An zweierlei freilich muss man sich beim Esel gewöhnen: zunächst an sein markerschütterndes Geschrei, darin sich das Elend aller Kreatur vulkanisch zu erbrechen scheint. Es macht die Geschichte der Hestia, der jungfräulichen Göttin des Herdes, der friedfertigsten, gerechtesten und wohltätigsten unter den Olympiern, durchaus glaubwürdig: Im Schlafe versuchte sie der trunkene Priapos zu vergewaltigen; da aber, im allerletzten Augenblick, weckte sie ein Esel mit seinem Gebrüll, das durchdringend ist wie das Heulen einer verstimmten Sirene (und doch nur seinem Liebesverlangen Luft macht) – so konnte sie ihre Jungfräulichkeit gerade noch retten. Man sieht: Was das Geschrei angeht, so nehmen es die Esel zumindest mit den Gänsen auf, den Rettern von Rom. Dies weiß auch Silen, der erdgeborene Satyr, zu bezeugen, der sich am Kampfe der Götter gegen die Giganten beteiligt haben will; und zwar habe er seinen alten Esel zum Brüllen gebracht – das habe die Riesen derart erschreckt, dass sie ins Wanken geraten seien. Nun ist freilich dem Silen nicht unbedingt zu vertrauen, denn er ist ein hemmungsloser Aufschneider, ein Trunkenbold dazu. Aktenkundig aber ist ein etwas jüngeres Ereignis: Als der Dirigent Otto Klemperer mit den Wiener Philharmonikern im antiken Theater des entlegenen Epidauros konzertierte, da zogen die Polizisten vorsorglich eine Sperrzone für Esel im Umkreis von zwei Kilometern.

Und gewöhnen muss sich der Reiter auch an seine Gangart. Häufig hat er ja Lasten zu tragen, die weit über seine Flanken ragen; um mit ihnen nicht am Fels zu scheuern, hält er sich stets ganz außen an der Fallseite des Hanges, was nervösen Leuten leicht auf die Nerven geht – völlig zu Unrecht! Des Gefühls zu seinesgleichen ist er durchaus fähig. Aber selbst wenn er – selten genug – Sympathie bekunden will, bleibt er Aristokrat. Dann brüllt er nicht, dann hebt er nur den Kopf und zieht stumm die Oberlippe hoch, den Oberkiefer entblößend, als setze er zu einem panischen Gelächter an, doch verlängert er die optische Andeutung nicht in die akustische Konsequenz. – Im Mai (wenn sie sich einen neuen Pelz zulegen) heiraten die Esel, sagen die Griechen, und deshalb heiraten sie nicht gern im Mai (im Unterschied zu den Deutschen).

Fragte man den Griechen, ob er den Tieren – Esel, Muli und Pferd – eine Seele zuerkenne, so hätte er im Allgemeinen wohl nur ein Fragezeichen zur Antwort. Die Kutscher freilich auf der Insel Spetsä, deren Gewerbe dort dank des gepflegten Kopfsteinpflasters noch immer in hoher Blüte steht, würden darauf ohne Zögern ein vorbehaltloses Ja parat haben. Als mich einer von ihnen bedrängte, doch seine Droschke zu nehmen, anstatt mich mühselig auf den eigenen Beinen über die glutheißen Straßen zu schleppen, lehnte ich ab mit der Ausflucht, ich hätte genug von den 35 Pferden (meines Volkswagens), mit denen ich gerade fünf Tage unterwegs gewesen sei. Mein Argument verschlug nicht – schlagartig hielt er dem entgegen: »*Mein* Pferd hat aber eine Seele, deine nicht!«

Schon am Geschirr lässt sich das Verhältnis des Treibers zu seinem Muli ablesen. Auf Santorin zum Beispiel sind die Tiere an den Hinterbacken mit einer Querstange aus Holz eingespannt, die sie regelmäßig wund scheuert*; so sind sie ausgesprochen missgelaunt, was sie leider nicht an ihren Besitzern, sondern an den reitenden Kunden auslassen. Weit bessere Manieren bekunden die Mulis des benachbarten Ios. »Wie der Herr, so's Gescherr« – das ist von ihnen im positiven Sinne auszusagen; statt der Holzstange legt der Treiber seinem Tier stoffgefütterte Ledergurte über, die sich den Hinterbacken weich anschmiegen – das Maultier quittiert sie mit dem Wohlwollen der Dankbarkeit. Es ist also wohl mehr als ein Zufall: Stets bekomme ich Krach mit den Treibern von Santorin (deren Cholerik freilich zugute zu halten ist, dass sie auf vulkanischem Boden leben), nie aber mit ihren Kollegen von Ios. Die Faustregel,

*Dem hat die Polizei inzwischen ein Ende gemacht – auf die nicht endenden Proteste der amerikanischen Tierschutzvereine hin.

die sich aus dieser auch andernorts bestätigten Erfahrung ableiten lässt: Der erste Blick immer auf das Zaumzeug des Mulis, und du weißt, mit was für Leuten du es auf der Insel zu tun hast.

Der Griechenlandreisende brächte sich um einen der schönsten Genüsse, miede er auf diese kritische Beschreibung hin das Muli überhaupt. Das gleichmäßige Wiegen versetzt den Reiter in einen Seelenzustand, in dem sich schärfste Sinneswahrnehmung und schweifendes Träumen zu einem Maximum des Wohlbehagens verbinden, wie es sonst vielleicht nur noch – so stelle ich es mir als Laie zumindest vor – die Opiumpfeife bewirkt. Dies freilich erst, nachdem sich die anfängliche Verkrampfung gelöst hat; aber sie gibt sich schnell. Irgendwelcher Vorkenntnisse bedarf es auch nicht – auf dem Maultierrücken ist selbst die jungfräuliche Reiterin sicher wie auf Abrahams Schoß. Man lasse sich nur nicht vom Treiber einen europäischen Ledersattel aufschwatzen. Nein, die volle Lust des Mulirückens – es mag an der Gangart liegen – lässt sich nur im landesüblichen Damensitz ausschöpfen, auf dem kantigen griechischen Holzsattel; sofern man auf seiner Rechten sitzt, wie es das Tier gewohnt ist – ansonsten der Esel den Reiter für einen »Esel« hält (und ihn entsprechend behandelt). Doch zu Unrecht pflegt der Treiber der westlichen Sitzfläche die griechische Härteunempfindlichkeit zu unterstellen, weshalb er ihr auch nur eine Decke unterlegt: Unsereiner braucht schon mehrere – darauf bestehe man also, besonders bei längeren Ritten, die ja schließlich nicht der asketischen Bußübung gelten sollen. – Misstrauen verdient das Muli, wenn der Treiber vor ihm geht (statt hinter ihm, wie es üblich ist); das ist ein untrügliches Indiz für die Bösartigkeit des Tieres, für seine Neigung zum Ausschlagen.

Ist der Esel kein »Esel« (im Sinne des Schimpfworts), das Schaf ist nichts als Schaf. Das beeinträchtigt nicht seine Nützlichkeit. Vom Schaf hat der Bauer das Fleisch, das er sich nur an den Feiertagen leistet, am Spieß gebraten in ständiger Drehung über Holzkohlenglut; Schaf, Hammel und Ziege schmecken übrigens nicht so penetrant, wie es die nördliche Zunge erwartet – der Grieche bringt sie nur auf den Tisch, wenn sie vor der Geschlechtsreife geschlachtet sind; am delikatesten ist ihr Fleisch zwei bis drei Monate nach der Entwöhnung vom Muttertier, nachdem sie sich schon einige Zeit von Grünzeug genährt haben. Vom Schaf hat er die Milch – er trinkt und verbuttert sie nicht, er bereitet aus ihr den Joghurt, der nirgends so köstlich ist wie in Griechenland – bis etwa Mai, nach dem der Quell versiegt, da die Lämmer sich dann auf die eigenen Beine stellen, im Sommer ist zwar noch Joghurt aus Kuhmilch zu haben, aber er lohnt nicht recht der Rede. Und in noch größerer Menge verarbeitet er sie zu Käse, zu weichem und hartem, der mit Brot und Tafeloliven seine tägliche Nahrung ausmacht. Und vom Schaf schließlich hat der Grieche die Wolle für Kleid und Bett, hat er das Leder auch für sein dürftiges Schuhzeug. Übrigens wird auch dem Schaf zu Unrecht Dummheit nachgesagt. Von allen Wiederkäuern trifft es die heikelste Auswahl unter den feinsten, gesündesten Gräsern und Kräutern, die Stellen meidend, wo Tier oder Mensch exkrementiert haben.

Eine ähnlich vielseitige Leistung lässt sich auch der Ziege nachsagen, die der griechische Bauer an die zweite Stelle seiner züchterischen Bemühungen setzt. Sie bietet Vorteile: Sie kostet geringe Wartung, sie kann sich eher selber überlassen bleiben, da sie sich zu schützen weiß, und sie findet ihre Nahrung noch auf der hoch gelegenen, sonst keiner Nutzung zugänglichen Bergöde, die dem Schaf unersteiglich bleibt. Schwerer aber wiegt der Schaden, den die Ziegen dem jungen Forst zufügen – sein frisches Blattwerk scheint ihnen besonders zu munden. Wenn bisher alle griechischen Bemühungen, durch Aufforstung die klimatischen Mängel des Wasserhaushaltes zu korrigieren und die Fruchtböden vor dem Abschwemmen zu bewahren, immer wieder gescheitert sind (und an beiden Übeln leiden die Inseln noch mehr als das Festland), so ist dafür in erster Linie die Ziege verantwortlich. Der Bauer zieht daraus nicht die erforderliche Lehre, ist er doch nicht der unmittelbar Leidtragende ihrer unbezähmbaren Fressgier; oft genug käme der Verzicht auf die Ziege seinem Selbstmord gleich.

»Sündenbock« ist also dieses Tier in der Tat. Diesen Ruf hängte ihm freilich erst das Alte Testament an, das es mit allen Lastern des Volkes belud und in die Wüste »zum Teufel« schickte, das Neue Testament ging noch weiter, es legte ihm die untilgbare Hypothek der ewigen Verdammnis auf, bis zum Endgericht, und schließlich wertete es das katholische Mittelalter zum stinkenden Satan selber auf. Was aber dem Bock die jüdisch-christliche Verurteilung einbrachte, seine geile Potenz, den hellenischen Augen erschien sie als Inbegriff der Lebens- und Zeugungskraft: Als Kulttier gehörte er zu den »ständigen Begleitern« von Aphrodite und Dionysos (früher auch des Osiris), und Pan, von den Orphikern und Stoikern verehrt, war als Sohn eines Hirten und einer Ziege mit deren Hörnern, Ohren und Füßen ausgestattet. In noch älteren Mythen paaren sich die Menschen mit dem Bock, dem »Herrn der jungen Frauen«, um göttliche Kinder zu zeugen, wie Herodot von den Damen von Mendes und Ovid von den Sabinerinnen berichtet. Diese und jene Vergangenheit sagt dem Inselbauern nichts mehr; seinen Lebensunterhalt sichert die Ziege – sie ist für ihn, was die Kuh für seinen westlichen Bruder, und auf seiner Geschmacksskala zählt das Zicklein zu den Delikatessen.

Ein Mehrzweckgeschöpf, jedoch unproblematisch und vielfältiger noch in der Nutzung, ist auch der Ölbaum. Die einsämige Steinfrucht begleitet als Tafelolive – unreif grün (vom Baum gepflückt) oder schwarz ausgereift (nach dem Fall vom Boden aufgelesen oder mit Stöcken vom Baum geschlagen – die Mahlzeit oder den Ouzo, den Anisschnaps, beim Umtrunk. Vor allem liefert sie der griechischen Küche fast alles Fett: Im Olivenöl schwimmend werden die Speisen bereitet und aufgetischt – daran muss sich der fremde Magen gewöhnen, und er tut es am schnellsten in der ständigen Gesellschaft des Retsina, des mit dem Harz der Seekiefer versetzten Landweins. Anfangs schmeckt er befremdend – wie der Weihnachtsbaum, meinte Viktor Auburtin, oder wie eine verflüssigte Zelluloidpuppe. Nach eingehender Bekanntschaft kann man meist von ihm nicht lassen – abgesehen von den hoffnungslosen Fällen. Man darf nur nicht voreilig kapitulieren. Schließlich ist das Ja oder Nein des Fremden zum Retsina, unter Gewährung einer Schonfrist, das untrügliche Kriterium dafür, ob ihn Griechenland angenommen hat oder nicht.

Das Olivenöl geht aber auch in die Margarine ein, es dient zur Seifengewinnung, und die minderen Sorten, die Restbestände der letzten Pressung, lassen sich noch als Brenn- und Schmieröl verwenden. Früher bezogen von ihm auch die Griechen das Licht, wie heute noch für das ewige Lämpchen in der Kirche oder vor der Hausikone; und in der Antike nutzten es die Ringkämpfer zur Massage, die Gläubigen als Salböl – dem katholischen Christen gewährt es das Heil der Letzten Ölung. Auch dient das Harz, das die älteren Bäume absondern, das Olivil, in der Liturgie als Räucherwerk. Das Holz aber des Ölbaumes ist überaus hart; Herakles' unfehlbare Keule war aus wildem Olivenholz – vor ihr wich selbst Hades zurück, als er Alkestis holen wollte. Von schöner Politur – auf grüngelbem Grund bildet es schwarze, wolkige Flocken und Adern –, empfiehlt es sich für kostbare Tischler- und Drechslerarbeiten; langsam in der Glut gedreht, fertigen aus ihm die Athosmönche die schönsten Spazierstöcke – in gleicher Weise hatte Odysseus den Olivenstock gehärtet, mit dem er dem Polyphem das eine, das einzige Auge ausstieß.

Der reiche Baum, 6 bis 12 Meter hoch, in 31 Arten variierend, ist die Bedürfnislosigkeit selber. Sein immergrünes, lederartiges Laub, überzogen von schuppenartigem Haarpelz, speichert die Feuchte; so übersteht er die lange Sommerdürre. Er nimmt mit kiesigem oder auch sandigem Boden vorlieb, der nur möglichst kalkhaltig sein muss; die Krume kann dünn aufliegen – dann streckt er seine Wurzeln rings in die waagrechte Weite und verlangt Abstand von seinesgleichen, den der Bauer oft zum Anbau niedrig wachsender Pflanzen, aber auch der Geste nützt. Die Distanz macht ihn zum Individualisten – keine zwei Ölbaume, die sich in der Gestalt gleichen, und wo er in der Vielzahl auftritt, schließt er sich doch nie zum »Wald« zusammen, sondern allenfalls zum aufgelockerten »Hain«. Gedrungen, untersetzt, ist er dennoch »schön« in seiner Eigenwilligkeit. Dicksträhnig gefasert, schraubt sich der vielfach eingelöcherte Stamm in knorriger Windung aufwärts, schickt dann sein sparriges Geäst weit in die Runde, darüber sich sein silbergrünes Blättergerinnsel breitet, die scharf einfallenden Sonnenstrahlen zu matten Schatten splitternd. Er fängt die Sonne nicht ab, er filtert sie, weil sich ihr die kleinen Blätter nicht im gleichbleibenden Stand mit der Breitfläche entgegenstellen, vielmehr wenden sie ihr jeweils die Schmalseite zu und drehen sich mit ihrem Lauf; indem sie so der Sonne die geringste Angriffsfläche bieten, reduzieren sie die Verdunstung auf ein Minimum.

So kommt der Ölbaum im Sommer fast ohne Wasser aus, ja er verlangt die gleichmäßige Hitze; die Kälte aber verträgt er nicht, weshalb er auch die Höhen meidet. Eines aber braucht er: Zeit. Denn erst nach dem siebten Jahr trägt er langsam Frucht, mit dem zehnten wird er rentabel, um vom vierzigsten bis zum hundertsten Lebensjahr seine volle Fruchtbarkeit zu entfalten; dann bringt er es auf 70 bis 75 Kilogramm Frucht, bis zu einem Ölgehalt der Olive von 40 Prozent. Doch wird er sehr viel älter – sechs bis sieben Jahrhunderte, ja die Legende gibt ihm sogar zwei Jahrtausende. Der Bauer pflanzt ihn nicht für sich selber, er pflanzt ihn für die Kinder und Enkel – vielleicht ist es der Ölbaum, der den griechischen Bauern so konservativ macht und seinen Sinn bindet an Sitte und Überlieferung. Der französische Dichter René Char war dem Geheimnis seiner Frucht auf der Spur, als er für sie das Wort fand: »Wie der Arme, so weiß der Dichter auszukosten die Ewigkeit der Olive.« – Und wenn nach Heraklit – was wir nicht glauben wollen – der Krieg der Vater aller Dinge sein sollte, gewiss ist die Olive aller Dinge Mutter. Zu immer neuer Gestalt sich abwandelnd, wurde der Ölbaum zum pflanzlichen Abbild der Bescheidung und des Friedens, in seiner Dauer, in seiner ruhenden Ausgewogenheit. Kein Wunder, wenn die Alten den Ölbaum heilig achteten, ihn durch Solon dem Schutz des Gesetzes unterstellten und seine Verletzung, auch im Krieg, als Barbarei ansahen und als Verbrechen ahndeten. Als Zeichen des Friedens galt er schon dem Alten Testament: Als die Taube von ihrem dritten Flug einen Ölzweig zur Arche brachte, wusste Noah, dass Gottes Zorn der Versöhnung gewichen war.

Und die hellenische Sage berichtet: Einst stritten Athena und Poseidon um die Herrschaft über das Land Attika. Der Spruch verhieß es dem größeren Wohltäter. Da schlug Poseidon mit dem Dreizack einen Quell aus dem Akropolisfelsen. Athena aber senkte ein Ölreis in seinen Boden – und für diese Gabe sprach ihr der Richter den Sieg zu (der Wettstreit war festgehalten im Westfries des Parthenon). Noch heute – so will es die Überlieferung – blüht an der alten Stelle ein Nachfahr des ersten Ölbaums, den dort die göttliche Hand gesetzt; zwölf Ableger von ihm hatten die Athener im Garten der Akademie angepflanzt, die dem Areopag anvertraut waren – das Öl ihrer Früchte war den Siegern der Panathenäischen Spiele vorbehalten.

Viel für sich hat aber auch ein anderer Mythos, demzufolge der Ölbaum die Frucht einer göttlichen Liebschaft war: Apollon hatte die schöne thessalische Nymphe Kyrene auf seinem goldenen Wagen entführt. In jenem afrikanischen Lande, das seither ihren Namen trägt, gebar sie ihm den Aristaios, und dieser war es, der die erste Olive anpflanzte (und sich als erster Bienenzüchter nicht geringeres Verdienst erwarb). Pindar freilich glaubt, Hellas verdanke sie dem Herakles: dieser habe die heilige Hirschkuh der Artemis über ein Jahr lang verfolgt und sie schließlich im Lande der Hyperboreer, an den Quellen der Donau, gefangen, und ausgerechnet dort, im deutschen Schwarzwald, sei er zum ersten Mal auf einen Olivenhain gestoßen. Gleich kam ihm der Gedanke, diesen Baum in das schattenlose Olympia zu verpflanzen, wo er zu Ehren seines Vaters Zeus die Wettspiele stiftete. Und das Ölreis, das ihm die freundlichen Hyperboreer mitgegeben hatten, fühlte sich so wohl in seinem neuen Boden, dass es sich bald über das ganze Hellenenland ausbreitete. Herakles war es denn auch, der den Sieger der Olympischen Spiele mit einem Kranz aus Ölbaumblättern ehrte (in Wahrheit hatte das delphische Orakel erst nach der siebenten Olympiade die Verleihung der Olivenblätter angeordnet – an Stelle des bis dahin üblichen Apfelzweiges). Auch bei den Mädchenspielen zu Ehren der Hera (einen Tag vor dem Wettkampf der Männer) erhielt die Siegerin einen Ölzweig, der die bösen Geister vertreibt und der Fruchtbarkeit und dem Frieden zum Sinnbild dient. Dem Frieden vor allem. Denn vollkommen ist erst der Sieg, der dem Kampf ein Ende setzt, das Ende durch eine neue Ordnung des Friedens.

Die Wissenschaft freilich verlegt die Heimat des Ölbaumes nach Phönizien, von wo er seine Reise rund um das Mittelmeer antrat und um 3500 v. Chr. über das minoische Kreta nach Hellas gelangte. Der Ölbaum ist ein Grieche geworden, nicht nur ehrenhalber; er *ist* Griechenland. In seinem Zeichen schließen sich Festland und Inseln zusammen – zur Heimat unseres Anfangs.

Kapitel V

Von Polypen, Quallen, Haien und anderem Seegetier

Es hat keinen goldenen Boden, das Fischerhandwerk in den ägäischen Gewässern. Denn auch die See Griechenlands ist arm, so arm wie seine Erde. Blau, heißt es, ist die Wüstenfarbe des Meeres: Das feste Land ringsum geizt mit Flüssen, und sie entströmen steinigen Zonen, die ihnen nur wenig organische Substanz mitgeben. Was aber diese See birgt, ist köstlich und nimmt es mit dem edelsten Flussfisch auf. Nur genügt es nicht in der Menge, und so muss zur Versorgung des Landes noch die – Nordsee herhalten, mit Stockfisch und sonstigem Gesalzenen. Die griechische Fischereiflotte fing 2002 magere 214.000 Tonnen Fisch. 40.000 Tonnen mussten importiert werden. Das ungenügende Angebot macht den Fisch, auch auf den Inseln, teuer – teurer als das Fleisch.

Die Katzen – so heißt es auf den Inseln – fressen keine *barbúnia*. Warum? Weil die Menschen sie mit Haut und Haar verspeisen, einschließlich des Kopfes, der als besonderer Leckerbissen gilt. Tatsächlich zählt die Barbúni, die Rotbarbe (der Name bezieht sich auf die Haut), zum Feinsten, was die Ägäis zu bieten hat. Sie bleibt den Ansprüchen nichts schuldig, die generell an den »guten« Fisch zu stellen sind: Ihr zartes Fleisch ist hellweiß, ohne Fett, die Hauptgräte löst sich leicht. Sie wird auf nicht allzu tiefem Grund in dreifach gestaffelten Netzen gefangen, deren Mittelteil doppelt so hoch ist wie die beiden äußeren Parallelnetze.

Mit der Barbúni nimmt es die *lithríni* auf, die Goldbrasse, die sich von Kopffüßlern, Würmern und dergleichen nährt; man fängt sie mit der Angel. Beider Fangsaison ist der Sommer, ab Mai, beide sind klein, von Portionengröße, und beide entfalten ihren vollen Geschmack in der Pfanne (*tigáni*). Ein ausgesprochener Grillfisch hingegen (*stin súwla* – am Spieß oder *stin skára* – auf dem Rost) ist die *tsipoúra*, die ungeschuppt der Glut auszusetzen ist. Sie ist groß, bis 12 kg schwer, und kommt daher in Scheibenportionen auf den Tisch. Das gilt auch von der sensiblen *sinagrída*, der Zahnbrasse, einem Raubfisch mit spitzen Zähnen; dem anderen Wassergetier dient sie aber auch als Warnfisch, durch ihre nervöse Schreckbarkeit. Im Herd gebacken (*plaki sto fúrno*) ist sie am schmackhaftesten. Zur ersten Gütekategorie gehört auch noch die *sphirída*, ein 3–12 kg schwerer Barsch (dem Zahnbarsch verwandt), der in großen Tiefen vom Raube lebt. Er mundet besser, als es sein Aussehen vermuten lässt – das Fleisch ist schon graugrün, am besten macht er sich gedünstet oder gekocht, zu Filets zerschnitten. Die zweite Qualitätsklasse beginnt mit dem *rophós*, dem großen Zackenbarsch, der es bis zu 25 kg bringt – ein ausgesprochener Kochfisch (für die Suppe). Portionengröße hingegen haben *chargós* und *skatharós*, die beide zur Pfanne prädestiniert sind. Mit einem Suppenfisch haben wir es dann wieder bei der *stíra* zu tun (auch eine Verwandte des Zackenbarsches); doch ist sie auch *suwláki*, am Stab gegrillt, zu schätzen. Völlig anderen Geschmackes sind als prinzipielle Vegetarier *képhalos* und *sálba*; die Neutralität ihres Fleisches macht sie gleicherweise geeignet für das Kochen, Braten und Dünsten. – Der Vollständigkeit halber seien als letzte Güteklasse noch die Makrelen genannt, die in der *palamída*, im Thunfisch, ihren vornehmsten Vertreter haben.

Eine Hymne aber der *psarósupa*, der griechischen Fischsuppe, darin eine Vielzahl von Fischen der zweiten Güte eingehen. In Reinkultur bekommt sie freilich nur vorgesetzt, wer mit den Fischern das Mahl teilt – die Taverne wird ihr nur selten gerecht. Denn ihrem

Gelingen ist vorausgesetzt, dass die Fische nicht aus dem Eisschrank, sondern seefrisch aus dem Netz in den Topf wandern. Nach dem Entschuppen sind sie nur oberflächlich auszuwaschen; auch sind beim Ausnehmen nur der Mageninhalt, Darm und Galle zu entfernen, nicht aber die Leber und das Bauchfett. Ist der Kupferkessel auf das genügend geschürte Feuer gestellt (es muss eine schnelle Hitze hergeben), wird es ernst. Zunächst kommen Chargós, Skatharós, Stíra, Képhalos, Rophós, Sálba (und/oder) hinein. Dann ein ungesalzener Schellfisch, der *bakaláos* (notfalls auch der *mungri*, der Seeaal), der die Flüssigkeit – sie soll nicht klar sein – milchig trübt. Nach zwanzig Minuten folgen noch die *skrupína*, der *lichnos* und die *drákissa*, Drachenkopf und Petermännchen, die für die fleischige Konsistenz sorgen. Pro Person rechnet man mit 1/2 kg Fisch und einem Suppenteller Wasser sowie 50 g gutem Olivenöl. Dazu kommen noch Salz, einige ganze Tomaten und eine spitze Paprikaschote, die wieder herauszunehmen ist, sobald sie ihr Würzgeschäft hinreichend getan hat. Ein wenig Zitrone kann nicht schaden. Und dann lässt man das Ganze eine dreiviertel Stunde lang kochen, wobei die Fische immer knapp vom Wasser bedeckt sein sollen. Das Ergebnis – Fisch und Suppe werden getrennt serviert, nacheinander – ist der höchste Genuss, den sich der griechische Fischer leistet.

Den reichsten Ertrag bringt die *gri-gri*-Flotte heim. Zum Sonnenuntergang fährt sie aus, ein Verband von meist sieben Einheiten (mit insgesamt 25 Mann): an der Spitze ein Motorkaiki vom Typus meist des *tréchandiri* mit 12–13 Leuten, in seinem Schlepp zunächst eine große Ruderbarke mit drei Ruderern Steuerbord und zwei Backbord sowie zwei bis drei Mann fürs Netz und dann nacheinander fünf kleine Ruderboote mit je einem Mann, die vor ihrem Bug ein Paar Karbidlampen tragen. Zwischen neun und zehn Uhr abends etwa müssen sie am Ziele sein; es liegt oft auf offener See oder vor der geraden Küste (weil viele – nicht alle – Buchten für das gri-gri verboten sind, aus Schongründen). Dort nun lösen sich die fünf kleinen Barken aus dem Schlepp und beziehen ihre Stellungen; je nach Fangerwartung und den lokalen Bodenverhältnissen in der Position des Würfelfünfers, der Gabel oder in gerader Linie:

1.  2.  3.

mit einem Anfangsabstand von mindestens 150 m bis zu maximal 3 Meilen (à 1852 m); ihnen kommt es zu, mittels ihres grellen Lichtes den Fisch auszumachen und anzulocken. Bei hoher Fangerwartung über ebenem Meeresgrund wählt der Kapitän die Figur 1, Figur 2, wenn er sich seiner Sache nicht sicher ist und sich versuchsweise vortastet; die Linienformation endlich ist vor der geraden Küste und vor der Bucht geboten – parallel zum Ufer, wo der Seeboden steil abfällt, um dem Fisch den Fluchtweg in die Tiefe anzuschneiden. Sobald eines der fünf gri-gri-Boote Fisch gemeldet hat, schleppt das Führungsschiff mit seiner Motorkraft die übrigen in dessen Nähe. Je nach dem Sichtungsbefund wird das Netz um alle fünf Lampenboote zusammen (Figur 1), um mehrere von ihnen (etwa um die drei der Gabelspitze – Figur 2) oder nacheinander um jedes einzelne ausgeworfen.

Das Netz ist 19 –240 *orjes* lang und 40 *orjes* breit (1 *orja* = 1,65 m). Zum Auswurf treffen sich zunächst das Tréchandiri und das Kaiki (die große Ruderbarke), und zwar auf der Strömungsgeraden unterhalb des verankerten Lampenbootes. Das motorisierte Führungsschiff hat, wegen seiner größeren Schnelligkeit, mehr Netz an Bord; dies wirft es nun etwa im Zweidrittelkreis um das stehende Lampenboot aus, das es im Uhrzeigersinn umfährt, indessen die große Ruderbarke mit dem kleineren Netzanteil die gleiche Arbeit in der entgegengesetzten Richtung leistet (weshalb es auch auf der äußeren Steuerbordseite mit drei, an der inneren Backbordseite nur mit zwei Riemen ausgestattet ist). Schließlich stoßen die beiden großen Boote, Strom oberhalb der gri-gri-Barke den Zirkel schließend, wieder zusammen und vertäuen sich. Dann beginnt das Tréchandiri mit seiner Maschine den unteren bleibeschwerten Rand des Netzes aufzuwinden, bis es unten völlig geschlossen ist – höchste Zeit für das Lampenboot, aus dem Fangfeld herauszurudern; nun endlich ziehen die Mannschaften des Tréchandiri und des Kaiki mit den Händen das Netz an seinem bekorkten Oberrand an Deck und entnehmen ihm die Beute mit dem Kescher. Der ganze Vorgang dauert etwa 20 Minuten mit dem Nylonnetz – mit dem schwereren Baumwollnetz rund eine Stunde.

Die Vorteile des Nylons liegen auf der Hand: Seine Leichtigkeit gestattet zwei- bis dreimal mehr Fänge in der Nacht; auch muss es nur gewaschen werden, während das Baumwollnetz dazu noch des täglichen Trocknens (durch mehrmaliges Wenden) und des häufigeren Flickens bedarf, sodass es auch tagsüber die Arbeitskraft der vom Nachtfang schwer strapazierten Fischer beansprucht. Das erheblich teurere Nylon ist freilich für den mageren Geldbeutel des ägäischen Fischers nicht immer erschwinglich.

Ganz anders das *karavóskavo*, das den Fang mit dem Schleppnetz bis zu 200 m Tiefe fahrend betreibt; als Einschiffunternehmen kommt es mit sieben Mann aus, daher denn auch seine Kosten geringer sind – aber meist auch sein Ertrag, zumal seine »Saison« gesetzlich auf sechs Monate im Jahr beschränkt ist. Beides gilt noch in erhöhtem Maß von den kleinen Motorbarken mit nur zwei bis drei Mann Besatzung – die häufigste und keineswegs ökonomischste Art des Fischfangs in der Ägäis. Die Ärmsten schließlich begnügen sich mit einer Ruderbarke; ich traf eine, bemannt mit Vater und Sohn, die vom euböischen Chalkis aus fischend in Tagesraten von

5 bis 8 Meilen bis nach Kouphos hinaufgerudert waren, der Schlauchbucht am Mittelglied der dreifingerigen Chalkidike, auf der Höhe des Athos! Unterwegs verkauften sie die Nachtbeute jeweils im nächsten Hafendorf.

Mit den Fischen rivalisiert noch zahlreiches anderes Seegetier. Ein menschenfreundlicher Gott der Zeit hat es gefügt, dass die Fangsaison für die Kopffüßer, für Tintenfische und Polypen (*kalamarákia, oktapódia, soupiés*), in das Frühjahr fällt – eine wohltätige Ergänzung für den kargen Fastentisch. Am besten zu haben sind sie zwischen März und Ende Juni, angerichtet mit den Kräutern der Jahreszeit. Der Polyp bringt es bis zu 4 Kilo; er schwimmt nach Düsenmanier, meist aber lauert er in den Felsritzen auf Beute. Dem Menschen ist er nicht weiter lästig; umklammert er ein Glied, so packe man ihn ruhig beim Kopf, und schon löst er sich. Der Fischer harpuniert ihn oder fängt ihn mit der Legangel. Dann schlägt er ihn mit aller Kraft auf einen Felsen, an die vierzig Mal, bis das harte Fleisch mürbe wird, und nun reibt er ihn auf dem Stein (wie die Hausfrau die Wäsche), das Fleisch sondert einen schleimigen Saft ab und festigt sich wieder. Schließlich wird er geräuchert, auf einer Stange zwischen zwei Kaffeehausstühlen, einen Tag lang, stündlich gewendet (damit nicht die Fliegen in ihm nisten) – den Rest besorgt die Sonne. Mit Zitrone angerichtet, ist er eine geschätzte Beispeise zum Wein oder Ouzo, dem Anisschnaps, diesem harmloseren Bruder des Pernod. Übrigens schmeckt er viel besser, als sein traumhässliches Aussehen vermuten lässt; man verspeise ihn nur mit dem Mund, nicht mit den Augen!

Auf den Polypen gehen sie meist nachts aus, mit dem *pyrophani*; vor dem Bug trägt die kleine Ruderbarke ein Paar Karbidlampen, deren Brennstoff gerade für die Nachtfahrt dosiert ist. Ihr grelles, blendendes Licht dient einem doppelten Zweck: Es zieht unwiderstehlich alles Seegetier an, und es gewährt dem Auge im Dunkel eine größere Tiefensicht als die Tagessonne, deren Reflexion auf dem Seespiegel die Wasserdurchsichtigkeit verringert (was wiederum durch die Benützung eines Eimers mit Glasboden, der nur knapp unter die Oberfläche des Wassers gedrückt wird, wenigstens teilweise zu korrigieren ist; da er mit beiden Armen gehalten werden muss, lässt er dem Fischer jedoch nur wenig Aktionsfreiheit). Die Besatzung besteht aus zwei Mann: Hauptperson ist der Harpunier; aber es kommt gleichermaßen auf das Geschick des Ruderers an, der gut auf den Fänger eingespielt sein muss, um seine leise gegebenen Richtungskommandos ebenso leise – und präzise – ausführen zu können. Der Harpunier steht vorn am Bug, stoßbereit in der Hand die Harpune, die Holzstange mit dem Gabelspieß, dessen 3 bis 5 Zinken noch mit Widerhaken ausgerüstet sind. Neben sich hat der Fänger noch eine Schüssel mit Sand, der mit Olivenöl angefeuchtet ist. Hat der Wind die Seeoberfläche aufgeraut, dann streut er ihn mit einem Suppenlöffel in möglichst weitem Umkreis auf das Wasser, um es mittels des Öls zu glätten und zu klären; der Sand dient dem Öl nur als Träger, da es pur ausgegossen sich nicht so weit und gleichmäßig ausbreiten ließe.

Das Jagdrevier erstreckt sich längs der Flachküste bis zu 2 Meter Tiefe: Die Beute haftet ja nur am Spieß, wenn er nach ihrer Durchstoßung Bodenwiderstand findet; auch muss er dann gleich gedreht werden (nicht zu sehr, sonst bewirkt er zu arge Verletzungen), damit sich die Widerhaken im Fleische festkrallen. Das rotbraune Tier, tödlich getroffen, erbleicht zu grauweißer Farblosigkeit. Nach dem Herausholen wird es von der Harpune gestreift und achtlos in die Bilge geworfen, wo sich sein zähes Leben noch lange weiterquält – alle Aufmerksamkeit der beiden Männer sammelt sich schon in der tastenden Ausschau nach neuer Beute. Lautlos gleitet das Boot über das Wasser, wie angezogen vom eigenen Licht, indessen sich hinter seinem Heck das Dunkel wieder schließt.

Als Fastenessen empfehlen sich weiterhin die zahllosen Muscheln: *kydónia, chténia, mídia, kalógnomi*; aus ihrer Familie zu meiden ist nur die *fúska*, deren Wohlgeschmack süchtig machen kann (was fatal ist, da sie eine Substanz enthält, die das Gedächtnis angreift). In ihrer Reihe besetzt den ersten Rang die *strídi*, die Auster; am frischesten bieten sie die Tavernen am Jachthafen des Piräus, in Turkolimano.

Häufig ist auf der Speisekarte auch der *astakós* zu finden, die Languste mit ihrem urweltlichen Spindelgebein; obwohl sie durstig macht, beugt sie der Trunkenheit vor. Im Sommer freilich ist sie mit Vorsicht zu genießen, denn das Zusammentreffen ihrer schweren Verdaulichkeit mit der Hitze tendiert zum exzessiven Durchfall. Weniger problematisch sind die scheuen Krabben (die des Nachts mit der Lampe leicht zu fangen sind), die Garnelen und *garides* (die am Grund mit dem Schleppnetz aufgelesen werden), die *karawídes* (die wegen ihrer großen Scheren billiger sind) sowie die zahllosen anderen Krebsarten. In Turkolimano versäume man übrigens auch die *taramosaláta* nicht, in der Störeier mit Olivenöl und Zitrone zu einer wahrhaft königlichen Mayonnaise verrührt sind.

All dies Getier hat es nicht leicht, sich am Uferrand zu verbergen. Denn das Wasser ist durchsichtig wie reinstes Glas; bewegt verliert es von seiner Klarheit. Noch aus großer Tiefe gibt sich das Algengewächs dem Auge preis; scheinbar nur wiegt es sich sanft hin und her – das macht das Wellenspiel an der Oberfläche. Nicht aber schützt die Klarheit den Schwimmer gegen die *zúchtres* – gallertartige Quallen von fast völliger Durchsichtigkeit; ihre Berührung ist der zehnfache Schmerz der Brennnessel und haftet lange in der Haut – *zúchtres* nennt man auch die keifenden Weiber. Ganz offen liegt der Seeigel am Grund, der *achinos*. Doch seine Stacheln haben es in sich. Sie lassen sich nicht einfach aus der Haut ziehen wie der Holzschiefer; erwischt man auch ein Stückchen, es bricht ab und der Rest bleibt stecken, eitrige Entzündungen ausbrütend, rückt man ihm nicht rechtzeitig desinfizierend zu Leibe. Übrigens ist das gelbe Fleisch des *achinou* eine Delikatesse, der Geschmack des Meeres in reinster Essenz und dazu (wegen seines starken Lezithingehaltes) ein unvergleichliches Kräftigungsmittel für die Nerven.

Nicht so fürchterlich, wie sie aussehen, sind die in ihrer schleimigen Hässlichkeit unübertroffenen Quallen, die auch ihre transparente Farbenschönheit kaum mildert – »Medusa« heißt sie der Grieche nicht zu Unrecht. Auch an anderen Quallenarten mangelt es nicht – sie haben sich in jüngster Zeit mit dem wachsenden Ausstoß der für sie nahrhaften Erölexkremente der Schiffe erheblich vermehrt, im östlichen jedoch weniger als im westlichen Mittelmeer. Zum Herbst treiben sie in dichten Familienverbänden den Küsten zu; fast ohne Eigenbewegung, von Wind und Wellen gesteuert, weicht man ihnen leicht aus, und wer sehr tapfer ist, packt sie von oben und schleudert sie aus der Schwimmbahn – eine heroisch scheinende, in Wahrheit gar nicht so riskante Galanterie, die niemals ihren Eindruck auf die mitschwimmende Gefährtin verfehlt.

Zu den ergötzlichsten Begegnungen des Ägäisfahrers zählen die verspielten Delfine; mit Vorliebe lassen sie sich auf ein Gastspiel vor dem Schiffsbug ein, im Wettschwimmen zu geschmeidigen Sprüngen ausholend. Weniger Geschmack gewinnen ihren eleganten, lustvollen Künsten die Fischer ab, zerreißen sie ihnen doch die Netze und schnappen ihnen die Beute weg; gleichwohl schonen sie die Fischer. Nicht die (schon von Homer gewähnten) Seehunde, die Mönchsrobben, die noch mehr Schaden stiften. Von den einst 10000 im Mittelmeer sind in der Ägäis ganze 500 bis 600 übrig geblieben. 40 bis 50 tummeln sich an den grottenreichen Felsufern der Insel Piperi (im Kleinarchipel zwischen Alonisos und dem Athos), wo sie ihre Brut aufziehen, und einige wenige im südlichen

Dodekanes um Karpathos – einen sichtete ich einmal bei der unbewohnten Kyklade Makares, einen anderen bei Ios. Vor dem Aussterben rettet sie vielleicht eine nützliche Eigenschaft in die Zukunft hinüber: Sie bauen den Öl- und sonstigen Industriedreck ab (das meiste Meeresgetier und unsereiner speichert ihn), den die mediterranen Gemeinden mit ihren Abwässern zu 90 Prozent ungereinigt in die Abfallgrube Mittelmeer entleeren. Der griechische Staat hat (auf Initiative des deutschen Zoologen Thomas Schulze-Westrum) um Piperi und Alonnisos den ersten maritimen Nationalpark im Umfang von 62 km^2 gegründet. Er kommt ihn nicht billig zu stehen, da die Fischer durch Verbot und Kontrolle allein kaum von der mörderischen Jagd auf die Mönchsrobben abzuhalten sind – die Schutzmaßnahme erfordert ihre Entschädigung für die zerrissenen Netze und die entgangenen Fänge.

Solch »humane« Rücksichtnahme widerfährt dem Hai nicht, dem gefürchtetsten aller Meeresräuber. Die Chance, seine Bekanntschaft zu machen, ist hingegen sehr viel geringer, als es die Fama unterstellt. Zwar ist er in vielen Abarten vertreten – ganz selten der Menschenhai, nicht ganz so selten der Katzenhai, den die Griechen *skylópsaro* getauft haben, »Hundshai«. Im Jahr fällt ihnen allen etwa ein leichtsinniger Mensch zum Opfer – man vergleiche diese Gefahrenquote mit dem Tribut, den wir den Maschinenbestien Auto und Flugzeug zu zollen haben. Stellt man selbst die Unberechenbarkeit dieses Vagabunden in Rechnung, so lässt er sich doch bei einiger Vorsicht mit nahezu absoluter Gewissheit meiden. Nach Alfons Hochhauser, der durch die Griechenlandromane Werner Helwigs als Xenophon in die Literatur eingegangen ist und als rechte Hand von Hans Hass auch dem Filmpublikum bekannt wurde, bevorzugt der Hai, ebenso gierig wie bequem, die tiefen Häfen (wie Istanbul/Konstantinopel oder Ragusa/Dubrovnik – auch für den Piräus lege ich meine Hand nicht ins Feuer), wo er unter den großen Dampfern lauert, oder er begleitet die mächtigen Kriegsschiffe, die ihm eine regelmäßige Abfall-Beute versprechen. Sodann sollte man sich nicht gerade flache Meeresengen zum Badeplatz aussuchen, zumal wenn sie von stärkeren Meeresströmungen durchzogen werden – wie etwa zwischen der thessalischen Pelionküste und Skiathos, oder zwischen dem südostpeleponnesischen Kap Maleas und der Insel Kythera: Da postiert er sich gern gegen den Strom, um offenen Maules den Fischschwärmen entgegenzulauern, die er ihm zutreibt. Nicht geheuer ist ferner die weitere Umgebung seiner Laichplätze; Anhaltspunkte dafür sind vor hohen Küsten untermeerische Steilabstürze mit sandigem Untergrund (wo er seine viereckigen Eier im Seegebüsch zu deponieren pflegt), doch kann darüber nur die ortskundige Erfahrung Auskunft geben – so glaubt man, Laichplätze des Hais bei den Kaps Oktonias und Petries an der Ostküste Euböas sowie zwischen den nordsporadischen Inseln Kyra Panagia und Gioura ausgemacht zu haben. Im Allgemeinen aber können Tiefen bis 20 Meter als unbedenklich gelten; auch schwimmt er nicht gern über flachen Sandgrund – offenbar missfällt ihm der eigene Schatten. Schließlich verrät sich der Katzenhai leicht, denn er geht blind ins Netz, wo ihn seine unzähmbare Gier nur einen Fisch wittern lässt. Begegnet ihm der Taucher trotz aller Vorsicht, dann entzieht er sich am ehesten seiner Aufmerksamkeit, indem er sich unter Wasser bewegungslos mit dem Rücken an eine Felswand stellt. Hilft gar nichts mehr, versuche man es mit einem wasserdichten Lautsprecher: Wie australische Fischkundler, besonders leiderfahren, experimentell feststellten, ergreift der Hai vor den Beatles die Flucht – Brahms hingegen zieht ihn an. Eine besondere Neigung für Menschenfleisch ist dem Hai der Ägäis jedenfalls nicht nachzusagen.

Ungleich mehr menschliche Opfer verschlingt der harmloseste Bewohner der Ägäis: der Schwamm, der zugleich ihre wertvollste

Frucht ist. Oder es doch war. Denn die griechischen Schwammfischer, die dies Gewerbe seit Jahrtausenden im Monopol betreiben, haben ihn auf ägäischem Boden schon mehr oder minder abgegrast, sodass sie jetzt zu seiner lukrativen Ausbeutung auf die ertragreichen Küstengewässer zwischen Syrien und Libyen verwiesen sind – beide Staaten lassen sich ihre Zustimmung von der Athener Regierung teuer bezahlen. Doch nicht nur die Gewinnung, auch der Absatz macht den Schwammfischern Sorgen, seit vor allem in Deutschland in den beiden Weltkriegen, vom griechischen Markt abgeschnürt, die Produktion des Kunstschwammes forcierte und damit auch bei den anderen Industrieländern Schule machte: Er kostet nur ein Zehntel des Naturproduktes. Gegen diese massive Konkurrenz vermag sich der Naturschwamm wenigstens auf den höheren Qualitätsstufen zu behaupten, da der Ersatzstoff nicht im Entferntesten seine Leistungsfähigkeit erreicht; der natürliche Schwamm (beste Qualität) nimmt das Dreißigfache seines Eigengewichtes an Wasser auf, der künstliche nur das Vierfache. Hinzu kommt, dass die technische Entwicklung (besonders für keramische und feinmechanische Arbeitsprozesse) den Bedarf an Industrieschwämmen gesteigert hat – längst schon haben sie dem alten Badeschwamm den wirtschaftlichen Rang abgelaufen. Auf der anderen Seite hat aber auch das Angebot an Naturschwamm mit der wachsenden Nachfrage Schritt gehalten: nicht nur durch die Einführung rationeller Gewinnungsmethoden in den klassischen Jagdgründen, sondern mehr noch durch die Erschließung neuer Fanggebiete. So trieb die Verarmung der ägäischen Gewässer Schwammfischer aus Ägina schon 1905 nach Amerika, und zu ihnen gesellten sich später noch Nachzügler vom Dodekanes. Von Key West und Tarpon Springs aus entwickelten sie die Schwammtaucherei an den Küsten Floridas, Mexikos und der westindischen Inseln; ihre Erträge decken – zum Schaden der alten Heimat – schon nahezu den amerikanischen Gesamtbedarf. Die heimatgriechische Schwammfischerei, die vom Export lebt, wäre noch schlimmer dran, hätte ihr die Industrialisierung des Ostblocks nicht eine neue Kundschaft zugeführt; offensichtlich lässt der Bau von Raketen und Sputniks den Russen keine Zeit, auch noch solch banale Arbeitsgeräte wie künstliche Industrieschwämme zu produzieren. Dieser neue Markt kann jedoch die rückläufige Tendenz der griechischen Schwammgewinnung nicht aufhalten. Sie konzentriert sich mehr und mehr auf die Insel Kalymnos, auf die heute etwa zwei Drittel des Aufkommens entfallen; neben ihr sind noch die ägäischen Inseln Symi, Kos, Leros und Lemnos zu nennen, während die alten Schwammfischerzentren Hydra, Hermione, Poros, Ägina und Trikkeri in die Bedeutungslosigkeit abgesunken sind. 1975 schickte die griechische Schwammfischerei nur noch 60 Schiffe mit 350 Männern (60 davon sind Taucher) aus, die rund 46000 kg heimbrachten, ein Rückgang gegenüber 1959 um mehr als 50 Prozent! Nicht wenige wanderten aus – zunehmend auch nach Australien, wo ihnen die Perlentaucherei eine lohnende Beschäftigung bot. Im August 1986 kam die Schwammtaucherei von Kalymnos vorübergehend zum Erliegen. Eine tödliche Krankheit vernichtete in der Ägäis und im Mittelmeer die Schwammbestände. Vermutlich ein Warmwasserstrom aus dem Schwarzen Meer ließ die Schwämme an einer unheilbaren Krankheit zu Grunde gehen. Erst seit Mitte der 90er Jahre erholen sich die Bestände langsam wieder.

Aber diese Fluktuation ist für die griechischen Schwammfischer nichts Neues; die Geschichte hat sie an den ständigen Wechsel gewöhnt, ja früher, als ihr Produkt nur als Badeschwamm handelsfähig war, litten sie noch mehr unter den Launen der Reinlichkeitsmode. Das körperliche Sauberkeitsbedürfnis der Antike war dem Schwamm wohlgesinnt. Die Kämpfer von Troja entledigten sich mit seiner Hilfe des Heldenschweißes, in den Händen von Penelopes

Mägden verhalf er den Schlemmertafeln der Freier zu neuem hausfraulichem Glanz, und Aristophanes berichtet von einer hinterlistigen Schwämmchenkonstruktion, die mittels eines kleinen Stockes jener Funktion nachkam, zu deren Erfüllung wir uns heute einer feineren Papierart bedienen. Auch verwendeten professionelle Gespielinnen kleine Schwammbausche zu dem gleichen Zweck, den heute – zuverlässiger – die »Pille« erfüllt. Den schminkfreudigen Damen Roms war er dann unentbehrlich für die Toilette; auch entdeckte man damals seine Tauglichkeit zur Abpolsterung des Helmes und als Schalldämpfer. Ganz schlechte Zeiten aber kamen mit dem Christentum über den Schwamm heran. Das Heil der Seele bedurfte nicht der Körperpflege, sodass der Schwamm über ein Jahrtausend lang nur noch ein karges Dasein in der Hand des Wundarztes führte. Aufwärts ging es mit ihm erst wieder im 15. Jahrhundert, als die Badestuben sich seuchenartig ausbreiteten. Doch da diese Sitte bald unsittliche Formen annahm, war ihre Blütezeit von kurzer Dauer; die hohe Obrigkeit und der Dreißigjährige Krieg bereiteten dem Bade(un)wesen ein jähes Ende. Den absoluten Tiefpunkt erreichte aber der Schwamm erst im Rokoko, das dem Waschen und dem Wasser absolut abhold war. Erst als die Aufklärung, etwa um 1800, den Körper wieder entdeckte und sich der Hygiene besann, kam es zu seiner Renaissance, zu der besonders die Badefreudigkeit der Engländer beitrug. In der Verlängerung auf heute eine bescheidene Renaissance freilich, da die modernen Badetechniken – Dusche und Brause vor allem – den Schwamm weithin erübrigen.

Ein Genie, wer erstmals hinter die Tugenden des Schwammes kam. Denn in seinem Rohzustand lässt er sich nicht im Geringsten ahnen – ein schleimiger Klumpen ohne jede Verheißung, eingehüllt von einer dünnen, porösen, schwarzen Haut, die – auf dem Trockenen – ihren »schwammigen« Inhalt verfaulen lässt, wenn sie nicht binnen 24 Stunden abgezogen wird. Im Grunde ist der Schwamm eine Wohnhauskolonie für eine Vielzahl winziger Geißeltiere; dem in die feinen Schwammporen eindringenden Wasser entzieht er zu seiner Ernährung die Bakterien, Einzeller und dergleichen, um dann das ausgesiebte Wasser durch die größeren Schwammlöcher wieder auszustoßen. Die Schwämme haben weder Gehirn noch Nerven, was sie nicht hindert, sich geschlechtlich (und auch durch Knospung) fortzupflanzen. Ihre zunächst frei umherschwimmenden Larven lassen sich schließlich auf Stein oder Fels nieder, wo sie sich dann in zehn Jahren zu einem Schwammvolumen von 15 bis 20 cm Durchmesser auswachsen; danach sterben sie ab.

Was der Schwamm vor allem braucht, ist warmes Wasser, von 13 bis 15° Celsius, in Tiefen (von 4 bis 50, aber auch bis 100 Meter), zu denen noch das Sonnenlicht durchdringt; an seiner Färbung lässt sich die Höhe seines Wachstumsortes ablesen – er wird heller mit zunehmender Tiefe. Wo er noch den Wellen ausgesetzt ist, verhärtet und verdickt sich sein aus Kalk, Kiesel und Horn gebildetes Skelett. Eine gleichmäßig leichte Strömung ist ihm bekömmlich; nicht an Flussmündungen, da er der hohen Salzdichte bedarf.

Die Feinporigkeit und die Weichheit des Gerüstes machen die Qualität des Schwammes aus. Sie zeichnen unter seinen vielen Arten besonders den teuren »Levantiner« aus. Großlöchriger und härter sind die trichterförmigen »Elefantenohren«, die es dafür bis zu einer Höhe von einem Meter bringen. An Volumen übertrifft ihn aber noch der Pferdeschwamm mit einem Durchmesser bis zu 90 cm.

Mit dem Heraufholen ist es noch nicht genug. Der Schwamm wird getrocknet und gereinigt, durch Treten und Kneten seiner harten Gerüstteile entledigt, und schließlich muss auch noch der Sand ausgewaschen werden. Dann wird er zurechtgeschnitten und sortiert.

Das Heraufholen aber ist die schwerste Arbeit, und die gefährlichste. Von allen Berufen ist die Schwammtaucherei dem Tode am nächsten benachbart: Bis zu 8 Prozent der Taucher je Saison fallen ihm zum Opfer – an ihrem Risiko gemessen, wiegt sich der Bergwerkskumpel geradezu in Sicherheit. Auf seichterem Grund (wo jedoch nur die schlechteren Sorten gedeihen) lässt er sich freilich mit den Füßen oder auch mit dem Schleppnetz abreißen, wobei er jedoch meist verletzt wird. Häufiger springt daher der Taucher mit einem Stein ins Wasser, der ihn in eine Tiefe von 10 bis 30 m hinabzieht (er wird dann wieder mit dem Stein, an den sein linkes Handgelenk angebunden ist, heraufgehievt), wo er sich bis zu 4 Minuten aufhält, die Schwämme mit Zange oder Messer vom Fels trennt und in einem Beutel sammelt. Dabei wird er nicht selten das Opfer der Vromokrankheit; sie geht auf das Gift zurück, das die dem Schwamm aufsitzenden Seeanemonen ausspritzen. Größere Ausbeute aber winkt dem Skaphander-Taucher, dem eine Taucherhaube Atmungsluft zuführt, sodass er sich bis zu einer halben Stunde in Tiefen bis zu 50 m bewegen kann. Seine Hauptgefahr ist der zu schnelle Aufstieg, der es nicht zur Ausatmung des aufgespeicherten Stickstoffes kommen lässt; stattdessen lagert er sich in den Blutgefäßen ab – die möglichen Folgen sind Lähmungen, Herz- oder Gehirnschlag, oft mit tödlichem Ausgang. Gefahr und Gewinn dieser Arbeit stehen in keinem vertretbaren Verhältnis. Dennoch können die Männer der Inseln von diesem Beruf nicht lassen. Was anders sollen sie auch tun? Das nutzbare Land ist vergeben, allzu viele schon hungern bei der Fischerei, und vielen ist der Gedanke an die Auswanderung keine verlockende Alternative zu diesem Spiel mit dem Tode, das ihren männlichen Sinn reizt. Und sollten sie denn ängstlicher sein als die Väter?

Die meiste Arbeit hat der Fischer an Land – mit den Netzen. An allen Ecken und Enden sitzen sie und flicken, tagaus, tagein – warum also nicht im Kafeníon? Ein Uralter ist darunter – hundert Jahre habe er, sagen die Nachbarn; er selber weiß es nicht, er hat sie nicht gezählt. Auf die See hinaus geht er nicht mehr; aber er macht sich noch nützlich – er trennt die beschwerenden Bleiklötzchen von den alten, verschlissenen Netzen, sie taugen noch für die neuen. Und er verkürzt den Kameraden die Zeit mit Späßchen und Geschichten, von denen er voll ist. So geht die Arbeit besser von der Hand, besser auch von der mitspielenden nackten großen Zehe, die das Netz gespannt hält beim Flicken.

Den Fang bringen die Fischer dem Ierónymos, dem Tavernenwirt, der als Koch nicht seinesgleichen hat auf der Insel. Es hat keinen rechten Zweck, dem Ierónymos eine Bestellung aufzugeben; er nimmt sie zwar höflich an, stellt dann aber oft etwas ganz anderes auf den Tisch – je nach dem Ergebnis der psychologischen Prüfung, der er inzwischen den Kunden unterzogen hat. Man protestiere nicht gegen die diktatorischen Allüren des Ierónymos; besser als Sie weiß er, was Ihnen zukommt und was Ihnen mundet. Vor allem versteht er sich auf Fische. Er hielt mir eine große Platte mit Barbúnia unter die Nase. »Kannst du lesen?«, fragte er mich. »Nein? Siehst du den da? Auf dem steht geschrieben: Er ist für deine Frau!« Seine Frau will den Zulauf nutzen und die Taverne vergrößern. Aber Ierónymos schüttelt den Kopf: Nur fünf Töpfe dulde er auf dem Herd, und keinen mehr! Basta! Denn sonst sei es aus mit der »Kunst« und die Küche keine Freude mehr. – Der Besucher sucht ihn heute auf Naxos vergebens – Charon hat ihn geholt, seine Taverne hat ihn nicht überlebt.

Das Leben der Insel sammelt sich am Hafen. Dem breiten Kai entlang, unter den Arkaden, reihen sich die Geschäfte, die Tavernen und Cafés, die mit ihren Tischen und Stühlen weit auf die Straße vorspringen, ohne dort Gelegenheit zu finden, sich als Verkehrshindernis zu betätigen. Draußen aber an der Mole erinnert eine kleine Kapelle an den heiligen Nikolaos, der seine Hand hält über die Seeleute.

Kapitel VI

Geografie von Nord nach Süd

»Die« oder »der« See – das ist die Frage; im Fall der Ägäis, zugegeben, eine etwas überspitzte Frage, denn ihre starke Versalzung und ihre Kontakte zum Mittelmeer geben ja eine eindeutige Antwort. Andererseits trennt sie ihr fast geschlossener Landabschluss stärker vom Mittelmeer, als es der erste Blick auf die Landkarte vermuten lässt.

Die Ägäis ist auf drei Seiten – in West, Nord und Ost – vom Festland eingefasst, das ihr lediglich in den Dardanellen einen natürlichen und im Kanal von Korinth einen künstlichen Ausgang einräumt – beide nur schmale Schlupflöcher. Nicht so durchlaufend vermauert ist die Südflanke, die der »Südägäische Inselbogen« (oder »Bogen von Kreta«) auf einer Gesamtlänge von 630 km markiert; davon beansprucht Kreta allein 265 km. Die Inselkette ist im Osten wie im Westen von Kreta je viermal durchbrochen. Die westlichen Meereslücken zwischen Kap Maleas (SO-Spitze des Peloponnes)–Elaphonisos–Kythera–Antikythera–Kreta haben eine Gesamtlänge von 75 km, die östlichen von 121 km (und zwar 50 zwischen Kreta und Kasos, 6 zwischen Kasos und Karpathos, 48 zwischen Karpathos und Rhodos sowie 17 zwischen Rhodos und Kleinasien); beide zusammen also von 196 km. Die Seeöffnungen beschränken sich demnach auf ein knappes Drittel der Südgrenze.

Dieser Inselbogen stockt sich einer von Griechenland nach Kleinasien hinziehenden Meeresschwelle auf, die auf Kreta im Ida mit 2452 m gipfelt und auf der Binnenseite nur selten tiefer als

800 m unter den Meeresspiegel sinkt. Ihren Grenzcharakter unterstreicht noch der Steilabfall nach außen; seine maximalen Tiefenwerte erreicht er mit 4850 m etwa 120 km westlich von Kythera (tiefster Punkt des Mittelmeeres überhaupt), mit 3294 m im Karpathos-Graben (59 km südöstlich vom Nordostkap Kretas), mit 2467 m Tiefe südwestlich der Nordspitze von Karpathos, und mit 4453 m östlich von Rhodos (Kap Lardos). Sie sind die Maxima einer Tiefenfurche, die – von den Ionischen Inseln aus- und am Südwestpeloponnes entlanglaufend – den Südägäischen Inselbogen an der Außenseite nach Kleinasien begleiten. So weit sinkt die Ägäis nirgends; ihre Tiefpunkte liegen zwischen Santorin und Nordostkreta bis 2298 m, in einer nördlichen Abzweigung des Karpathos-Grabens, sowie bei 1950 m 7 km nordöstlich von der Sporade Skopelos.

Im Ganzen stellt sich die Ägäis, zu einem Viertel insulares Land und zu drei Vierteln Meer, als ein trichterförmiges Viereck dar, das sich südwärts verbreitert. Seine von Nord nach Süd streichende Längsachse erstreckt sich über 6 Breitengrade (vom 41. zum 35.), bzw. über 660 km – das entspricht der Entfernung zwischen Hamburg und den bayerischen Alpen. Die größte Breite gewinnt sie mit 450 km zwischen dem südpeloponnesischen Kap Maleas und Rhodos; sie verengt sich in der Mitte zu einer Taille von 110 km, zwischen Südeuböa und Chios, um im Norden, auf der Verbindungslinie zwischen den Mündungen des Pinios und der Dardanellen, nochmals auf 300 km anzuwachsen.

Es charakterisiert das Griechentum, dass es mit Vorliebe die reich gegliederte Landschaft zur Wohnstätte wählte, in der Land und See eine Symbiose eingehen. Das gilt im höchsten Grade von der Ägäis, an deren Küsten sich die gewaltigen Landmassen des Balkans und Kleinasiens in ein lebhaftes Wechselspiel von Buchten und Kaps, von Halbinseln und Inseln zerfasern und auflösen. Es ist diese Offenheit der Kontinente ringsum, und dazu die Brückeneignung der unzähligen Inselschwärme, welche die Ägäis seit Urzeiten zu einer Verkehrs- und Kultureinheit zusammenschließt: Das Ägäische Meer trennt nicht, es bezieht den europäischen Balkan, die griechische Halbinsel und Kleinasien aufeinander und bringt sie zur wechselseitigen Durchdringung. Ohne Zweifel bildeten sie ehedem auch eine Landeinheit, deren Mittelteil zertrümmert und vom Meere überflutet wurde, das nun nur noch die höchsten Erhebungen als Inseln überragen. Davon zeugen nicht nur die zahllosen Hebungen und Senkungen entlang den Küsten, sondern auch die relative Bewegtheit des inneren Ägäisreliefs. Eine Abnahme ihres Wasserspiegels um nur 500 m genügte, um Kleinasien sowohl mit dem Balkan wie mit Griechenland und den meisten Inseln wieder kontinental zu verbinden.

Das Gesicht der kleinasiatischen Ostküste ist geprägt von ihren Gebirgszügen, die von Ost nach West quer ausstreichen, in die See hinein, im ständigen Wechsel mit breiten, fruchtbaren Talparallelen, denen mächtige Flüsse entströmen. Während die Ebenen ins Meer versinken, verlängern sich die Bergzüge in große Inseln westwärts – so Imbros, Samos, Ikaria, Kos und Rhodos; die Mehrzahl der Küsteninseln freilich, vor allem die kleineren, stehen senkrecht zu diesen und begleiten das Festland in der Nordsüdparallele: Chios, Phourni, Leros, Kalymnos, Tilos. So ist das Küstenbild von divergierenden Erdbewegungen vielfach aufgebrochen. Im Gesamtverlauf hält sich die mittlere Küstenlinie von den Dardanellen bis zum Golf von Kerme (Kos gegenüber) an die Nordsüdgerade, um dann nach Südosten abzubiegen.

Einen spiegelbildlichen Richtungsknick (also nach Südwesten), fast auf der gleichen Breite, schlägt das griechische Gegengestade ein, das sich im Ganzen einheitlicher, geschlossener gibt. Im Gegensatz zur asiatischen Seite liegen nämlich die Gebirgsachsen Griechenlands in der Nordsüdrichtung, parallel zur Küste, die sie somit unter Verschluss halten. Ausnahmen von dieser Regel bilden nur die großen Einbruchsgolfe von Volos und Lamia; sonst aber durchstößt nur ein einziger nennenswerter Fluss ihre Wände zur Ägäis – der Aliakmon (neben den Rinnsalen des Pinios und Sperchios, die ihre Tätigkeit mehr oder minder auf den Frühling beschränken). Nicht zufällig also entfaltet sich das Griechentum erst weiter südlich, in Attika, wo die ausstreichenden Bergrücken das Land der See öffnen. Derselbe geografische Vorgang, mit dem gleichen geschichtlichen Ergebnis, wiederholt sich sodann noch einmal an der peloponnesischen Ostküste, dort, wo der Golf von Argos eine Bresche in die meeresabgewandte Gebirgsmauer schlägt.

Völlig anderen Charakters ist die wenig bewegte Nordküste der Ägäis. Ihre relativ gerade Ausrichtung unterbricht nur im Westen die dreifingerig vorspringende Halbinsel Chalkidike; im östlichen Ausläufer steigt sie zu 2033 m auf, im Agios Oros, dem heiligen Berg Athos – seit 963 Hauptstätte des griechisch-orthodoxen Mönchtums. Niedriger sind die leicht gewellten Landspitzen von Sithonia (Longos) und Kassandra (Pallene). Westlich schließt sich der weit geschwungene, von Niederungen eingesäumte Golf von Saloniki an, den der Axios (Wardar) mit reicher Wasser- und Schuttzufuhr nährt. Östlich der Chalkidike überwiegt gleichfalls flaches, teils versumpftes Schwemmland, das die großen Balkanflüsse aufgetragen haben: der Strymon (Makedonien von Thrakien trennend), Nestos und Hebros (jetzt Grenze zur Türkei).

Nicht minder bewegt ist das Profil des Meeresgrundes: insgesamt tiefer als das übrige Mittelmeer, ist er im schnellen Wechsel von Becken und Gräben der verschiedensten Größe und Tiefe, von flachen Plateaus und Schwellen vielfältigst untergliedert – ein unterseeisches Mittelgebirge. Im Norden legt sich dem ebenen Schwemmland ein bis zu 50 km breiter, nicht unter 100 m sinkender Schelfstreifen vor, dem die Inseln Thasos und Samothrake aufsitzen. Es wird jäh abgeschnitten durch die schmale »Nordägäische Rinne«; von Thessalien auslaufend, begleitet sie die Nordküste von West nach Ost über 300 km Länge, fällt anfangs bis 1950 m (12 km südwestlich der nördlichsten Sporade Psathoura), um bei ihrem Ausstreichen nördlich der Dardanellen auf 400 m anzusteigen. Dort, vor der kleinasiatischen Troas, stößt sie abermals auf einen breiten Küstenschelf, auf die Basis der »Hellespontischen Inselgruppe« (mit Imbros, Tenedos, Lemnos, Agios Evstratios). Ihr kommt von der griechischen Gegenseite, vom thessalischen Pelion her, eine dünnere Schwelle mit den Nordsporaden (Skiathos, Skopelos, Alonisos) entgegen. Doch die beiden Flachböden treffen sich nicht, da sich zwischen sie ein nordwärts zielender Graben mit 500 m Tiefe einschiebt, ein nördlicher Ausläufer des sich rasch nach West und Ost ausdehnenden »Mittelägäischen Beckens«; es ist im Norden zwischen 200 und 600 m, im Süden zwischen 500 und 700 m tief, enthält aber mehrere kleine Tiefbecken, die bis zu über 1000 m absinken. Seine starke Niveaubewegtheit dokumentieren auch die aus seiner Mitte isoliert aufsteigenden Insel Skyros (im Osten Euböas) und Psara (westlich von Chios).

Im Osten und Südosten begrenzen die dem kleinasiatischen Schelf aufgestockten Inseln Lesbos, Chios, Samos und Ikaria das Mittelägäische Becken, im Südwesten das Kykladenplateau, das innerhalb eines von Nordwest nach Südost gestreckten und sich verbreiternden Vierecks die dichteste Inselansammlung des ganzen Archipels trägt: neben ungezählt kleinen nicht weniger als 31 Inseln über 5 km^2 (davon 8 über 10 und 11 zwischen 10 und 100 km^2) – insgesamt etwa 210, bedecken sie mit 2700 km^2 11 % oder ein Neuntel dieses 24000 km^2 messenden unterseeischen Plafonds, der nirgends unter 500 m sinkt.

Rings um die Kykladen breitet sich mit unterschiedlichen Radien ein Kreis der offenen See, als hätte die Ägäis in ihnen all ihre inselzeugende Kraft verausgabt. Am weitesten erstreckt sich die Landleere nach Süden, der – bis zum Boden von Kreta – vom tiefsten Teil der Ägäis eingenommen ist, vom »Südägäischen Becken«; stark zerklüftet und durch Schwellen vielfach unterteilt, bewegt es sich im Allgemeinen zwischen 500 und 1000 m, bricht aber in der Linie zwischen Santorin und Nordostkreta zu 2298 m ab, zur tiefsten Lotung in der Ägäis.

Östlich der Kykladen ist die Zäsur der Insellosigkeit enger. Mit der Annäherung zum kleinasiatischen Flachseeboden (mit 100 m durchschnittlicher Tiefe) belebt sich das Meer wieder mit Inseln, von Nord nach Süd zu Ketten aneinander gereiht. Im Süden von Kos fällt der Seegrund wieder bis zu 500 m; trotz größerer Tiefe gibt er einigen Einzelgängern das Fundament – Nisyros, Tilos, Symi. Von Rhodos aus schließt dann der Bogen von Kreta den Kreis der Ägäis, um eine Binnenfläche von 179000 km^2.

Ihr gemeinsamer Nenner setzt sich demnach aus folgenden Faktoren zusammen:

Sie ist für sich, horizontal und vertikal. Ihr Abschluss nach außen ist fast fugendicht, außer nach Süden. Vom Mittelmeer setzt sie sich auch durch ihr untieferes Bodenniveau ab.

Sie hat es an der griechischen Westseite mit steilem Küstenabfall zu tun (den zu Lande längslaufende Gebirgswände begleiten). Der Nord- und Ostküste, vor Thrakien und Kleinasien, ist hingegen durch die Anschwemmungen der Festlandsflüsse ein breiter Schelf vorgelagert. Auch ist die Ostküste aufgeschlossener, da die Gebirgssysteme meist quer zu ihr liegen und in das Meer hineinstreichen.

Sie ist in ihrem horizontalen Profil ungemein bewegt. Land und See verzahnen sich ständig, und wo diese jenes zu vergessen droht, bringt es sich mit einer Insel immer wieder in Erinnerung.

Sie ist ebenso bewegt in ihrem vertikalen Profil, obwohl sie weniger tief ist als sonst das Mittelmeer. Denn der Seeboden, in zwei

Hauptbecken gegliedert, erstreckt sich nicht über große ebene Flächen; vielmehr wechselt er ständig sein Niveau und ist vielfach zerspalten durch lang gezogene Furchen. Dazu sind die Tiefseegräben in der Regel auch noch bedeutenden Landhöhen eng benachbart, sodass sie reich ist an labilen Bruchzonen; daher die Neigung der Ägäis zu Erdbeben und Vulkanismus.

Sie ist durchzogen von drei Schwellen, welche die Lage und die Gliederung der Inseln bedingen: der Sporadenreihe, die sich nach einem schmalen Unterbruch in der Hellespontgruppe fortsetzt, den Kykladen sodann (in sich unterteilt wiederum in sechs Ketten) und schließlich im Südägäischen Inselbogen, von Kythera über Kreta bis Rhodos. Hinzu kommen noch die Küsteninseln, die sich den drei Landflanken vorlagern.

Die Lagebestimmung der Inseln durch die Schwellenanordnung hat ihre geologischen Gründe: Sie setzen die Dinarischen Alpen fort – im äußeren Zug schwingen sie als »Helleniden« über den Südägäischen Inselbogen bis zum »Südkarischen Faltengebirge« nach Kleinasien hinüber, während der innere Zweig schon bei Euböa und Attika ostwärts abbiegt, in den Kykladen wieder auftaucht und sich auf der Gegenseite als »Ostägäisches Faltengebirge« verlängert. In beiden Fällen waren die Gebirgszüge durch eine Norddrift des afrikanischen Kontinents einem übermächtigen Schub ausgesetzt, dem sich die alten, standfesteren Massive des Paläozoikums im nordägäischen Raum als Widerlager entgegenstemmten: Was zwischen diesen beiden Kräften lag, wurde emporgepresst, übereinander geschoben und gefaltet, wobei Teile absanken und vom Meere überflutet wurden. Dieser Vorgang war die Geburtsstunde des Ägäis und ihrer Inseln, deren Falten sich naturgemäß quer zur süd- bzw. südwestlichen Schubrichtung aufwarfen, d. h. von West nach Ost und von Nordwest nach Südost. Das Widerspiel von Schub und Stau verfestigt sich auch im Wellenrelief der Insel selber, es gewährt ihr kaum Raum für ausgreifende Ebenen (außer wo sich erodiertes Schwemmland im Flankenschutz vorspringender Bergausläufer niederlassen kann). Dieses Gestaltungsgesetz prägte nicht allein das ägäische Inselgesicht, sondern auch das griechische Festland, wenngleich dessen größere Maße auch der Flächenbildung breitere Ansätze einräumen. Darüber lügt die Statistik ausnahmsweise nicht: Nimmt im gesamtgriechischen Durchschnitt das Bergland 68 Prozent des Territoriums ein, so auf den Ägäischen Inseln 71; die Vergleichszahlen für die Ebenen hier und dort lauten 32 und 29, für Nutzböden 29,5 und 23,4 Prozent.

Keine Faltenwelle aber ohne Faltental, das umso tiefer sinkt, je höher sich jene erhebt. Und je enger sie einander benachbart sind, umso intensiver ist ihr Spannungsverhältnis, umso labiler auch ihre wechselseitige Bezugsfestigkeit. Solche »Bruchzonen« kennzeichnen in hohem Grade den ägäischen Raum. Überkreuzen sie sich noch, dann potenziert sich gleichsam ihre Labilität, sodass diese Schwachstellen der Erdkruste dem unterirdischen Glutfluss und dem tektonischen Druck nicht mehr standzuhalten vermögen. So kommt es zu tektonischen Einbrüchen, die ihre Bewegungen als Erdbeben wellenartig fortpflanzen, oder zu explosiven Vulkanausbrüchen – beide dort, wo große Landhöhe und große Meerestiefen eng benachbart sind. Von beiden Übeln sind denn auch die Inselbewohner reichlich heimgesucht: Das Erdbeben gehört beinahe zu ihrem täglichen Brot – an der seismischen Aktivität im europäischen Raum ist Griechenland zu rund 50 Prozent beteiligt. Was freilich den Vulkanismus angeht (den sie weniger fürchten), so ist er nur noch auf Santorin akut. Gezähmter, weil älter, verhält er sich auf den Inseln Nisyros, Kos, Chios, Ikaria, Lesbos, Lemnos, Imbros, Milos, Ägina unter anderen.

Die Menschengeschichte der Ägäis und ihrer Küsten zählt 8000 Jahre, ihre Erdgeschichte 400 Millionen Jahre. Da begann sie mit den Urgebirgen aus kristallinen Gesteinen, Schiefern und Urkalken, die mehrfachen Metamorphosen unterworfen wurden. Sie wurden im geologischen Mittelalter, also vor 80 bis 200 Millionen Jahren, von kalkigen Meeressedimenten überlagert, im Tertiär sodann (vor 40 Millionen Jahren) gefaltet, um später in Schollen auseinander zu brechen. So bildet der Kalk (häufig in Form des Marmors) den Hauptbestandteil der griechischen und der ägäischen Bodendecke, der den atmosphärischen Einwirkungen von Sonnenstrahlung, Regen und Wind, von Hitze und Frost nur wenig Widerstand bietet. Weniger augenscheinlich, formen diese Kräfte »von oben« die griechisch-ägäische Landschaft kaum minder als die unterirdischen Energien. Auf ihr Konto ist denn auch die Verkarstung dieser Zone zu setzen, die das wasserdurchlässige Gestein zerfurcht und zerklüftet, dies Gestein, das die magere Krume und das seltene Wasser nicht zu halten vermag, es aber auch durch das Versickern vor dem Verdunsten schützt.

Auch die Erdgeschichte der Ägäis drückt sich ferner in ihrem Wasserhaushalt aus. Er ist sehr griechisch: Er leidet an einem chronischen Defizit.

Die starke Erhitzung, noch dazu über eine lange Trockenperiode hinweg, bewirkt hohe Verdunstung. Die Verdampfungsmenge übertrifft nun um ein Mehrfaches die Süßwasserzufuhr von den Anrainerländern; was die Flüsse Kleinasiens und des Balkans, von Griechenland ganz zu schweigen, zu bieten haben, bleibt weit hinter dem Auffüllbedarf der Ägäis zurück. Noch schlimmer steht es um die Selbstversorgung durch direkte Niederschläge, haben doch die dazwischenliegenden, nicht minder durstigen Landgebiete die regenschwangeren Wolken des Atlantiks längst schon abgezapft, noch ehe sie der Westwind zur Ägäis trägt.

Dasselbe Problem stellt sich freilich – wenn auch nicht mit gleicher Schärfe – für das gesamte Mittelmeer. Sein Minus gleicht der Atlantik aus, via Gibraltar; seine Enge ist so schmal, dass das Mittelmeer – die siebtgrößte See der Erde und ein Prozent ihrer Wasseroberfläche – 80 bis 100 Jahre zum Austausch seines Wassers mit dem Atlantik benötigt. An dieser Anleihe kann jedoch die Ägäis nur im geringeren Maße partizipieren, weil sich naturgemäß die ozeanische Einzugsströmung, deren Gewässer infolge ihrer kälteren Temperaturen schwerer sind, in tieferer Bahn bewegt und daher die hoch gelegene Barriere des Südägäischen Bogens nur spärlich zu überfließen vermag.

So ist die Ägäis auf die andere, ihr näher gelegene Ausgleichsquelle des Mittelmeeres angewiesen, auf das russische Wasser, das ihr vom Schwarzen Meer über Bosporus, Marmara-Meer und Dardanellen zuströmt. Es unterscheidet sich physikalisch und chemisch vom ägäischen Wasser: Es ist kälter und also schwerer. Zugleich ist es, in höherem und ausschlaggebendem Grade, Verdunstung ausgesetzt und reicher mit Süßwasser beliefert, nicht nur im wörtlichen Sinne ein Überflussgebiet; es ist auch erheblich salzärmer, und das heißt von leichterem spezifischem Gewicht. Das Niveaugefälle des Seespiegels und die Mengendifferenz verursachen daher einen ständigen Abfluss vom Pontus zur unterernährten Ägäis, die sie laufend saniert. Nicht ohne Zinsleistung der Ägäis; denn den pontischen Strom, der sich wegen seines leichteren Gewichtes in den Dardanellen (mit einer Maximalgeschwindigkeit von 9 Stundenkilometern) auf der Oberfläche bewegt, unterwandert sie am Grund mit einem Gegenstrom; zum Teil auch mit einer Seitenströmung entlang den Ufern (deren Nähe daher von den in die Dardanellen einfahrenden Schiffen gesucht wird). Doch sind die Relationen des Austausches mengenmäßig ungleich: Die Ägäis nimmt vom Pontus ein Vielfaches dessen, was sie ihm gibt.

Nach seinem Eintritt in das griechische Meer ergießt sich der pontische Strom zwischen Thrakien und Lemnos zunächst nach

Südwesten, angetrieben noch von den dominierenden Nordost-Winden, an den nördlichen Sporaden vorbei nach Süd-Euböa, wo er sich aufzufächern beginnt; ein linker Arm biegt nach Südosten zu den Kykladen ab, während der Hauptfluss über Kap Sunion dem Ostpeloponnes entlangzieht (noch mehrmals Abzweigungen nach links entsendend), um sich an dessen Ende zum letzten Male zu gabeln: Der rechte Ast wendet sich zwischen Kap Maleas und Kythera nach Westen ins offene Mittelmeer und geht dann in die der griechischen Westküste entlangstreichende Nordströmung über; der andere Ausläufer tendiert abermals nach links, schlägt entlang der Binnenseite des Südägäischen Bogens, an Kreta und Kasos vorbei, Ostkurs ein, wechselt bei Karpathos auf Nordost und mündet endlich, die früher ausgeschickten Kinder wieder in seinen Schoß aufnehmend, in die Nordströmung ein, welche die kleinasiatische Küste bis zu den Dardanellen hinaufzieht; dort zweigt ein Teil in den Pontus ab, der andere tritt von neuem die ägäische Rundreise an – der »Stromkreis« ist geschlossen.

Dies Stromsystem bleibt nicht ohne Einwirkung auf den Salzgehalt. Mit 3,3 % ist er am niedrigsten im Norden, im unmittelbaren Einflussbereich der salzärmeren Dardanellenströmung, steigt dann mit dessen fortschreitender Vermischung an Attikas Küsten auf 3,7 %, um vor Kreta und Kleinasien mit 3,9 % sein Maximum zu erreichen. Diese extremen Werte erklären sich aus der ungemein hohen Wasserverdunstung in der Ägäis, die ihren Salzgehalt verdichtet.

Der kühlere pontische Strom differenziert schließlich auch die Wassertemperaturen der Ägäis. Sie ist im Norden und Westen kühler als im Süden und Osten. Zur Zeit der größten Erwärmung, im August, betragen sie zwischen der Nordküste und der Sporaden um 23°, sinken dann sogar etwas darunter zwischen Süd-Euböa und den Kykladen, um entlang dem östlichen Peloponnes langsam wieder anzusteigen; ab Naxos bis Kleinasien erhöhen sie sich auf 24°, vor Kreta und Rhodos auf 26°. Im Allgemeinen ist das Gewässer im Osten etwas wärmer als im Westen. – Hält sich im Sommer die Wasser- etwas unterhalb der Lufttemperatur, im Winter ist sie – zwischen 12 und 15° – wärmer, und zwar eindeutiger unter Einfluss der geografischen Breite von Nord nach Süd abgestuft, da in diesen Monaten das pontische Gewässer mit annähernd gleicher Temperatur einströmt und somit seine abkühlende Wirkung wegfällt.

Weniger autonom geben sich Klima und Pflanzenwuchs der Ägäis, sie verkörpern vielmehr den mittelmeerischen Typus in Reinkultur, nur geringfügig von den Landküsten gleicher Breite abweichend. Das gilt vor allem von den mittleren Lufttemperaturen, die in der Ägäis im Sommer etwas unter, im Winter etwas über den entsprechenden Festlandswerten liegen: im Juli/August bei 24 bis 27°, im Januar zwischen 6 und 13°. Eine Ausnahme macht die Zone Anaphi–Astipaläa–Ostkreta, mit einem Januarmittel von 13° empfiehlt sie sich als winterwärmste Region Griechenlands.

Stärker als von West nach Ost differieren im Winter die Lufttemperaturen in der Nord-Süd-Richtung, abermals parallel zum Festland. So bekommt die Nordägäis die vom Balkan ausgeschickten Kältewellen noch mit. Sie hat es daher auch mit einem weiteren Abstand zwischen dem kühlsten und dem wärmsten Monatsmittel zu tun, und zwar von 20°; er reduziert sich auf 13° in der Südägäis, in der sich der maritime Charakter reiner und stärker zur Geltung bringt.

So wenig sich die Monatsmittel der Lufttemperatur auf der gleichen Breitenlinie zwischen Festland und Insel unterscheiden, so verschieden weit schwingen ihre absoluten Maxima und Minima hier und dort aus. Die ausgleichende Kraft des Meeres hält die Extreme der Hitze und Kälte auf der Ägäis in engeren Grenzen. So stehen den sommerlichen Höchsttemperaturen von Athen mit 43° und von Kalamata (Südpeloponnes) mit 45° niedrigere Spitzenwerte der Ägäis gegenüber: von 40° auf Syra, von 39,9° auf Santorin und 41,5° im westkretischen Chania. Lag die tiefste Wintertemperatur Athens bei -5,5°, so auf Syra bei -2°; und während auf 1000 Tage des Winterhalbjahres (über mehrere Jahre hinweg) in Athen 18,8 Frosttage kamen, zählten Syra 3,8 und Naxos nur 0,2 Frosttage (was eine gelegentliche Schneebedeckung der höheren Inselgipfel nicht ausschließt.

Die Niederschlagsverhältnisse auf den einzelnen Inseln sind gleichfalls von ihrer Festlandsentfernung bestimmt. Die Hellespontgruppe muss sich demnach – gleich Ostthrakien – mit knapp 500 mm im Jahr begnügen. Hingegen profitieren die Nordsporaden (mit einem Jahresniederschlag von über 800 mm) vom Regenreichtum des thessalischen Küstengebirges, der sie grüner macht als die Kykladen. Und auf der Gegenseite nähern sich die Werte von Samos (885 mm) und von Rhodos (838 mm) denen von Izmir-Smyrna (727 mm); auch der zwischen ihnen liegende Inselstreifen, von Skyros–Andros bis Lesbos–Ikaria, bringt es, als beider Nutznießer, auf 600 mm, während südlich davon die Niederschlagsmengen schnell sinken, in Naxos auf 322 mm; sie unterliegen dem Einfluss der sich nach Ost fortsetzenden Dürrezone von Attika und der Argolis. Ihre Werte werden noch im Süden von Karpathos, Kasos und Ostkreta unterboten, wo Ierapetra (mit 210 mm) das ägäische Minimum, fast wüstenhaften Grades, verzeichnet. In Westkreta und auf Kythera steigen dann die Werte wieder bis auf 700 mm. Als Faustregel kann also (lässt man die Inseln vor den Dardanellen außer Acht) für die Ägäis gelten: Ihre Niederschläge verringern sich zusehends von Nord nach Südost.

Diese Differenzierung ergibt sich vor allem aus der unterschiedlichen Dauer der Sommertrockenheit (der man die Monate mit einem Niederschlagsmittel von 20 mm zuordnet); sie beträgt zwei

Monate auf den nördlichen Sporaden, zwischen vier und sechs auf Lesbos und Chios, dehnt sich von den Kykladen südwärts auf sechs Monate aus, um abermals in Ierapetra auf Ostkreta das Maximum von acht Monaten zu erreichen; und sie verkürzt sich wiederum in Westkreta – gleich dem Südostpeloponnes und Attika – auf vier Monate. Des Sommers sorgt in den Trockenzonen die nächtliche Abkühlung für einen wenn auch mageren Trost: Sie bringt die starke Tagesverdunstung zum Teil wenigstens als Tau wieder zum Niederschlag.

Am auffälligsten unterscheidet sich die Ägäis von ihrem Festlandsrahmen durch die Heftigkeit der Winde, die es auf den Kykladen zu dem hohen Jahresmittel von 3,0 bis 3,9 Beaufort bringen. Am wildesten toben sie im Winter, besonders im Januar. Zahmer, bei einem Monatsdurchschnitt von 2,3 bis 2,8, geben sich die Monate April bis Juni; Juli bis Mitte September steigern sich dann wieder auf weit über 3 Beaufort (mit der rühmlichen Ausnahme der kleinasiatischen Künsteninseln und Kretas, deren Hochgebirge einen Luftstau aufbauen, der die Winde auf 1,3 bis 1,7 bremst). – Eindeutig überwiegen die Nord- und Nordostwinde. Besonders regelmäßig wehen diese »Etesien« (oder *meltemia* auf Griechisch) im Sommer, bis zu 8 Beaufort, wenn die unmäßig erhitzte Luft der Sahara in die Höhe steigt, einen Sog auslösend, der die schwereren, weil kühleren Luftmassen des Nordens mit stürmischer Bewegung an sich zieht – ein Übel für den Seefahrer, eine Wonne für die Lunge: Noch am heißesten Sommertag spendet die Ägäis eine aktivierende Frische. So sieht sich Herodot noch heute bestätigt, der von diesem Nordwind sagte, die Götter hätten ihn aus Barmherzigkeit geschaffen, um die Menschen nicht in der glühenden Sonne des Hochsommers verschmachten zu lassen. – Der Meltemi spottet aller europäischen Vorstellungen von »Sturm«: kein Dunst, kein Grau, keine Wolke, fegt er den Himmel blaublank (nur die Inselgipfel setzen sich ein Häubchen auf); unter seiner Kühlung unterschätzt dann der bräunungssüchtige Fremde allzu leicht die ungemindert verbrennende Strahlungskraft der Sonne.

In der Vegetation stimmt die Inselwelt mehr oder minder mit dem griechischen Festland überein. Nur ist sie noch waldärmer. Die Schuld daran trifft nicht allein die Griechen der Antike, wie es die landläufige Meinung wissen will. Denn wahrscheinlich geht die erste große Entwaldungswelle schon auf den Vulkanausbruch von Santorin (um 1520 vor Christus) zurück, dessen Glutwolken Inseln und Mutterland weithin absengten. Nach den alten Griechen wetteiferten dann die Byzantiner, Venezianer und Türken in der Entholzung der Inseln, von denen sie sich das Baummaterial für ihre Schiffe und Festungen holten. Kaum geringer waren die Lücken, welche die Inselbewohner selber bis zur jüngsten Vergangenheit in ihre Wälder zur Gewinnung der Holzkohle rissen; dem ist inzwischen mangels Masse ein Ende gemacht. Stattdessen halten sich die Köhler nun – und das ist kein geringeres Übel – an die Macchia. Nicht unbeträchtlich sind schließlich die Schäden durch die Sommerbrände, die bei der geringsten Unachtsamkeit ausbrechen, manchmal auch durch Selbstentzündung infolge der intensiven Sonnenbestrahlung während der langen Dürre. Die Aufforstung aber macht nicht nur der Wassermangel, sondern mehr noch der unbezähmbare Appetit der Ziege zu einer vergeblichen Sisyphos-Mühe. So tut sich der Forst unter den Inselbedingungen noch schwerer als auf dem Festland: Bringt es der Waldbestand auf 19 Prozent der griechischen Gesamtfläche, auf den ägäischen Landböden muss er sich mit 10,3 Prozent begnügen.

Über ansehnlich Bestände verfügen vor allem noch die nördlichen Inseln: Euböa, die Sporaden, Thasos, Samothrake, und – bescheidener – die großen Küsteninseln vor Kleinasien: Lesbos, Chios, Samos, Rhodos. Dabei herrscht in den nordwindgeschützten Hochregionen die eigenartige Schwarzkiefer vor, die in den niedrigeren Lagen von der Platane, der Aleppokiefer und ihren Verwandten abgelöst wird. Hie und da gibt es auch noch immergrüne Eichen, und als häufigen Einzelgänger die Zypresse. Am meisten ist der Aufforstung die Ausbreitung der Kulturbäume zugute gekommen, der Agrumen und Ölbäume.

Die mittelmeerische Flora hingegen entwickelt einen üppigen Artenreichtum: Er umfasst mehr als das Vierfache der rund 5000 Pflanzenarten der nordeuropäischen Breiten!

Die Not macht erfinderisch – und es scheint, die Natur noch mehr als den Menschen. Im Vergleich zu ihren nördlichen Schwestern hat es die ägäische Pflanze mit einem doppelten Minus zu tun: Sie empfängt weniger Wasser (das ihr auch noch der durchlässige Kalkboden entzieht), und sie ist durch die längere und stärkere Sonneneinstrahlung, durch die exzessive Lufttrockenheit sowie durch die unablässigen Winde in höherem Grade der Transpiration und der Verdunstung unterworfen.

Zur Erhaltung des notwendigen Existenzminimums an Feuchte entwickelt die mittelmeerische Pflanze nun zahlreiche Schutzmaßnahmen: Sie verdickt oder verhärtet die Außenseite der Blätter lederartig und legt ihnen Schichten von Wachs oder Harz auf, während sie ihre Unterseite mit einem filzigen Haar- oder Schuppenpelz bezieht. Mit Luft gefüllt, bremst dieses Schutzpolster die Verdunstung – beispielhaft dafür sind Ölbaum, Steineiche und Magnolie. Oder sie verengt, wie im Falle des Rosmarins, die Spaltöffnung und rollt die Blattränder seitlich ein; ein anderes Exempel dafür ist die Schlangenwurz. Der Reduzierung der Wasserverdunstung beugen andere Mittel vor: durch die Drehung des schmalen Blattes mit dem Sonnenstand, sodass die Lichteinstrahlung nie die volle Breitfläche des Blattes trifft (wie beim Ölbaum und Eukalyptus); durch zeitweises Zusammenlegen und Einrollen (Mimose) sowie durch die extreme Verkleinerung der Blattflächen (Akazien), die beim Ginster bis zur Verstengelung geht. Manche Xerophyten (Trockenpflanzen) haben darüber hinaus noch Systeme der direkten Feuchtigkeitsspeicherung ausgebildet, durch fleischige Verdickung ihre Formen, auch der Wurzeln; bei Agave und Aloe sammelt das Blatt das Wasser, bei Kakteen und Wolfsmilch der Spross. Sehr häufig sogar spitzen sich Blätter und Sprossen zu Dornen und Stacheln, deren hartes Gewebe sie gegen die Austrocknung gefeit macht (Granatapfel, Stechginster, Berberitze) – sie liefern den Hauptbestand der Buschwald-Macchia. Kaum nach stehen ihnen die unzähligen Zwiebel- und Knollengewächse (Affodill, Krokus, Tulpe), welche die lange Trockenperiode dank ihres Wurzelstockreservoirs überdauern. Zur Reduzierung der Verdunstung tragen weiterhin die ätherischen Öle bei; von Drüsen produziert, legen sie einen Duftschirm über die Pflanze, der auch die Sonneneinstrahlung abbremst. Schließlich sucht die Pflanze ihren Wasserhaushalt durch die außerordentliche Streckung der Wurzeln in die Tiefe und Weite zu bereichern (Mimose). Der gleichen Funktion dient die lichte Streuung der Bäume, ihr weites Auseinandertreten und ihre untersetzte Statur – sie ermöglichen es ihnen, in der Nacht die Bodenausstrahlung und den Tau in ergiebigster Weise aufzufangen (Ölbaum und Pinie). Die Zypresse hingegen erreicht mit ihrer hochgezogenen Figur, dass das Sonnenlicht an ihr weitgehend abgleitet.

So ergeht es der Pflanze der ägäischen Insel kaum anders als ihrem Menschen: Beide leben an der Grenze der Existenz und müssen mit dem Minimum vorlieb nehmen, das der Erfindungsgabe das Äußerste an Anpassung abverlangt. Sie entbehrt daher des gleichmacherischen, des kollektiven und ökonomischen Grüns und kompensiert seinen Mangel durch eine unendliche Nuancierung der Farbindividualität, die jede Möglichkeit des Spektrums bis zur Orgie auskostet. – Vielleicht ist es auch dieser Zwang zur Sparsamkeit, der die Phrygana (unterhalb der Macchiaformation) in die Formensprache der Geometrie treibt, in das unendlich variierte Spiel mathematischer Struktursymmetrien, von denen man nicht weiß, ob sie die konkrete Erscheinung auf ihre abstrakte Grundformel reduzieren oder ob sie das abstrakte Prinzip gleichsam nackt in die Konkretisierung entlassen.

Noch dürftiger ist es um die Fauna bestellt. Die Jagd (und der Grieche ist ihr leidenschaftlich zugetan) ist fast ganz auf die Wild- und Zugvögel beschränkt, unter denen die Wachtel am häufigsten vertreten ist. Sonst sind nur noch Wildziege, Hase und Kaninchen zu nennen, Dachs, Marder, Wiesel und Maulwurf; gelegentlich trifft man auch auf (ungiftige) Schlangen, während Meeresschildkröten und Seehunde zum Aussterben verurteilt sind. Dieser Tierbestand zeugt für die kontinentale Vergangenheit der Inseln, und zwar mehr für ihre griechische als für ihre kleinasiatische Landverbundenheit.

Kapitel VII

Geschichte zwischen West und Ost

Wo ein seefeindliches Ufer, eine abschließende Küste die Griechen im Festland einsperrte, da blieben sie in der Natur stecken – die geografische Abkapselung blockiert den Weg in die Kultur: so in Westgriechenland, so auf dem westlichen Peloponnes. Den Absprung in die Kultur fanden die Hellenen erst auf den Schiffen. Dort, wo die aufgeschlossene Küste sie auf das Meer verwies und ihnen die Ferne öffnete, wo die Umarmung von Land und See die Frage und den Zweifel zeugte und die Frucht der Antwort gebar, wo Herausforderung und Gefahr nur durch die Hergabe aller Kräfte zu bestehen waren, wo sich das Fremde zum Vergleich und zum Kontrast stellte, wo das andere das Verlangen nach seiner Aneignung weckte und die Profilierung des Eigenen heraustrieb – so in Attika, so in der Argolis und auf den Inseln; so an der Küste Kleinasiens, auf Sizilien und in Unteritalien. Achilles, der einen festländischen Berggott zum Vater hatte, überlebte Troja nicht, dessen Fall die Ägäis zu einem griechischen Meer machte; danach erst geriet Odysseus, der Sohn der Inseln, auf die Bahn seiner Größe, und erst die Versuchungen der See füllten seine Gestalt: Er – nicht Achill – wurde zum Sinnbild des Griechentums. Und mochten die Götter auf dem festländischen Olymp hausen – Zeus, Hera und Hestia, Apoll und Artemis, Aphrodite, Poseidon und Hephaistos hatten die Inseln zur Heimat. Was Kraft war im Hellenentum, entstammt dem Festland: Sein Geist aber, sein Formwille und seine Erkenntnisgier erwachten in der Ägäis.

Unser landläufiges Geschichtsbewusstsein ermangelt der rechten Vorstellung von Größe und Gewicht des Anteils, den die Ägäis an der Geschichte und Kultur Griechenlands hatte. Nach unseren Historikern war sie den Hellenen eine Ausfallstraße, ein Feld der Ausdehnung, die Brücke für den Verkehr mit dem Orient. Dieser Deutung stelle ich die These entgegen: Am Anfang war die Ägäis. Was Griechenland für Europa, war die Ägäis für Griechenland.

Solche Anstoßkraft entfaltete die Ägäis schon in der vorhellenischen Zeit, als Inseln und griechisches Festland noch von »Kleinasiaten« besiedelt waren, von der Völkerfamilie der Karer, Leleger, Lyder und der jüngeren Pelasger, die sich als sprachliche und anthropologische Einheit sowohl von den Indogermanen wie von den Semiten unterschieden (auch die später nach Italien abgewanderten Etrusker gehörten zu ihr). Bereits zu ihrer Zeit eilten die Inseln der Zeit voraus: Während das kontinentale Griechenland noch in der Steinzeit verharrte, waren die von den gleichen Völkern bewohnten Inseln schon in die Kupfer- und Bronzeperiode eingetreten. Und nur auf den Inseln, nicht auf dem Festland, finden sich die »Kykladen-Idole« der Muttergottheit, der kleinasiatischen »Großen Göttin« der Fruchtbarkeit, die sich die Jahrtausende über in vielerlei Verwandlungen immer wieder von neuem gebar, bis sie als »Große Artemis« von Ephesos dem Paulus zum Ärgernis wurde; vielleicht ist sie mitverantwortlich für die Erhebung Marias zur Gottesmutter in dem sonst frauenlosen Pantheon des Neuen Testaments: Eine Religion ohne Respektierung des weiblichen Lebensprinzips wäre den Griechen (auch des späten Hellenismus) unzugänglich geblieben. (Ein beziehungsfreudiger Zufall verlegte die Dogmatisierung der Gottesmutterschaft Mariens nach Ephesos, wo 431 n. Chr. das III. Ökumenische Konzil stattfand.)

Diese meist kleinen Marmorfiguren aus dem dritten Jahrtausend vor Christus sind trotz abstrahierender Vereinfachung (vor allem des Gesichtes) und stilisierender Dehnung (der Glieder im Verhältnis zum Rumpf) von prägnant gegenständlicher Aussagekraft; ihre magische Geistigkeit übersetzt sich in eine geometrische Musikalität, die – herb, kühl, rein – doch von sinnlicher Vitalität und natürlicher Anmut beschwingt ist. Diese Kunst gehört zum Schönsten, was der Menschenhand geglückt; seltsam genug hat sie (außer in der frühen Kleinkeramik) in der griechischen Plastik kaum Nachfolge gefunden. Sie ist u. a. in den Museen von Iraklion (Kreta), Plaka (Milos) und Naxos vertreten, am ansehnlichsten im Athener Nationalmuseum.

Die früheste, die reichste und schönste Blüte aber der vorhellenischen Zeit auf griechischem Boden brachte Kreta hervor.

Kultur und Glück – gehen sie zusammen? Unsere Geschichtserfahrung will es verneinen. Wenn dem so ist, dann ist Kreta die große Ausnahme von der Regel. Kein Zeichen der Angst in seinen Bauten, die offen waren nach außen, keine Befestigung, kein Kult der Waffen – nichts als Freude und Lust am Dasein, leichte Gelöstheit und natürliche Unbefangenheit. In der Kunst (in den Vasen vor allem, in der kleinen – niemals großen – Plastik und im Schmuck vielerlei Art) eine überquellende Fantasie, die mit geschmackssicherem Raffinement realistische Elemente souverän stilisiert. Was diese Hand auch anfasst, es trägt den Stempel eines Geistes, der mit diesem Leben im Frieden lebt. Setzen wir hinter der Harmonie, die man früher dem Hellenentum nachsagte, ein Fragezeichen – auf dem vorgriechischen Kreta war sie zu Hause. Ja, es fragt sich, ob nicht eine Wurzel in Kreta hatte, was dem hellenischen Dasein an Heiterkeit innewohnte. Nicht zufällig waren Zeus, Pan und viel andere mythologische Prominenz auf dieser glücklichen Insel beheimatet, auf die der Gott der Götter die schöne Europa aus dem orientalischen Tyros entführte: Kreta war wahrhaft die Mutter Europas.

Mittelpunkt der kretisch-minoischen Kultur war Knossos (beim heutigen Iraklion): eine »labyrinthische« Palastanlage, zwei Höfe, Raum an Raum in drei Stockwerken 20.000 m^2 umlagernd, mit Bädern, Kanalisation und sonstigem zivilisatorischem Aufwand technisch so perfekt ausgestattet, dass es das Versailles des armen Ludwig XIV. in den Schatten stellt; die Wände geschmückt mit farbenfrohen Fresken, in denen Eleganz und Charme wetteifern. Wo aber Charme und Eleganz regieren, da ist die Frau mächtig. Sicher hatte sie etwas zu sagen auf Kreta, und ihre Macht war ihre Schönheit, die sie nicht verbarg.

An der matriarchalischen Verfassung der kretischen Gesellschaft (im Gegensatz zur hellenischen) ist kaum zu zweifeln. Sehr ungriechisch war die Beteiligung der Frauen an den Wettkämpfen der Männer. Göttinnen, nicht Götter herrschten über ihre Welt; und mochte auch der König als der Hohepriester amten, Frauen versahen die kultischen Dienste, die um den Wechsel der Jahreszeiten, um Fruchtbarkeit und Wachstum kreisten und die Schlange zum Sinnbild hatten. Immer kehren sie wieder, die Schlangenpriesterinnen – in kleinen Figuren, als Opfergabe in den heiligen Höhlen abgestellt (Tempel kannten die Kreter nicht). Das Matriarchat, die Verehrung der Schlange und auch des Stieres neben dem dominierenden Symbol des Labrys, der heiligen Doppelaxt, verweisen auf die kleinasiatische Herkunft der kretischen Kultur.

Dennoch haftet ihr nichts »Feminines« an. Wenn das alte Kreta in Freiheit von Angst lebte, so nicht zuletzt dank seiner maritimen Isolierung, mehr aber noch wegen seiner Überlegenheit als See- und Handelsmacht, die ihm Sicherheit und Reichtum eintrug. Seine Blüte entfaltete es zwischen 2600 und 1400, wovon es die längste Zeit über die Ägäis geherrscht haben mag – das ist schon dem Mythenkreis um König Minos (bis zu Theseus) zu entnehmen; auch waren viele Inseln in seinem Besitz, wie Delos, Milos und Rhodos.

Eindeutiger noch ist seine Vormachtstellung als Mittler von Handels- und Kulturgütern belegt.

Schon seit dem Beginn des 2. Jahrtausends lag der Austausch zwischen Okzident und Orient in seiner Hand (welche Funktion die Phöniker erst um 1000 übernahmen); überall im östlichen Mittelmeer sind die Spuren seiner Ausfuhr anzutreffen – seit dem 16. Jahrhundert auch auf dem griechischen Festland.

Nicht Feinde von außen, sondern die Natur selber zerstörte diese ihre schönste Blüte: durch wiederholte Erdbeben schwersten Grades, und wohl auch durch den Vulkanausbruch von Santorin um 1627/28, die gewaltigste Explosion der Erdgeschichte (viermal stärker als der Krakatau, 1883), welche die Inselsiedlungen mit ihrem Aschenregen und ihrer Flutwelle zerstörte. Zwar wurde Knossos um 1400 noch einmal aufgebaut, nicht aber Phaistos und Agia Triada, Mallia und Kato Zakro. Aber ihrer Macht war das Rückgrat gebrochen, sodass es den Griechen – erst den Achäern, später den Dorern –, die als Söldner gekommen waren und dann wohl eingeheiratet hatten, nicht allzu viel Mühe kostete, als Herren zu bleiben. – Sollte der englische Altphilologe L. R. Palmer Recht behalten, dann wäre die achäische Besiedlung Kretas schon früher anzusetzen; vielleicht war schon der sagenhafte König Minos ein Hellene.

Sicher war die »kleinasiatische« Urbevölkerung den hellenischen Eroberern kulturell überlegen. Von den achäischen Altstämmen – den Ioniern und Äolern – stieg das Geschlecht von Mykene als Erstes zu politischer und kultureller Größe auf. Seinen Vorsprung dankte es der fruchtbaren Begegnung mit der kretischen Hochkultur, etwa seit 1600; was es aber dieser entlieh, verwandelte es zu neuen, eigenständigen Formen und verschmolz es mit den Überlieferungen, die es aus der nördlichen Heimat mitgebracht: so die patriarchalische Verfassung, so den geschlossenen Haus- und Festungsbau, die Schacht- und Kuppelgräber. Bald zeigten sich die

Schüler mündig. Um 1400 begaben sich die peloponnesischen Achäer auf Landsuche über See; die Naturkatastrophen erleichterten es ihnen, sich Kretas und seines ägäischen Erbes zu bemächtigen – mykenische Siedlungen sind u. a. auf Milos, Rhodos, ja sogar im kleinasiatischen Milet bezeugt. Aber sie überlebten nicht lange ihre Lehrer; dem Ende der kretischen Kultur gegen 1250 folgte der Zusammenbruch Mykenes schon um 1100.

Es teilte das Schicksal der meisten anderen »Altgriechen«. Sie alle unterlagen der um 1200 einsetzenden zweiten griechischen Einwanderungswelle, den Dorern. Und sie alle wichen dem Druck aus dem Norden quer über die Ägäis nach Kleinasien aus, die heimische Stammesverteilung nach dem Osten übertragend. So ließen sich die Achäer des Peloponnes auf Rhodos, an der Nordküste Zyperns und im kleinasiatischen Pamphylien nieder – dort lassen noch heute die dialektischen Besonderheiten die arkadische Herkunft erkennen. Die böotischen und thessalischen Äoler fanden im Norden ihre neue Heimat, auf den Inseln Tenedos, Lesbos, Chios sowie am gegenüberliegenden Ufer von der Kalkosmündung über Smyrna bis zur Mimashalbinsel (die noch nördlichere Troas wurde erst um 750 hellenisiert). Zwischen beiden schoben sich die attischen und euböischen Ionier über die Kykladen nach Ikaria und Samos vor, um vom Zentrum Milet aus die Äoler nordwärts abzudrängen – sie entrissen ihnen Chios und die kleinasiatische Küste bis Phokaia.

Der Gräzisierungsprozess der Ägäis kam um 1000 zu einem ersten Abschluss. Die griechische Landnahme in Kleinasien beschränkte sich freilich auf schmale Küstenstreifen. Zwar begann sie in der Regel mit dem Ackerbau, an dem die Äoler auch später festhielten. Die Ionier aber, die beweglichsten und regsamsten unter den Griechen, verlegten sich bald auf Handel und Gewerbe; zugute kam ihnen dabei die Fruchtbarkeit des kleinasiatischen Hinterlandes, und nicht minder das Auslaufen der alten großen Handelsstraßen Innerasiens in ihrem Siedlungsgebiet, an den Mündungen des Hermos und des Mäander.

Schließlich wurde auch den Dorern, unter dem Druck des immer neuen Nachzugs aus dem nordwestgriechischen Pindos, der Peloponnes zu eng; sie dehnten sich, gleich ihren Vorläufern und diese überlagernd, über die Südägäis aus: auf Kythera, Kreta, Milos, Santorin, Kos und Rhodos, mit dünneren Ablegern auch nach Zypern und Pamphylien (Knidos, Halikarnassos).

So wurde die Ägäis ein griechischer Binnensee. Und über ihre ganze Breite hinweg teilten sich die griechischen Stämme in drei Herrschaftszonen, gemäß ihrer territorialen Aufgliederung im Mutterland: Im Westen wie im Osten folgten nun einander von Nord nach Süd die Äoler (Thessalien–Lesbos), die Ionier (Attika–Chios und Samos) und die Dorer (Peloponnes–Kreta und Rhodos). Die neuen Kolonien konnten freilich nicht die alte Stammesdichte der Heimat wahren, da sie sich aus verschiedenen Herkunftsgruppen rekrutierten und sich bald auch mit der einheimischen Bevölkerung mischten. Die Auflockerung des Geschlechtergefüges führte in der kleinasiatischen Randzone früher als auf dem griechischen Festland zur Ablösung der alten Stammesverfassung durch die Polis, durch den Stadtstaat. Hinzu kam, dass die kleinasiatischen Siedlungen, durch die weite Entfernung von den heimatlichen Basen mehr oder minder abgeschnitten, zu neuen Formen des politischen Zusammenschlusses gedrängt wurden, den sie um einen kultischen Kern gruppierten. So installierte sich der ionische Zwölfstädtebund um den helikonischen Poseidon auf der Halbinsel Mykale (gegenüber Samos); die sechs dorischen Städte aber verbanden sich im Kult des Apollon am triopischen Vorgebirge.

Dieser Bewegtheit des Griechentums folgte im 9. und 8. Jahrhundert eine passive Phase des Atemholens; sie nutzten die Phöniker zu einem Intermezzo, das jedoch kürzer und bescheidener ausfiel, als man es früher annahm. Seit etwa 1000 schoben sie sich als die Mittler zwischen Ost und West in den Vordergrund, auch im griechischen Raum. Ausschließlich am Handel interessiert, legten sie nur selten feste Plätze an. Homers Schilderung ist durchaus glaubwürdig, dass sie – Hausierer großen Stils – nur zum Kaufen und Verkaufen kamen, um nach der Abwicklung ihrer Geschäfte wieder wegzufahren. Es gab Ausnahmen, wie auf Zypern oder auch auf Kythera, das ihnen wegen seines Reichtums an Purpurschnecken wichtig war – sie wachten eifersüchtig über ihr einträgliches Purpurmonopol. Sonst aber dürften die Griechen sie von einer Landnahme in der Ägäis abgehalten haben, weshalb sie sich weiter westwärts ausbreiteten, nach Nordafrika, Spanien und Sizilien (wo sie es später abermals mit den Griechen zu tun bekamen). Ihre Ansätze aber auf hellenischem Boden blieben zu schmal, um nachhaltige Wirkungen zu hinterlassen; obwohl kühne und erfahrene Seeleute, wurden sie nicht einmal in der Schifffahrt zu Lehrmeistern der Griechen – die nautische Fachsprache, deren sich Homer reichlich bedient, enthält kein einziges Lehnwort aus dem Phönikischen, und dies, obschon sich die Griechen in der Aneignung fremder Terminologien keineswegs schüchtern zu verhalten pflegten. Schließlich mag es auch an der geringen kulturellen Originalität der Phöniker gelegen haben, dass sie auf das Hellenentum keinen nennenswerten Einfluss ausübten.

Schon um 800 gerät die griechische Welt in neue Bewegung. Wieder sind es die Enge und Armut der Heimat (manchmal auch der innere Zwist), die seine Bewohner in die Fremde treiben – dieser Gewohnheit huldigen sie bis auf den heutigen Tag. Den Anfang machen die ionischen Hafenplätze Chalkis und Eretria (beide auf Euböa) sowie die dorischen Seestädte Korinth und Megara. Während sie neues Land für ihre überzähligen Bauernsöhne suchten, waren es vorwiegend Handelsinteressen, die im 7. Jahrhundert die kolonisatorische Aktivität der ägäisch-kleinasiatischen Griechen, vor allem Milets, auslösten; die Großmachtpolitik des Gyges entzog ihnen den Zugang nach Innerasien und zu ihren bisherigen Haupthandelsgebieten Lydien und Babylonien. Ihre Völkerwanderung endete erst in der Mitte des 6. Jahrhunderts, als ihnen im Osten die Perser, im Westen die Karthager und Etrusker in den Weg traten.

Die zweite griechische Kolonisierung erstreckte sich rund um das ganze Mittelmeer, ja in das Schwarze Meer hinein bis zur Krim. Das ionische Chalkis griff nach der makedonischen Küste, vor allem nach der Chalkidike, auf der sonst nur noch Korinth Fuß fassen konnte, in Potidaia. Paros nahm sich des goldreichen Thasos an, während Lesbos die Troas besiedelte. Milet, Samos und Ägina gründeten gemeinsam in Ägypten die rein griechische Kaufmannsstadt Naukratis, und Thera (Santorin) errichtete in Libyen Kyrene (wovon sich die »Cyrenaika« ableitet).

Chalkis ergriff auch die Initiative zur Hellenisierung Siziliens und Unteritaliens, bald gefolgt von Korinth, Megara, Sparta und Rhodos – sie sicherten dort der Heimat ein Getreidereservoir, das ihr unentbehrlich werden sollte. Am weitesten streckte das kleinasiatische Phokaia seine Fühler vor, bis zur Rhonemündung, wo es Marsilia (Marseille) gründete; ja von dort aus schoben sich seine Kolonisten der spanischen Ostküste entlang bis nach Malaga.

Die stärkste Aktivität entwickelte Milet. Zunächst besiedelte es die Ufer des Hellespont (mit den Städten Abydos, Kyzikos u. a.), um dann gegen 650 in das »ungastliche« (fortan »gastliche«) Schwarze Meer einzudringen, dessen Küsten es ringsum mit nicht weniger als 95 Tochterstädten bedachte – im Süden Sinope und Trapezunt (Handelstore nach Babylon und Innerasien), auf der getreidereichen Krim Theodosia und Pantikapaion (Kertsch) und im Norden schließlich Tyras an der Dnjestr-Mündung, deren Erschließung ihm wie die der anderen Ströme Weizen, Wolle, Felle, Holz und

Sklaven aus den fruchtbaren Ebenen Russlands zutrug. Damit war dem Mutterland neben dem italienischen ein zweites, nicht minder bedeutendes Versorgungsgebiet gewonnen. – Um den Pontus bemühte sich sonst nur noch Megara, mit der Gründung von Byzanz und Chalkedon am Bosporus.

Das gewaltige Siedlungswerk machte aus dem Mittelmeer einschließlich des Pontus eine griechische Handelsökumene, die den Grund legte für die kultivierende Ausstrahlung des Hellenentums nach West und Ost. Die Griechen saßen rings um das Mittelmeer, kommentiert Plato, wie die Frösche um den Teich. Ihre Ausbreitung war nicht nur vom Erwerb gelenkt, sie hatte auch das Erkunden zur Triebfeder.

Unter allen Griechen waren es die kleinasiatischen Kolonisten, und unter ihnen vor allem die Ionier, welche die reichste Ernte aus dieser bewegten und bewegenden Zeit heimbrachten und in der fragenweckenden Begegnung mit der Fremde den hellenischen Geist freilegten und formten. Auf fast allen Gebieten gingen sie in Führung: in der Ausbildung der Polis und der neuen Gesellschaftsstrukturen (der Adelsoligarchie, der Tyrannis und Demokratie), in der gewerblichen Arbeitsteilung und im Übergang zur Geldwirtschaft. Ihnen war die Entdeckung des naturgesetzlichen Kausalitätsprinzips vorbehalten, welche die Initialzündung abgab für die abendländische Philosophie und Wissenschaft, für die Mathematik und Astronomie, für Geografie, Geschichte und Medizin. Sie waren die Schöpfer der Epik und Lyrik, auf sie geht die Ausformung der griechischen Kunstprosa zurück sowie die Sprach- und Schriftintegration der hellenischen Stämme. Schließlich gaben sie der Entwicklung der bildenden Künste den Anstoß – die Marmortechnik und der Bronzehohlguss, die Ablösung der Malerei von Architektur und Plastik und ihre Emanzipation zur eigenen Kunstgattung, schließlich die Planung des Städtebaus gingen auf ihr Konto. Sucht man ihren Beitrag zur griechischen Kultur auf einen Generalnenner zu bringen, so wäre für ihn der Dreiklang von Individualismus, Rationalismus und Empirismus einzusetzen – jener Dreiklang, der das bleibende Hellas ausmacht und das Kompositionsgefüge lieferte, aus dem sich die abendländische Kultursymphonie entfaltete. So waren die kleinasiatischen Griechen nichts weniger als die Weichensteller unserer Geschichte, die Produzenten des abendländischen Archetypus.

Ein wenig überspitzt ließe sich sagen: Die Griechen der Ägäis legten die Eier, welche die Griechen des Festlandes ausbrüteten – sie verhalten sich zueinander wie Schöpfer und Vollender, wie Aufbruch und Gipfel. Eine etwas vergewaltigende Formel, denn mit dem dorischen Tempel, dem ersten aus Stein, und der attischen Tragödie wiesen ja die Kontinentalhellenen keine geringen originären Leistungen auf. Im Ganzen gesehen, lässt sich dennoch den ägäischen Griechen das Jus primae diei kaum absprechen: Am Anfang war die Ägäis. Erst die Perser setzten ihrem griechischen Vorrang das Ende – bis sie die späte Welle des Hellenismus noch einmal nach oben trug.

An den Säulen sollt ihr sie erkennen! Neben der strengen »Haltung«, der gedrungenen Wucht der dorischen, neben der wuchernden Fülle und der vitalen Üppigkeit der korinthischen Säule gibt sich die ionische sanft und anmutig, fast zierlich verspielt; neben den männlichen Ernst und das Überschäumen der mütterlichen Hormone setzt sie den heiteren Charme, neben die gesammelte Kraft und das vegetative Sprießen die unbefangene Natürlichkeit, die in der Freude ruhend der Transzendenz abgewandt ist und die Erfüllung schon in diesem Hier und Jetzt findet.

Dies also auch steuerten die ostägäischen Griechen dem Hellenentum bei: das Elixier der Lockerung und Lösung. Mit staunenden Kinderaugen die Wunder dieser Welt durchwandernd, ruhen sie nicht, die Schleier von ihren Rätseln zu heben, und so sind sie, flinken Geistes und von feinster Witterung, den festländischen Landsleuten meist um eine Schrittlänge voraus: sei es auf die Weise des Thales, Pythagoras und Hippokrates oder auf die des Herodot und des Herrn Aristoteles Onassis. Und keine Reife der Erfahrung vermag ihren Fragehunger zu stillen und ihr Staunen zu löschen. Diese Wachheit, diese Unersättlichkeit ist die Münze, mit der sie den Pachtzins für die ewige Jugend zu zahlen scheinen.

Kein Wunder, wenn ihnen der staatsbildende Wille abging. Die Kolonisation wuchs sich nicht zu einer staatlichen Gemeinschaft aus, sie blieb punktförmig in Ansatz, Ausführung und Ziel: Städte gründeten Städte – nicht Staaten noch Reiche. War es der Verzicht auf den umfassenden Rahmen, auf die breite Basis, auf das zusammenhaltende Machtgefüge, der die hellenische Ökumene schon nach wenigen Jahrhunderten einstürzen ließ? Das griechische Maß war und blieb die Überschaubarkeit, die mit der Stadtgrenze zusammenfiel, mit der Polis.

Die Ausbildung zum Stadtstaat erfolgte im ostägäischen Raum früher, weil die griechischen Kolonisatoren in der fremden, feindlichen Umwelt genötigt waren, ihre relativ geringen Kräfte auf engem Raum zu konzentrieren. Der Vorgang war immer derselbe: Die Kolonisten nahmen das Feuer vom heiligen Herd der Mutterstadt mit, Kult, Kalender und Feste, ihr Recht und ihre Geschlechterordnung – auf dies Pietätsverhältnis beschränkte sich ihre Bindung an die Heimatpolis, der sie fortan auch nicht mehr als Bürger angehörten. Politisch jedenfalls war die neue Gründung völlig unabhängig – das war ihre Schwäche und ihre Stärke. Denn in der Bedrängnis konnte sie kaum auf die Hilfe der Stammstadt zählen. Wie auch hätte Milet seinen 95 Töchtern beistehen sollen! Allein auf sich selber gestellt, mussten sich daher die Kolonisten der neuen Heimat mit Haut und Haar verschreiben – es gab für sie kein Zurück.

Mit der Landnahme verband sich eine gesellschaftliche Umwälzung. Sie war in der Regel von Adligen angeführt, die dann auch das Regiment in der Hand behielten. So kam es in der Ostägäis zur frühesten Ablösung des Königtums durch die feudalistische Oligarchie, die bald darauf, an der Wende vom 8. zum 7. Jahrhundert, überall dort auf das Mutterland übergriff, wo sich die Macht in die Stadt verlagert hatte. Nur im westlichen Griechenland, in Sparta, Epirus und Makedonien, hielt sich mit der alten Wehrbauernordnung auch noch das Stammeskönigtum.

Drüben aber, in der ägäischen Polis, blieb die Gesellschaft in Fluss. Nachdem die Ionier um 700 die Geldwirtschaft von Lydien übernommen hatten (um 610 folgte Ägina mit der Münzprägung, um 575 Korinth, und gegen 560 hatte sich der Geldverkehr fast im ganzen Griechenland eingebürgert), führte der Warenaustausch mit den Nachbarvölkern und Tochterkolonien zu einem gewaltigen Aufschwung von Handel und Gewerbe. Mit ihnen industrialisierte sich das Handwerk, dessen Arbeiterbedarf nun die Sklaverei nach sich zog; erst im ionischen Kleinasien (beginnend auf Chios), dann auch im kontinentalen Hellas. Von dieser Wirtschaftsblüte profitierte besonders das gewerbetreibende Bürgertum; sein wachsendes Selbstbewusstsein und die Ausweitung seiner Interessen ließen nicht länger mehr die ausschließliche Führung der Staatsgeschäfte durch die aristokratische Willkür zu, die es zunächst durch die Kodifizierung des geltenden Gewohnheitsrechts zu zügeln suchte. Die Ära der grundlegenden Gesetzgebung (durch Pittakos auf Mytilene und Drakon in Athen – um 620) konnte aber die politische Konsequenz der sozialen Umschichtung nicht aufhalten. Interne Konflikte der Oligarchie oder äußeren Druck (wie Lydiens auf Milet) nutzten einzelne Adlige, um sich mit Hilfe des aufgewiegelten Volkes der Alleinherrschaft zu versichern – so Thrasybulos von Milet, Polykrates auf Samos, Peisistratos in Athen, Lygdamis auf Naxos.

Doch die Tyrannis überlebte fast nie die zweite Generation. Nachdem sie die Oligarchie vernichtet hatte, war nach ihrem eigenen Verlöschen der Weg frei, der – über die letzte Zwischenetappe der Timokratie (welche die politischen Rechte nach dem Vermögen abstufte) – in die Demokratie einmündete. Eine Demokratie freilich, deren Exzesse den autoritären Regierungsformen immer wieder zu Zwischenspielen verhalfen. In allen Phasen dieses gesellschaftlichen Umwandlungsprozesses – von der Monarchie über Oligarchie, Tyrannis, Timokratie zur Demokratie – waren die Griechen der östlichen Ägäis federführend; sie jeweils entwarfen die neuen Modelle und zogen die Spur – das Mutterland folgte ihnen.

Die gleiche Rolle übernahmen sie auch für die hellenische Kulturentwicklung. Wahrscheinlich waren sie es, die im 10. Jahrhundert den Phönikern das Alphabet (das erste mit Buchstaben) entlehnten und es zur griechischen Schrift umformten. Die größte Wegweisung aber vollbrachten sie im 8. Jahrhundert mit dem homerischen Epos – der Bibel des olympischen Hellenentums. Die Stoffe zwar hatte es zum größeren Teil vom Mutterland: kurze Heldenlieder aus dem mykenischen Zeitalter, den achilleischen Sagenkreis aus Theassalien (den die äolischen Kolonisten herübergebracht hatten), wozu noch die Trojageschichte und der Helenamythos sowie ionische und lykische Motive kamen. In der Sprache überwiegt das Ionische, gemischt mit äolischen Elementen, sodass wohl das Gebiet um Smyrna, das die Ionier den Äolern entrissen hatten, als Geburtsort Homers anzusehen ist – oder (noch wahrscheinlicher) das in der gleichen Grenzzone liegende Chios. Er schuf nicht nur die Gattung des Epos; mit seinem Werk gab er den vagen Umrissen der hellenischen Religiosität die feste Form (so urteilte schon Herodot); seit es im 7. Jahrhundert den Weg zum griechischen Festland gefunden hatte (wo es seit dem 5. Jahrhundert zur Schullektüre wurde), wirkte es als die zentrierende und integrierende Macht, die erst dem politischen Partikularismus und kulturellen Lokalismus der Griechen die gesamthellenische Einheit überwarf; nicht zuletzt auch durch das Medium der Sprache, da die Griechen in jeder Dichtungsgattung den Dialekt beizubehalten pflegten, darin sie sich erstmals konstituiert hatte. Über die Epik hinaus aber gilt Homer als der Schöpfer der griechischen Kunstsprache. – Der homerischen Wirkung nahe kam das dem bäuerlich-bürgerlichen Dasein zugewandte Epos des Hesiod (um 700), auch er der Herkunft nach ein ägäischer Äoler, den es nach Böotien verschlagen hatte.

Den Inselgriechen fiel auch das erste lyrische Wort zu. Wie für die Epik, so ist für die Lyrik meine These revisionsbedürftig, der zufolge die Entwicklung jeweils von den ägäischen Griechen den Anstoß bekam, um von den Festlandshellenen zur Reife geführt zu werden. Denn auch in der lyrischen Dichtung (von Pindar abgesehen) fielen Anfang und Vollendung zusammen. Welche Fülle, welch einsame Größe in dieser Dichtung des 7. und 6. Jahrhunderts! Beginnend bei Archilochos von Paros (um 650), mit dem die persönliche Stimme durchbrach, die Selbstaussage des Gefühls, das Ich in Liebe und Hass, gebändigt durch den Jambus, dem er für alle Zeit die gültige Form gab – jenes Metrum, das die Ionier bevorzugten, da es ihrer verstandesmäßig-kritischen Denkweise, ihrem erregbaren Sinn und spöttischen Witz am weitesten entgegenkam; auf seine Spuren Semonides aus Samos (lange auch auf Amorgos) und der sich vulgär gebende Hipponax von Ephesos (um 550). Die schönste Blüte aber entfaltete die äolische Insel Lesbos mit Terpandros (um 675), mit Arion, Alkaios und der Sappho (um 600), in denen Leid und Lust des Menschenherzens schon das letzte Wort fanden. Gaben die Äoler den dunkleren Tönen des Lebens Resonanz, die Ionier der Ägäis öffneten sich mit allen Poren den Freuden des Daseins: so Anakreon aus dem kleinasiatischen Teos (um 550, der – den Genuss durch den

Geschmack filternd – über Rom in Europa Schule machte, bis ins deutsche 19. Jahrhundert hinein gefeiert als Aposteln der sinnenfrohren Lebensbejahung; so auch der etwas frühere Minnermos aus Kolophon, der die griechische Liebeselegie schuf. Erst die Not der Perserzeit lehrte sie wieder den »Ernst des Lebens«, wie ihn der große Simonides von der Insel Kea (556–468) chorisch und epigrammatisch predigte. Im allmählichen Erlöschen des lyrischen Wortes macht sich schließlich nur noch Bakchylides, gleichfalls von Kea (504–450), vernehmbar, der seinem großen Gegenspieler Pindar kaum nachstand.

In dieser Epoche vermag das kontinentale Griechenland den Dichtern der Ägäis nur wenige ebenbürtige Namen an die Seite zu stellen. Und in der Biografie der »festländischen« Lyriker stößt man vielfach auf die ionisch-ägäische Herkunft. Das gilt von Tyrtaios, dessen anfeuernde Kriegslieder spartanische Geschichte machten, und von dem nur wenig jüngeren Alkman (um 625), dem Meister der spartanischen Mädchenchöre, der aus dem kleinasiatischen Sardes kam – beide bezeugen, dass Einfühlung und Anpassung im Charakterbild des ägäischen Griechentums nicht fehlten. Neben ihnen behauptete sich zu dieser Zeit im Mutterland nur die lyrische Aussage Solons, des Theognis von Megara und Pindars, sowie in Sizilien der Chordichter Stesichoros (640–555). Diese Bilanz rechtfertigt die Feststellung: Die vorklassische Lyrik Griechenlands (und sie allein zählt) ist ägäische Lyrik. Und mit ihr kam der Individualismus im Hellenentum zum Durchbruch. – Übrigens darf das kleinasiatische Griechentum auch noch den ersten Roman für sich beanspruchen, mit dem achtbändigen Werk »Chaireas und Kallirhoe« des Chariton (1. oder 2. Jahrhundert n. Chr.) aus Aphrodisias in Karien.

Das mehr politisch orientierte Griechentum des Mutterlandes kann hingegen das Drama für sich buchen, wenngleich an seiner

Entstehung auch ägäische Elemente teilhatten: der ionische Jambus als Träger der erzählenden Partien und die dorischen Chorlieder, die – durch Arion, Tyrtaios und Alkman – gleichfalls ionisch beeinflusst waren. Der ägäische Chauvinist könnte ferner ins Treffen führen, die Tragödie folge der Epik und Lyrik mit weitem Zeitabstand, als spätes Geschichtsprodukt, da das ägäische Griechentum, durch die Perser seines Bodens beraubt, keine neuen Formen mehr zu gebären vermochte.

Bis dahin aber – von 603 bis etwa 510 – gehörte das Jahrhundert den Ioniern (nicht auszudenken, wie die griechische und damit die abendländische Geschichte weiterverlaufen wäre, wenn ihnen der Osten nicht das Fundament entzogen hätte). Mit ihnen und durch sie begann die neue Zeit. Sie als Erste begnügten sich nicht mehr mit dem Gebot der homerischen Götter, und als Erste wurden sie von dem Bazillus der Erkenntnis befallen, die sie hieß, an die Stelle der mythologischen Antwort die Frage der natürlichen Kausalität zu setzen. Während vordem das irdische Geschehen auf das Wirken übernatürlicher Mächte zurückgeführt wurde, suchten sie nun die Ursache in der Natur selber, in ihrer eigenen, in sich geschlossenen Gesetzmäßigkeit. Mit dieser Wendung stießen sie das Tor zur Wissenschaft auf. Der Wechsel aber von der Dogmenherrschaft zum kritischen Denken geschah im Heraustreten des Einzelnen aus der Gemeinschaft; er ging nun fortan, sich seiner selbst bewusst geworden, seinen Weg in eigener Verantwortung und zeichnete Werk und Leistung mit seinem Namen. Schließlich war dieser perspektivische Umschlag von der Ausbildung der Prosa begleitet, entzog sich doch die Poesie den realistischen Ansprüchen der neuen Fragestellung.

Die Geburt der Ratio, das Erwachen der Individualität, die Anfänge der Prosa – sie sind räumlich und zeitlich genau fixierbar: in Milet, am Eingang zum sechsten Jahrhundert. Drei Männer waren es, die fast gleichzeitig diesen ersten Sprung in die Wirklichkeit wagten – Thales (geboren um 624), Anaximander (609) und Anaximenes (585–525). Die frühe Stunde – und der plastische Sinn des Griechen – ließ sie zwar noch im dichterischen Bild anstatt im abstrakten Begriff denken. Auch trieb sie die Ungeduld des Anfangens unter Überspringung der Zwischenglieder gleich zu den letzten Dingen. Ihre Passion galt der Frage nach dem Urstoff der Welt, den Thales im Wasser, Anaximander im *apeiron*, im »Unbegrenzten«, Anaximenes in der Luft und Heraklit aus Ephesos (Ende des 6. Jh.) im Feuer fanden. Gleichwohl lenkte das Denken ihre unbefangene Beobachtung auf den kausalen Zusammenhang, und mit dem Postulat des zweckfreien, undogmatischen Wahrheitsbegriffes bewirkten sie die entscheidende Wende: So schufen sie die philosophischen Voraussetzungen der wissenschaftlichen Methodik, deren erste Ernte erst die nachfolgenden Generationen einbrachten.

Gewiss fanden die Ionier auf fast allen Feldern schon einen ansehnlichen Wissensbestand vor, den vor allem die Ägypter und Babylonier gehäuft hatten. Aber während die Griechen als Denker gleichsam Ackerbau trieben, beschränkten sich die Orientalen auf das Kräutersammeln im Wildland; in den Prämissen dem religiösen Mythos und im Ziel dem praktischen Zweck verhaftet, trugen sie den Rohstoff der Erfahrung und Beobachtung zusammen, ohne ihn erkenntnismäßig zu verarbeiten. Sie begnügten sich mit den Rezepten und Regeln, ohne es auf die problematische Durchleuchtung und systematische Begründung der Befunde und Zusammenhänge anzulegen. Es ging ihnen um das Wie und Wozu, nicht um das Warum. Der Schritt von der Kenntnis zur Erkenntnis, vom Wissen zur Wissenschaft blieb den Griechen der Ägäis vorbehalten.

So haben denn erst sie aus der babylonischen Astrologie die Astronomie entwickelt – Thales von Milet, Anaxagoras von Klazomenai, Eudoxos von Knidox, später Antolykos aus Pitane, Aristarchos von Samos, als Entdecker des heliozentrischen Systems der »Kopernikus des Alterums«, und Hipparchos von Nikaia, der den ersten Fixsternkatalog anlegte. Sie auch erstellten das Grundgerüst der Mathematik, aus den arithmetischen und geometrischen Ansätzen, zu denen die Ägypter über die Architektur gelangt waren: wiederum Thales, dann Pythagoras aus Samos, Oinopides und Hippokrates (beide aus Chios), Eudoxos von Knidos, aus Alexandria Euklides und die Hypatia – daneben behaupten sich in der Reihe der großen Mathematiker aus dem übrigen Griechentum nur Archimedes aus Syrakus und Archytas von Tarent, während sich das Festland jeden nennenswerten Beitrages enthielt.

Die ionischen Mathematiker legten auch der Geografie das Fundament: So versuchte sich schon Anaximander an einer Erdkarte und Xenophanes an einer Zonengliederung der Welt. Die Weiterentwicklung der wissenschaftlichen Geografie aber ermöglichte erst die Länderbeschreibung, zu der Hekataios von Milet (um 500) und Herodot (484–425) die ersten Bausteine lieferten, und später die Gefolgsleute des großen Alexander – der Admiral Nearchos aus Kreta sowie die kleinasiatischen Griechen Aristoboulos und Megasthenes. Aus ihrem Material begründete Eratosthenes von Kyrene (275–195) die Erdvermessung, die Hipparchos von Nikaia entscheidend vorantrieb und Krates von Mallos um 150 v. Chr. in die Figur des Globus umsetzte.

Auch in der Geschichtsschreibung knüpften die Ionier an orientalische Vorbilder an; hatten doch schon die Assyrer, Babylonier und Ägypter den Ruhm der Könige durch die Aufzeichnung ihrer Kriegstaten und Bauwerke zu verewigen gesucht, ohne jedoch die Fragen der »historischen Wahrheit« und des geschichtlichen Zusammenhangs aufzuwerfen. Sie wurden erstmals um 500 in der Periegese als Erkenntnisziel postuliert: »Hekataios, der Milesier, spricht folgendermaßen: Dies schreibe ich so, wie es mir wahr zu sein scheint; denn die Erzählungen der Hellenen sind vielgestaltig und, wie sie mir vorkommen, lächerlich.« So richtete er sein Auge auf die Eigenarten der Völker, auf ihre Sitten und Gebräuche. Doch erst Herodot aus Halikarnassos, der »Vater der Geschichte«, spürt den Gründen des Geschehens nach und findet sie in den großen Problemen, etwa im Gegensatz zwischen Orient und Okzident. Noch einen Schritt weiter, zur historischen Kritik, geht Thukydides (455–390?), der Chronist des Peloponnesischen Krieges – ein Beleg mehr für den spezifisch politischen Sinn des festländischen Hellenentums; aus Attika stammte auch Xenophon (430–354), der mit der »Anabasis« das erste Memoirenwerk schuf. In der Folge aber verblieb der Schwerpunkt der Geschichtsschreibung im ägäischen Griechentum: bei Hellanikos aus Lesbos (5. Jh.), Ephoros aus Kyme in Kleinasien (um 400), Theopompos aus Chios (um 350), Aristoboulos von Kassandreia (dem Geschichtsschreiber Alexanders), Poseidonios von Apamea (153 bis 51) und Pausanias (um 175 n. Chr.), der erstmals Kunst und Kultur in die Geschichtsschreibung einbezog. In der späten Reihe behauptet sich das Festland nur mit Polybios (um 200 v. Chr.) und Plutarch (geb. 46 n. Chr.).

Dem ägäischen Hellenentum fiel schließlich die Vaterschaft in der Heilkunde zu. Auch für sie hatten die Ägypter bedeutende Vorarbeit geleistet, mit der Sammlung praktischer Erfahrungen bei der Krankenbehandlung; die Griechen selber waren schon frühzeitig in den Besitz chirurgischer Kenntnisse gelangt – Homers Wortschatz enthält nicht weniger als 150 anatomische Bezeichnungen, vor allem der Knochen. Wahrscheinlich gehen die Ursprünge auf die Äoler zurück, da der Mythenkreis um den Heilgott Asklepios – dem Sohne des heilkundigen Apollon und Schüler des Kentauren Chiron – in Thessalien lokalisiert war; dort auch, in Trikkala, hatte er seinen ältesten Tempel, von dem aus die Arztgeschlechter der »Asklepiaden« die medizinische Kunst in die griechische Welt trugen: vor allem nach Epidauros (wo sie, von Priestern ausgeübt, im Religiösen verankert blieb) sowie nach Knidos und Kos, die sich zu den Pflanzstätten der wissenschaftlichen Medizin entwickelten. Dort war es Hippokrates von Kos (460–377), der die Heilkunde von ihrer religiösen Determination ablöste, die Kenntnis des Menschenkörpers und die diagnostische Rückführung der Krankheiten auf ihre natürlichen Ursachen zur Grundlage der Therapie machte und die zeitlose Ethik des Ärztestandes begründete; seine Humoralpathologie blieb das ganze Altertum hindurch über das Mittelalter bis zu Virchow maßgeblich, der sie 1850 durch die Zellularpathologie ersetzte; dennoch hat sie die moderne Medizin in Teilen wieder zu Ehren gebracht, in der Sonnen-, Luft- und Klimatherapie.

Im Hellenismus blieb die medizinische Forschung eine ägäische Domäne – fast alle großen Ärzte hatten dort ihre Heimat: Diokles aus dem euböischen Karystos (um 300), der »zweite Hippokrates«, der erstmals das Fieber als Symptom der Krankheit (nicht als diese selbst) erkannte, ein grundlegendes Kräuterbuch verfasste und neue anatomische Einsichten gewann. Noch entscheidender aber waren die Fortschritte in der Anatomie, welche – durch die alexandrinische Schule – die griechische Medizin einer zweiten Blüte zuführten; vor allem dank der Leistungen des Herophilos aus Chalkedon (der in Kos zur Schule gegangen war) und des Erasistratos von der Insel Kea, beide in der ersten Hälfte des 3. Jahrhunderts. Und wer später noch in der Heilkunde zu Rang und Namen aufstieg, er kam von dort: Apollonios von Kition (im 1. Jh. v. Chr.), Soranos und Rouphos aus Ephesos (1. Jh. n. Chr.) und endlich der große Galenos aus Pergamon (129–199) – mit seinem universalen Werk zog er das Fazit, das in der kritischen Synthese aus den hippokratischen und alexandrinischen Lehren gipfelte, fast bis zur jüngsten Neuzeit herauf das repräsentative Lehrbuch der abendländischen Medizin. Auch noch auf die bedeutende arabische Heilkunde wirkte diese

Tradition ein, über Paulus von Ägina, der 643 n. Chr. in Alexandria lehrte, als die Stadt in die Hände des Islam fiel.

Doch die ägäische Vitalität erschöpfte sich nicht im Wort und in der Frage, sie entfaltete sich zu nicht geringerem Reichtum in Bildern und Formen. Ein wenig später zwar als die Dorer des Peloponnes fanden die Griechen der Ägäis zum Tempel: Die ältesten Bauten von Delos und Samos werden auf 720 datiert. Von Anfang an aber und durch alle Zeiten bestanden sie auf ihren eigenen Lösungen, und oft genug griffen sie im Wettstreit mit ihnen auf das Festland über; so nach Delphi (mit den Schatzhäusern von Siphnos und Knidos), so im 6. Jahrhundert nach Athen, dessen bildnerische Größe nicht zuletzt aus der Verschmelzung der beiden Stile, des dorischen mit dem ionischen, hervorging. Vor allem strahlte das ionische Vorbild auf den Orient aus, bis zu den Königsbauten von Susa und Persepolis. In diesem Wettstreit gab es nur einen Verlierer: das äolische Kapitell, das sich nach seiner frühen Profilierung (besonders auf Lesbos) nicht über das 7. Jahrhundert hinaus zu behaupten vermochte.

Der hehre Ernst und die souveräne Würde mögen dem dorischen Sakralbau den erhabeneren Rang verleihen, wie denn der dorische Sinn den »des« Tempels genauer trifft – in der Plastik entschieden die Ionier den künstlerischen Agon der griechischen Stämme zu ihren Gunsten. Sie als erste entdeckten um 600 den Marmor (zunächst den naxischen, dann den parischen) als das optimale Medium für die bildhauerische Vision und entwickelten die Technik seiner Bearbeitung; kurz darauf gelang ihnen auch die plastische Zähmung des Erzes, durch die Erfindung des Bronzehohlgusses, die den Samiern Theodoros und Rhoikos zu danken ist.

Der Unterschied zwischen der dorischen und der ionischen Säule wiederholt sich im Stil ihrer Bildwerke. Neben der untersetzten Schwere und gedrungenen Kraft der dorischen Gestalten, Bauernkrieger, die fest im Boden wurzeln und denen der »Ernst des Lebens« aus allen Poren schwitzt, erscheinen die ionischen Kouroi als leichtfüßige Jünglinge; schlank, fast zierlich, schreiten sie in tänzerisch gelöster Beschwingtheit über die Erde. Welcher Gegensatz noch auf der Stufe der klassischen Vollendung, etwa zwischen Polyklet (um 450–420 im peloponnesischen Sikyon oder in Argos geboren) und Lysippos, dem Hofkünstler Alexanders des Großen! Dort geballte Wucht – hier ein elastisches Wiegen auf den Beinen, der Leib gedehnter (er zählt mehr Kopflängen auf die Körperlänge), durch das Vorstrecken der Glieder zur Höhe und Breite in die dritte Dimension ausgreifend.

Dieser Fixierung lassen sich freilich Gegenbeispiele vorhalten: Dem Athener Praxiteles mangelt es nicht an ionischer Sinnlichkeit, während Skopas, in Paros gebürtig, in seinem Tempelwerk von Tegea dem ernsten Pathos des Dorertums nichts schuldig bleibt. Weiter entfernen sich die Frauenfiguren voneinander: Die des Festlands ergehen sich, jenseits von Gut und Böse, in stolzer Matronenhaftigkeit und keuscher Unnahbarkeit (den Gedanken an Sex-Appeal weit von sich weisend) – die ionischen Mädchen aber geben sich als Töchter der Aphrodite zu erkennen, und selbst den raffinierten Faltenwurf ihrer Gewänder dirigiert noch die Freude an der weiblichen Schönheit. Nicht zufällig auch war die Ersetzung der abstrakten Säule durch die gegenständliche Karyatide ein ionischer Einfall. – Kein Wunder schließlich, wenn die großen Hetären Athens, allen voran Aspasia aus Milet (die spätere Gemahlin des Perikles), Phryne und Lais, meist dem ägäischen Griechentum entwachsen waren.

Diese Sinnenfreude mag auch das ägäische Hellenentum befähigt haben, die Malerei (sprich die Farbe) zur eigenständigen Kunst zu emanzipieren – bis zum 6. Jahrhundert diente sie nur als *ancilla*, als Magd, der Architektur und der Plastik. Und wie in der Lyrik, so fielen auch in ihr Anfang und Vollendung fast zusammen: in Polygnotos von Thasos (5. Jh.), der vielleicht nur von Alexanders Hofmaler Apelles (aus Kos) übertroffen wurde. – Endlich können die kleinasiatischen Griechen auch noch das Urheberrecht auf den modernen Städtebau beanspruchen: Nach mesopotamischen Vorbildern legte Hippodamos von Milet (um 475 bis 400) den Neubau seiner Vaterstadt sowie den vom Piräus, von Thurioi (in Unteritalien) und Rhodos erstmals im rechtwinkeligen Schachbrettmuster an – nicht so sehr der geometrischen Systematik zuliebe, sondern im Dienste der hygienischen Funktion, welche die maximale Durchlüftung der Städte durch die Seewinde erfordert; sein Beispiel hat, bis auf den heutigen Tag, in der ganzen Welt Schule gemacht.

Am Anfang war die Ägäis, am Anfang nicht nur der Wissenschaften, Künste und Techniken – sie hat die Einstellung des Griechen zum Leben, seine Anschauung Gottes und der Welt entscheidend bestimmt: Sie hat seiner Geschichte die Richtung gewiesen.

Der Strom des griechischen Geistes speiste sich aus zwei Flüssen, deren beider Quellen im ägäischen Küstenboden entsprangen, um sich erst auf dem hellenischen Festland zu vereinen: der ägäische Rationalismus und die Orphik, die mit Dionysos aus Thrakien kam (und sich orientalische Vorstellungen einschmolz). – Diese geografische Abgrenzung gilt nicht ohne Einschränkung; denn die Mysterien, zumal auf der höchsten Stufe der Kabiren, hatten mächtige Zentren inselgleich inmitten der ägäischen Ratiowelt, wie Samothrake und Ephesos (in deren Rang sich auf dem Festland nur Eleusis behauptete), während das thrakische Abdera – Stagira benachbart, dem Geburtsort des Aristotoles – der rationalistischen Strömung einen bedeutenden Zufluss lieferte.

Aufklärung und Orphik entfalteten sich als entgegengesetzte Antworten auf die gleiche Not – auf das wachsende Ungenügen am olympischen Götterkosmos. Suchten die ionischen Rationalisten die Lösung in der geistigen Durchdringung und formenden Bewältigung der Welt – die Orphik (die sich auf Orpheus, den Heros der Kitharoden berief) fand sie in der Ablösung von dieser Welt. Sie bezog zwar die alten Götter in ihre Theogonie und Kosmogonie ein, Dionysos, Hades, Demeter, Persephone und viele andere, Zagreus und den kosmogonischen Eros, abstrahiert aber zu Trägern fast unpersönlicher Prinzipien, indessen sie Zeus schon nahezu monotheistisch interpretierte. Doch ihr Schwerpunkt lag in der Erlösungslehre, die von der Unsterblichkeit der persönlichen Seele und von der Ursünde ausging: Immer wieder fällt die Seele ins irdische Dasein, in das »Gefängnis« des Leibes, daraus sie sich nur auf dem Passionsweg der vielstufigen Reinkarnation zu befreien vermag. Zur Läuterung genügt die Weihe allein nicht, sie verlangt vegetarische Diät, Fasten, Askese und vor allem ein sündenloses Leben. Die jenseitige Seligkeit aber, das Wiedereingehen ins Göttliche, steht allen offen, auch den Sklaven, während die Sünder und Nichtgeweihten verdammt sind.

Diese Heils- und Offenbarungslehre hatte sich im 7. und 6. Jahrhundert über Attika ausgebreitet; sie hätte sich wohl des festländischen Hellenentums völlig bemächtigt und es im Orient festgehalten, wäre sie nicht durch das Vorprellen der ägäischen Aufklärung im 6. und 5. Jahrhundert eingedämmt und abgebogen worden. Erst dieser Zusammenstoß löste die westliche Wendung Griechenlands aus, seine innere Abwanderung vom Morgenland, erst durch ihn erwachten die Griechen zu sich selber.

Dies Ereignis war nicht zuletzt einer politischen Katastrophe zu danken: der Überwältigung der kleinasiatischen Griechen durch die Persermacht, die den ionischen Geist zur Emigration ins alte Mutterland und nach der Graecia magna, nach Sizilien und Unteritalien, trieb. Dort bestimmte er alsbald das kulturelle Geschehen und wies ihm die Bahn – seine Bahn. Zwar konnte die ägäische Aufklärung die Orphik nur zurückdrängen, nicht verdrängen; beide flossen fortan nebeneinander, bald getrennt, dann wieder sich überschneidend und vermischend (wie in Pythagoras und seiner Schule) – Athen, das Sammelbecken aller griechischen Gewässer, lässt sich als ihre überhöhte Synthese verstehen. Jedenfalls erhielt sich die Orphik als Unterströmung der Jahrhunderte; wiederholt staute sie sich zu gewaltigen Durchbrüchen, im Platonismus, Neuplatonismus und Stoizismus, bis sie schließlich alles überschwemmte und den griechischen Boden für die Aufnahme und Ausbreitung des Christentums bereitete.

Es ist dieser ständige Dialog, der nie endende Agon zwischen Orphik und Aufklärung, zwischen Erlösung und Erfüllung, der das Griechentum ausmacht. Auf eine Faustformel gebracht: Das Hellenische ist die Resultante in einem Parallelogramm der Kräfte, das den ionischen Rationalimus und die thrakische Orphik zu Komponenten hat. Nochmals vereinfacht: Hellas ist das arithmetische Mittel aus Aristoteles und Platon. Lag der Akzent in der Antike auf dem aristotelischen Prinzip, so auf dem platonischen im christlich-orthodoxen Reich von Byzanz.

Das Ionische legt sich nicht als einfarbige Decke auf das Griechische – sie ist aus konträren Farben gewebt. Was da an Einflüssen von der östlichen Ägäis herüberkam, hatte seine Gemeinsamkeit nur in der Unerbittlichkeit des Fragens, in der konsequenten Entschlossenheit, den Weg des aneignenden und bestimmenden Denkens so weit wie nur möglich auszuschreiten – was sie fanden und weitergaben an Antworten und Ergebnissen, an Impulsen und Imperativen, war in sich vielfältig geschieden, bis zum äußersten Widerspruch.

Offenbar steckte das Mutterland während des 6. Jahrhunderts noch so tief in der Provinzialität, dass sich die erste Emigrantenwelle an ihm vorbei nach Süditalien wandte. So der eigenwillige

Pythagoras aus Samos (580–500), der sich in Kroton niederließ und die esoterische Sekte der Pythagoreer begründete. So auch Xenophanes von Kolophon (570–408); in Elea, in der Nachbarschaft von Paestum, errichtete er die erste Philosophenschule, die im Gegensatz zur heraklitischen Lehre des ewigen Werdens dem unvergänglichen Sein die einzige Realität zuschrieb. Von ihm stammt auch das sehr ionische Wort, das ihm – zu Unrecht – den Vorwurf der Gottlosigkeit eintrug (wie allen ionischen Naturphilosophen ging es ihm um die Reinigung der Gottesvorstellung von den anthropomorphen Zutaten): Die Menschen schafften sich die Götter nach ihrem Bilde – die Neger schwarze und stumpfnasige, die Thraker blonde und blauäugige, und wenn die Ochsen Götter hätten, dann in Gestalt von Ochsen. Das gleiche Missverständnis widerfuhr auch dem Anaxagoras von Klazomenai (500–428); er hat als Erster die Philosophie von ihrer kleinasiatischen Heimat nach Athen getragen, wo seine rationale Naturdeutung eine breite und bleibende Bresche in die mythologische Tradition schlug; das haben ihm die Konservativen nie verziehen – der Freund Perikles konnte nicht verhindern, dass ihm nach jahrzehntelangem Wirken (462–432) der Prozess der Asebie, der Gottlosigkeit, gemacht wurde (der Erste seiner Art in einer langen Kette), der ihm die Verbannung nach dem hellespontischen Lampsakos eintrug. Nach Unteritalien, nach Elea, war zunächst auch sein etwas älterer Zeitgenosse Leukippos aus Milet geflüchtet; später begab er sich nach dem aufblühenden Abdera in Thrakien (zwischen 450 und 430), wo er erstmals den Gedanken der Atomistik konzipierte, den der dort gebürtige Demokritos (um 450) zum System entwickelte.

Aus Abdera stammte auch Protagoras (um 481–411), der erste und größte unter den Sophisten, welche die Naturphilosophen ablösten. Diesen war die Vielzahl zum Verhängnis geworden: Sie hatten zahlreiche Lösungsversuche geliefert – nicht »die« absolute

Wahrheit, sodass diese selbst in Frage gestellt erschien. Es lag nahe, die Vielheit ihrer Angebote, in deren Konkurrenz es zu keiner Entscheidung kam, auf die menschliche Verschiedenartigkeit ihrer Urheber zurückzuführen. Zudem bewirkte die politische und wirtschaftliche Schwerpunktverlagerung von der östlichen Ägäis zum Mutterland auch einen Wechsel der Interessen: vom Gedachten zum Denker, von der Natur zum Menschen. Die wachsende Macht Athens bestimmte nun die Thematik des Forschens, und im Mittelpunkt des attischen Wissenwollens stand der Mensch, der Mensch als Bürger im Staat.

Der Konstellationswandel ebnete der Sophistik die Bahn. Sie gipfelte in dem Homo-mensura-Satz des Protagoras: »Der Mensch ist das Maß aller Dinge.« Diese These ist in ihrem Inhalt (der die menschliche Einsicht auf das individuelle Verstandesvermögen begrenzt) weniger angreifbar als in ihren moralischen Folgen, die denn auch nicht auf sich warten ließen: die Relativierung aller Wahrheit und die schrankenlose Subjektivierung der Ethik – Anlass genug für Sokrates und Platon, der Sophistik mit aller philosophischen Leidenschaft den Kampf anzusagen. Dennoch war sie besser als ihr Ruf. Ging es ihr doch in erster Linie um die universale Bildung und die individuelle Entfaltung des »tüchtigen« Bürgers in einer freien Gesellschaft, der seine Interessen mit denen des Staates zur Deckung zu bringen hat. Die Bedeutung der Sophisten lag mehr in der Pädagogik als in der Philosophie; sie zuerst postulierten das Ziel der Allgemeinbildung, die enzyklopädische (»kreisförmige«) Erziehung, mit der sie dem Humanismus für alle Zeiten das Leitbild gaben. Doch können sich auch ihre denkerischen Leistungen durchaus sehen lassen, das gilt vor allem von ihrem schöpferischen Viergestirn – zwei von ihnen kamen aus dem ägäischen Raum: neben Protagoras Prodikos aus Kea; die beiden anderen waren Gorgias aus dem sizilianischen Leontinoi und Hippias aus Elis – sie alle

Zeitgenossen des Sokrates. Ihre Hauptwaffe aber war die Rhetorik, welche die Griechen Siziliens kunstgeschmiedet hatten.

Sie alle, die Philosophen, Dichter und Künstler, strömten in Athen zusammen, dem das 5. Jahrhundert gehörte (und kulturell auch noch etliche Dezennien des 4.). Wie ein Magnet zog es die Talente der hellenischen Randländer an sich, die es auf seiner glanzvollen Blüte erst zur vollen Entfaltung brachten. Athen bot ihnen nicht nur den günstigsten Nährboden; seine unbegrenzte Legierungskraft verschmolz die vielfältigen Elemente zu jenem einheitlichen Kulturgebilde, das der Nachwelt als die »griechische Klassik« überkommen ist. So völlig Athen als Dirigent und Regisseur in der Politik versagte – im Kulturellen glückte ihm die gesamtgriechische Synthese, das Zusammenstimmen der vielen Solisten zu einer orchestralen Ordnung; und es vermochte noch, ihr seinen attischen Stempel aufzudrücken. Das Verbinden und Vollenden war sein Teil. Diese Leistung war es, die Athen zur Hauptstadt Griechenlands erhob. – Das Kapitel des Anfangs aber wäre zu überschreiben: Griechenlands Geburt aus der Ägäis. Ist die Ägäis eine griechische See, so Hellas ein ägäisches Land. Denn dort, auf den Inseln und an den Küsten der Ägäis, wuchsen die Früchte, die Athen erntete und so lange in seine Scheuern einfuhr, bis es sich – ein Meisterstück der Unfähigkeit – durch seine Politik um seine kulturelle Vormachtstellung brachte. Athen lebte von der Ägäis, an ihr wurde es groß – und an ihr hat es sich verblutet, in einem Akt des politischen Selbstmordes.

Das Pendel schlägt zurück

Die »Ägäisierung« Griechenlands, die der Gräzisierung der Ägäis folgte, geschah – wie wir sahen – durch den Exodus des ionischen Geistes nach Westen. Denn nach der östlichen Expansion des Hellenentums schlug das Pendel wieder zurück: Seit dem 6. Jahrhundert gerieten die kleinasiatischen Griechen unter den zunehmenden Druck der orientalischen Mächte. Zunächst suchte sich Lydien auf die Küste auszudehnen; die kleinen Griechenstädte kapitulierten, die großen wehrten sich vergeblich, bis auf Milet, das unter dem tatkräftigen Tyrannen Thrasybulos den Angriff in ein Bündnis umbiegen konnte. Außer ihm behaupteten sich nur noch die Inseln in der Freiheit, da die Lydier über keine Flotte geboten. Doch die lydische Herrschaft des Königs Kroisos (560 bis 546) war den Griechen gewogen; die Tribute vergalt er ihnen reichlich mit Tempelstiftungen; auch öffnete er sein Land wieder ihrem Handel.

Das lydische Zwischenspiel wurde schon bald von der gewaltigeren Persermacht unter Kyros II. (559–529) abgelöst; obwohl auch ihre Herrscher die hellenische Kultur respektierten, lag ihre Hand doch schwer auf den ägäischen Griechen. Die Perser vereinigten sie mit den Karern und Lykiern zu einer ihrer 20 Provinzen, zur Satrapie (»Landpflegerschaft«) von Sardes. Auch griffen sie nach den Inseln über, auch nach der mächtigsten, nach Samos, nachdem der persische Satrap Oroites den Tyrannen Polykrates, dessen Flotte die östliche Ägäis beherrscht hatte, von seines Daches Zinnen hinweg in eine Falle gelockt und ermordet hatte.

Die Perser forderten zum Tribut auch die Heeresfolge. Zudem fügten sie dem Außenhandel der Griechen schwere Einbußen zu: Das ägyptische Naukratis ging ihnen verloren, und der Feldzug des Darius II. nach Thrakien (513) beraubte sie ihrer wichtigen Stützpunkte am Hellespont. Am meisten aber verübelten sie es den Persern, dass diese allerorten die Tyrannis förderten und ihnen damit auch die innere Freiheit nahmen.

So wuchs in allen Griechenstädten der Wille zum Aufstand. Seine Auslösung blieb ausgerechnet einem Kollaborateur vorbehalten, dem Tyrannen Aristagoras von Milet. Seine Stellung bei den Persern war erschüttert, weil er sie zu einer missglückten Expedition nach

Naxos überredet hatte. Um seinem Sturz zuvorzukommen, gab er den Griechen im Jahre 500 das Zeichen zum Kampf, dem bald die ganze Küste Folge leistete. Der Appell an das Mutterland fand jedoch nur geringe Resonanz: Die Kontinentalmacht Sparta, überseeischen Unternehmungen abgeneigt und durch die Feindseligkeit von Argos gebunden, erteilte eine glatte Absage. Die Ereträer von Euböa sandten 5 Schiffe, und die Athener 20 (doch nur, bis die Demokratie wieder einmal von der Tyrannis abgelöst wurde, die sich gegenüber den Persern der Neutralität befleißigte). Ihre Hilfe war ein Tropfen auf den heißen Stein, doch fatal genug, da er die Perser zu ihrer ersten Strafexpedition nach Griechenland provozierte.

Dennoch ließ sich der Aufstand gut an, da die Perser nicht gerüstet waren. 499 erobern die Griechen Sardes und äschern es ein; darauf schließen sich ihnen Karien, Lykien und Zypern an. Auch zur See sind sie zunächst erfolgreich; sie besiegen die phönikische Hilfsflotte der Perser beim zyprischen Salamis. Inzwischen sind aber die persischen Vorbereitungen zum Gegenschlag gediehen. Nachdem sie Zypern zurückerobert haben, richten sie ihre ganzen Kräfte gegen die Griechenstädte, deren Kampfmoral nach der Niederlage ihrer Flotte bei Lade (495) zerbricht. Eine nach der anderen fällt – als letzte das stolze Milet (494): Die Perser machen die Stadt und den ihr zugehörigen Apollontempel von Didyma dem Erdboden gleich, sie deportieren ihre Bevölkerung an die Tigrismündung, während ihr Geist nach Athen und Unteritalien emigriert. Ein Jahr darauf erlischt der letzte Widerstand. Die Perser aber, einmal im Marschieren, stoßen weiter nach Norden vor. 492 nimmt Mardonios Thrakien und Thasos, dann züchtigt er die Bryger – auf der Rückfahrt scheitert jedoch seine Flotte beim Athos. Ihr Verlust steigert nur noch die persische Entschlossenheit, ein Strafgericht über Athen und Eretria abzuhalten.

In Athen hatte der Untergang Milets abermals einen Umschwung ausgelöst, nun zugunsten der Demokratie. Ihr Führer Themistokles, nach Thukydides »der Erste, der es wagte, den Athenern zu sagen, dass sie sich ans Meer halten müssten«, baut den Piräus als Festung und Flottenstützpunkt aus. Doch die Vollendung seiner Pläne durchkreuzt der junge Miltiades; 493 war er, auf der Flucht vor den Persern, von seinen Gütern am Chersones nach Athen heimgekehrt, reich beladen mit Schätzen; sie überzeugten das Volk von Athen, sein Heil in der Landrüstung zu suchen.

Diese Rechnung ging schon 490 auf, als die Perser ihre erste Expedition unter Artaphernes nach Griechenland unternahmen. In Kilikien schiffte sich das Heer ein, steuerte Rhodos an, eroberte Naxos, um über Delos (wo Artaphernes Apollon huldigte) nach Euböa zu fahren; dort fanden sich Verräter, die den Persern die Hand zum Fall des befestigten Eretria liehen. Die Erfüllung des zweiten Strafauftrags aber, die Züchtigung Athens, scheiterte in der Schlacht von Marathon, wo 10000 Athener und Platäer unter Miltiades die 15000 Perser besiegten. Den Geschlagenen blieb nur noch die Flucht auf den Schiffen.

Diese Niederlage konnte Xerxes nicht hinnehmen. Statt der Bestrafung Athens setzt er sich nun die Eroberung Griechenlands zum Ziel. Er bereitet sie gründlich vor: Er lässt den Hellespont überbrücken und den Athos durchstoßen (um seiner Flotte die Umfahrung der stürmischen Küste zu ersparen). Sein Feldzugsplan legte es auf eine kombinierte Land- und Seeoperation an: Von der thrakomakedonischen Basis aus soll das Heer, von der Flotte flankiert, in Griechenland einfallen. Im Frühjahr 480 ist es soweit: Von Sardes aus begibt sich Xerxes mit 100.000 Soldaten (so Äschylos zu glauben ist) auf den Marsch, begleitet von rund 1000 Schiffen.

War die erste Abwehr die Sache Athens gewesen, diesmal sieht sich das Land einer gesamtgriechischen Prüfung konfrontiert, vor der seine chronische Zwietracht verstummt. Nicht ohne Ausnahme. Das delphische Orakel, mit dem persischen Königshaus auf gutem Fuß, ergeht sich in dunklen Vorhersagen, die Argos und Kreta in die Neutralität ausscheren lassen; Larissa hält es sogar mit dem Feind.

In Athen war inzwischen Themistokles wieder zum Zuge gekommen, nachdem Miltiades, eben noch stürmisch gefeiert, wegen eines misslungen Paros-Unternehmens verurteilt und kurz darauf (489) gestorben war. 481 hatte Themistokles 180 Schiffe bereit, vom neuen Typus der Triere, die sich so schlagkräftig erweisen sollte. Gleichzeitig kommt endlich der Hellenische Bund zustande, der außer Athen und Sparta (samt seinen peloponnesischen Bundesgenossen) die meisten Mittel- und Inselgriechen umfasste. Der Oberbefehl wurde zu Lande den Spartanern anvertraut. Die strategische Konzeption aber ließ den Kopf des Themistokles erkennen: Der Landkrieg wurde auf die Verteidigung abgestellt, während die Entscheidung zur See gesucht werden sollte.

Nach diesem Plan verlief der Krieg. Nach dem Fall des Thermopylenpasses und der Seeschlacht von Artemision (vor der NO-Ecke Euböas), wo widriges Wetter einen griechischen Sieg vereitelte, konnten die Perser das östliche Mittelgriechenland bis zum korinthischen Isthmos besetzen, einschließlich Attika. Die Frauen und Kinder Athens wurden nach Salamis, Ägina und Troizen evakuiert, während sich die Flotte im Sund von Salamis zur Schlacht aufstellte. Es bedurfte dann noch einer List des Themistokles, um Xerxes zum Kampf zu bewegen. Dieser sollte ihn teuer bezahlen: mit dem fast völligen Verlust seiner Flotte (480); die Reste flüchteten nach Kleinasien. Damit war die Entscheidung gefallen, selbst wenn es noch ein Jahr dauerte, bis die Niederlage des persischen Landheeres unter Mardonios bei Platää sie besiegelte. – Der erste Ansturm des Ostens auf Europa war abgeschlagen.

Dieser Sieg entband die Energien Athens zur vollen Entfaltung seiner Kultur, die im perikleischen Zeitalter zu ihrer schönsten Blüte aufbrach und die Stadt zum Mittelpunkt Griechenlands erhob. Er ist dennoch gefolgt von einer Geschichte der großen Versäumnisse. Ungenutzt blieb die einmalige Gelegenheit, durch eine Gegenoffensive auch das kleinasiatische Griechentum von den Persern zu befreien. Wohl erkannte Themistokles die Gunst der Stunde und wollte sie ausschöpfen – die Spartaner waren anderen Sinnes.

Zwar folgte der Spartanerkönig Leotychides dem Feind nach Samos und zerstörte bei der gegenüberliegenden Halbinsel Mykale die an Land gezogene Restflotte der Perser (479). Doch als nun die kleinasiatischen Griechen den Befreiungskampf aufnahmen und das Mutterland um Waffenhilfe angingen, versagte sich Sparta; stattdessen mutete es ihnen die Rückkehr in die alte Heimat zu! Die letzten Sympathien verscherzten sich die herrisch auftretenden Spartaner, als Pausanias, 478 Befehlshaber der Bundesflotte, mit der Eroberung von Zypern und Byzanz auch noch in ihre alten Interessensphären einbrach.

Athen aber, seit Themistokles seeorientiert, machte sich die Sache der Ionier zu eigen – wie sich bald zeigte, nicht nur aus gesamthellenischer Verantwortung. Unter seiner Hegemonie verbanden sich im Jahre 477 die meisten Inseln und Küstenstädte zum Attisch-Delischen Seebund, unter Wahrung ihrer Autonomie. Diese Offensivallianz galt der Befreiung der ostägäischen Griechen von den Persern; sie wählte das Apollonheiligtum von Delos, Mittelpunkt schon der alten ionischen Amphiktionie, zum Sitz der Bundesorgane. Die Mitglieder waren zur Zahlung von Beiträgen und zur Stellung von Schiffen verpflichtet, von der sie sich freikaufen konnten (was viele aus Bequemlichkeit vorzogen). Der Anfang war verheißungsvoll:

Der Sieg der Bundesflotte über die neue persische Flotte vor der pamphylischen Küste (Mitte der sechziger Jahre) bewog die Lyder und Karer, sich dem griechischen Aufstand anzuschließen.

Athens Seebund musste das Misstrauen Spartas wecken, bis dahin die anerkannte Vormacht im gesamthellenischen Bund. So ermunterte es Thasos zum Abfall von der neuen Seekoalition (465), ohne ihm jedoch die versprochene Hilfe zu leisten. Und als den Spartanern ein Athener Heer gegen die rebellierenden Heloten Messeniens zu Hilfe kam, schickten sie es nach Hause. Solche Schmach verärgerte Athen so sehr, dass es 461 aus dem Hellenenbund austrat und sich mit den alten Gegnern Spartas verband, mit Argos, Megara und Thessalien. Diese Umgruppierung verhärtete den innergriechischen Dualismus, der schließlich zum Peloponnesischen Krieg, zur Selbstzerfleischung des Hellenentums führte. An der Ägäis wurde Griechenland groß – an der Ägäis ging es zugrunde.

Die Athener, leicht verführbar von ihrem Selbstbewusstsein, ließen sich auf einen Zweifrontenkrieg gegen die Perser und Spartaner ein, dessen lange Dauer ihre Kräfte überforderte. Zunächst konnten sie durch schnelle Erfolge Stützpunkte auf dem Peloponnes und die Suprematie über Mittelgriechenland gewinnen; dann stellten sich Rückschläge ein, und schließlich wurde Perikles durch die schwere Niederlage von Koronea 446 zum Frieden mit Sparta genötigt, der ihn sämtliche Eroberungen – außer Naupaktos und Ägina – kostete. Aber auch die Lakedämonier hatten einen teuren Preis für den Friedensvertrag zu zahlen: Sie sprachen mit ihm die Anerkennung des Attisch-Delischen Seebundes, und das hieß des griechischen Dualismus, aus (durch die wechselseitige Verpflichtung, der zufolge keiner der beiden Bünde ein Mitglied des anderen aufnehmen durfte). Damit war der Primat Spartas gebrochen und Athen neben ihm zu politischer Ebenbürtigkeit aufgerückt. Auf 30 Jahre befristet, hielt diese Abmachung immerhin 15 Jahre.

Ähnlich verlief der Kampf der Athener gegen die Perser. Obwohl sie nach wechselndem Kriegsglück noch 449 bei Salamis vor Zypern einen großen Seesieg errungen hatten, beendete Perikles doch die Feindseligkeiten, um im Krieg gegen Sparta den Rücken freizubekommen. Der »ewige« Kallias-Friede (449/48) ließ infolge des unentschiedenen Ausgangs manche hellenischen Wünsche offen: Der Perserkönig gab nichts von seinem Territorium preis, noch anerkannte er die griechische Freiheit in Kleinasien; immerhin verpflichtete er sich, auf die Ausübung seiner Hoheitsrechte in Kleinasien zu verzichten, sich mit dem Landheer der Küste nur auf drei Tagesmärsche zu nähern und sich mit seiner Flotte nicht westlich der Kyanneen (vor dem Bosporus) und der Chelidonischen Insel (vor Lykien) zu bewegen.

Der große Perikles! Zweifellos verdankte ihm Athen in den folgenden Jahren ein »Wirtschaftswunder« ohnegleichen und seine höchste kulturelle Entfaltung. War er aber auch der weise Staatsmann, als den ihn die Nachwelt ohne Gegenstimme feiert? Sein verfrühter Tod (429), kurz nach Ausbruch des zweiten und entscheidenden Peloponnesischen Krieges, erlaubt keine eindeutige Antwort. Ein nachdrücklicher Zweifel lässt sich dennoch nicht unterdrücken. Sein missglücktes Vorhaben, den Attisch-Delischen Bund in einer Athener Reich umzuwandeln, war schlechte Politik: Er trieb die Bundesgenossen, die auf ihrer Eigenständigkeit bestanden, in die Arme des Gegners, und er beraubte damit Athen der Hilfskräfte, deren es zu seiner Selbstbehauptung im 27-jährigen Krieg gegen Sparta, dem so genannten Peloponnesischen Krieg (431–404), bedurft hätte.

Es fing schon 454 an, mit der Verlegung der Bundeskasse nach Athen – unter dem Vorwand, sie sei in Delos nicht mehr sicher (nachdem die Flotte von den Persern bei Memphis geschlagen war). Der Wechsel von Apollon zu Athena war mehr als ein symbolischer

Akt: Er entzog den Mitgliedern die Kontrolle über das gemeinsame Vermögen und stellte es in die ausschließliche Verfügung Athens. So wurden die ägäischen Griechen zu unfreiwilligen Mitfinanziers der Akropolisbauten (unter anderen).

Doch erst nach dem Kallias-Frieden legte Athen die Karten offen auf den Tisch. Bereits 448 nahm es den Verbündeten das Recht der Silberprägung und verpflichtete sie auf Münze, Maße und Gewichte Attikas – an sich eine vernünftige Maßnahme, wenn sie sich nicht des Diktates bedient hätte. Noch weniger war mit der Bundesmythologie der den Mitgliedern auferlegte Stapel- und Lieferzwang zu begründen. Auch sorgte nun Athen dafür, dass sich der wiederauflebende Orienthandel, vor den Perserkriegen ein Monopol der ostägäischen Griechen, im Piräus konzentrierte. Zudem machte Athen durch die Beherrschung der Hellespontstraße die Bundesgenossen völlig von sich abhängig: Seit dem Peloponnesischen Krieg nutzte es sie zur Verteilung der lebensnotwendigen Getreideeinfuhren aus Südrussland – der Widerspenstige riskierte die Drosselung seiner Zufuhr.

Mit der wirtschaftlichen Tyrannis im Bund begnügte sich Athen nicht: Die Bürger der Bundesstaaten mussten mit ihren Prozessen vor das Athener Geschworenengericht gehen, dem mit dem Schuldspruch auch das Strafurteil zustand, ohne Revisionsmöglichkeit. Und diese Geschworenen waren in den Augen der ägäischen Aristokraten Volk gleich Plebs! Selbst noch in die Innenpolitik der Mitglieder mischte sich Athen ein und zwang ihnen, zumal den schwächeren, seine Gesetze und seine Verfassung auf; nur die größeren Inseln, wie Lesbos, Samos und Chios, die eigene Flotten unterhielten, vermochten sich mehr schlecht als recht in der Unabhängigkeit zu behaupten.

Nicht zu Unrecht berief sich Athen auf seine Gegenleistungen: Es schützte den Handel und die Freiheit des Meeres. Aber dieser Anspruch verfing nicht mehr recht, seit der Bund mit dem Kallias-Frieden seinen Kriegszweck erfüllt und sich somit selber erübrigt hatte. Wozu noch länger seine Lasten tragen, wenn auf der Ägäis Ruhe herrschte und der Perser die Freiheit des kleinasiatischen Griechen zumindest de facto respektierte! So wuchsen allerorts die zentrifugalen Tendenzen im Bund, und die anmaßende Unterwerfungspolitik Athens lockerte vollends sein Gefüge und höhlte ihn aus. Dem Abfall von Naxos (467), Thasos (465) und Euböa (446) folgte der von Samos (440) und Lesbos (428), wofür sie alle die harte Hand Athens züchtigte. Kein Wunder, wenn die Parole »Freiheit für alle Hellenen! Freiheit von Athen!«, mit der Sparta in den Peloponnesischen Krieg zog, fast überall offene Ohren fand und der Bund nach dem katastrophalen Abenteuer des Alkibiades in Sizilien (413) völlig auseinander brach.

Sparta konnte sich mit einiger Glaubwürdigkeit zum Anwalt der Freiheitsparole aufwerfen. Sein Peloponnesischer Bund hortete keinen Bundesschatz, die Mitglieder zahlten keine Bundessteuer und ihre Autonomie blieb unangetastet. Sparta praktizierte zunächst die Hegemonie als Primus inter pares und missbrauchte seine Verbündeten nicht als Ausbeutungsobjekte. So konnte der Peloponnesische Bund seine finanzielle Unterlegenheit (die schließlich der Perserkönig auch noch korrigierte) durch seine innere Festigkeit mehr als ausgleichen.

Andererseits konnten die ägäischen Griechen dem Paktieren Spartas mit dem Perserkönig, der nur darauf lauerte, sie wieder unter seine Botmäßigkeit zu bringen, keine Sympathien abgewinnen. Unvergessen war auch die frühere Gleichgültigkeit der Lakedämonier vor ihrem Schicksal. Vor allem aber standen sie nach Abstammung und Mentalität den ionischen Athenern ungleich näher. Und es ging ja im griechischen Dualismus nicht nur um Macht, um die politische Vorherrschaft – in ihm stritten sich zwei unvereinbare

Lebensauffassungen, zwei divergierende Willensrichtungen. Soziologisch hieß dieser Gegensatz, zulässig vereinfacht: See contra Land, Städter gegen Bauern, Ionier gegen Dorer. Vor dieser Alternative konnten die ägäischen Griechen nur schwerlich für Sparta operieren. Da sie aber auch die Chance, die Athener loszuwerden, nicht ungenutzt lassen wollten, steuerten sie einen Mittelkurs: Sie praktizierten ihre Bündnispflichten mit einer schon fast an Neutralität grenzenden Nachlässigkeit, bis ihnen das sinkende Schiff Athens das risikolose Ausscheren erlaubte. Samos allein hielt sein Wort (von seinem Seitensprung 440 abgesehen), wofür seinen Bewohnern Athen, viel zu spät, das Bürgerrecht verlieh.

Jede der beiden Mächte legte ihre Strategie darauf an, den Gegner auf dem Feld der eigenen Stärke zu treffen. Sparta suchte die Entscheidung in der Landschlacht, die Perikles meiden musste; stattdessen wollte er den Vorteil seiner überlegenen Flotte, den Vorteil der Schnelligkeit und Schlagfertigkeit, zu Handstreichen auf die feindlichen Küsten nutzen, um die Kräfte Spartas zu zersplittern und allmählich zu verschleißen.

Beide Konzeptionen schalteten die Ägäis als Kampfzone zunächst aus. Doch dabei blieb es nicht. Die Strategie des Perikles überlebte seinen Tod nicht – schon im zweiten Kriegsjahr (429) fiel er der Pest zum Opfer, samt seinen Söhnen und einem Drittel der Athener Bevölkerung. Der chauvinistische Ehrgeiz seines Nachfolgers Kleon, der Athen sein Maß vergessen ließ, verfiel dann der Verführung der spektakuläreren Landkriegführung. Sparta seinerseits baute mehr und mehr seine Flotte aus, bis es in die Lage kam, aus der Defensive herauszutreten und offensiv in die attische Einflusszone einzudringen. Je länger der Krieg dauerte, umso mehr häuften sich die Operationen in der Ägäis – sprunghaft nach dem Zusammenbruch des sizilianischen Abenteuers (413); und als sich Athen dann – unter Bruch des Kallias-Friedens – den selbstmörderischen Luxus leistete, durch die Unterstützung des aufsässigen Satrapen Amorges auch noch den Perserkönig Darius II. herauszufordern, wurde die Ägäis zum Hauptschauplatz des Krieges: Hier fiel schließlich die Entscheidung.

In der Endphase ging es vor allem um die Dardanellen. Mehrmals wechselten sie den Besitzer. Die Getreidezufuhr aus dem Schwarzmeergebiet machte ihre Beherrschung zur Existenzfrage Athens. Der Abfall der Stadt Byzanz nach der sizilianischen Katastrophe erleichterte den Spartanern die Festsetzung an den Meerengen. Doch schon 410 durchbrach Athen die Sperre, durch die Seesiege von Kynossema und Kyzikos, und ein Jahr darauf eroberte Alkibiades Byzanz und Chalkedon zurück (womit er sich die Heimkehr erdiente). Das Blatt hatte sich so eindeutig zugunsten der Athener gewendet, dass Sparta – wie schon einmal 425 – den Frieden auf der Basis des alten Status quo anbot. Aber wie damals Kleon, so lehnte jetzt Kleophon ab, und er verspielte damit die letzte Karte Athens.

Denn nun warf Persien (dessen Anspruch auf Kleinasien Sparta anerkannte, Athen aber bestritt) sein Gold in die Waagschale des Peloponnesischen Bundes. Schon im Herbst 408 eilte die spartanische Flotte nach Kleinasien – sie hatte jetzt in Lysander einen Führer, der es an Ehrgeiz und Skrupellosigkeit, an diplomatischer Schlauheit und strategischer Meisterschaft mit Alkibiades aufnahm, an Zähigkeit ihn sogar übertraf. Dieser fuhr ihm mit 100 Trieren nach Notion nach, das den Ausgang von Ephesos sperrt; dorthin hatte sich Lysander mit seinen 90 Trieren zurückgezogen. Seiner Unterlegenheit bewusst, verweigerte er den Athenern die Schlacht. Nach langen Monaten des vergeblichen Wartens verlor Alkibiades schließlich die Geduld; im Frühjahr 407 fuhr er mit einem Teil der Flotte nach Norden ab, den zurückbleibenden Schiffen den Befehl hinterlassend, sich dem Lysander nicht zu stellen. Aber dann kam es doch zum Kampf – die nun überlegenen Spartaner erfochten einen vollen

Sieg. Bald darauf, 406, gelang es ihnen, auch die andere Hälfte der attischen Flotte im Hafen von Mytilene (Lesbos) einzuschließen und zu vernichten.

Noch immer gab sich Athen nicht geschlagen. In einer letzten Anstrengung und unter gewaltigen Opfern stampften seine Bürger eine neue Flotte aus dem Boden. Schon ein Jahr später traf sie mit 150 Trieren auf die 120 Schiffe der Spartaner, bei den Arginusen (im Süden von Lesbos) – und diesmal war das Kriegsglück wieder auf ihrer Seite. Doch der Triumph war kurz. Denn bereits im Herbst 405 übte Lysander bei Aigospotamoi volle Vergeltung, die die Athener 160 ihrer 180 Schiffe kostete. Das war das Ende. Byzanz und Chalkedon öffneten den Lakedämoniern die Tore – und damit war Athen seiner Getreidezufuhr beraubt. In der völligen Erschöpfung seiner Kräfte und Mittel konnte es nicht mehr an den Bau einer neuen Flotte denken, zumal die Spartaner, in schneller Nutzung ihres Seesieges, die Stadt zu Lande und zu Wasser einschlossen. Der Hunger erzwang die bedingungslose Kapitulation.

Der Friede war hart: Athen verlor seinen gesamten Außenbesitz – außer Attika verblieb ihm nur noch Salamis. Die Langen Mauern wurden geschleift, die Flotte auf 12 Schiffe beschränkt. Ferner hatte es sich der Hegemonie Spartas unterzuordnen und ihm Heeresfolge zu leisten. In seiner inneren Ordnung aber blieb es frei – gegen den Willen Korinths und Thebens, die seine totale Zerstörung wünschten; doch Sparta meinte (nach Xenophon), »dass man nicht eine Griechenstadt versklaven dürfe, die einst in größter Not Griechenland viel Gutes getan«. Sie war dennoch tief genug getroffen. Nie wieder stieg sie zu ihrer alten Höhe auf.

Doch dieser Ausgang des jahrzehntelangen Ringens setzte weder dem griechischen Hader ein Ende, noch befähigte er das gleichfalls schwer angeschlagene Sparta, die mühsam erkämpfte Vormachtstellung zu konsolidieren. Als eigentlicher und einziger Gewinner ging aus dem Peloponnesischen Krieg sein nur mittelbarer Teilhaber hervor: die persische Königsmacht. Und die wusste ihren Vorteil zu behaupten. Mit ihrem Gold die eine Seite der Hellenen jeweils gegen die andere ausspielend, hielt sie deren Zwietracht ständig in Fluss, durch eine Schaukelpolitik von oben, die ihr freilich die Griechen selber immer wieder nahe legten. Als die Spartaner, im Bunde mit den kleinasiatischen Ioniern, den persischen Prätendenten Kyros gegen dessen Bruder, König Artaxerxes, (404–359) unterstützten, mobilisierte dieser die antispartanischen Griechen des Festlands; dort freilich erwehrte sich Sparta seiner Gegner, aber die Niederlage, die ihm der Athener Konon an der Spitze der persischen Flotte 394 vor Knidos zufügte, brach endgültig seine Seeherrschaft in den ostägäischen Gewässern. Dieser Sieg und persisches Geld ermöglichten Athen den Wiederaufbau der »Langen Schenkel« und der Piräusmauer; auch konnte es ein neues Bündnis mit Chios, Lesbos und Rhodos eingehen, die rechtzeitig von den Spartanern abgefallen und zu den Persern übergegangen waren.

Kaum aber vermochte Athen ein wenig aufzuatmen, da verstieg es sich wieder zu seinem alten Übermut; es stellte sich auf Seiten Zyperns und Ägyptens, die sich von Susa losgesagt hatten, und provozierte damit die Erneuerung der persisch-spartanischen Allianz. Vor ihrer Übermacht musste sich Athen dem schmählichen »Königsfrieden« des Antialkidas (386) beugen. Dieser Vertrag fügte die Griechenstädte Kleinasiens und die Küsteninseln einschließlich Zypern wieder dem Perserreich ein; immerhin konnte Athen seine alten Besitzungen Skyros, Lemnos und Imbros behaupten. Alle anderen griechischen Städte aber wurden für »frei« erklärt, und der Perserkönig machte sich zum Garanten ihrer Autonomie. Als sein Arm sollte Sparta fungieren, das mit dieser Lösung durchaus auf seine Kosten kam: Sie diente ihm zur Verhinderung von innergriechischen Bündnissen, die seinen Vorrang gefährden könnten.

Doch auch die neue Ordnung hatte nicht Bestand. Schon 377 war die Zeit reif zur Wiedererweckung des Attischen Seebundes – genau einhundert Jahre nach der ersten Gründung. Dieser zweite Bund hatte von den Fehlern seines Vorgängers einiges gelernt. Offiziell galt er der Wahrung des Königsfriedens – nun gegen Sparta! Abermals übernahm Athen die politische und militärische Führung, doch nicht im Sinn der alten Hegemonie: Es konnte weder Besatzungen in die rund 60 Mitgliedsstaaten legen noch Tribute von ihnen erheben, noch Grundbesitz auf ihren Gebieten erwerben. Zusammen (außer Athen) bildeten sie einen Bundesrat, darin jedes Mitglied, ungeachtet seiner Größe, mit einer Stimme vertreten war; diesem Synhedrion oblag vor allem die Beitragsbemessung – über die sonstigen Beschlüsse stand der Athener Volksversammlung das letzte Wort zu. Auch diese Konstruktion des Misstrauens bot keine ausreichende Sicherung gegen den Missbrauch der Hegemonie. Solchen Missbrauch ließ sich denn auch Athen nicht entgehen, sodass Byzanz, Chios, Kos und Rhodos schon 357 vom Bunde abfielen – straflos und endgültig, da Persien ihnen den Rücken steifte. Endgültig verspielt hatte Athen damit die Rolle der Großmacht. Es mochte sich leichter in sein Schicksal fügen, da es zu gleicher Zeit auch mit seinem Konkurrenten zu Ende ging: Der große Epaminondas hatte Sparta auf dessen eigenem Gelände das Rückgrat gebrochen und war dann als Sieger bei Mantineia (362) gefallen – mit seinem Tod war es auch mit Theben vorbei, das schon auf dem sicheren Weg zur Suprematie schien.

Hellenistische Geschichten und römische Geschichte

Dies war der Boden, den das Makedonentum beim Anlauf zu seiner großen Geschichte vorfand: ein zerstückeltes und zerrissenes, ohnmächtiges Griechenland, das seiner gesammelten jungen und unverbrauchten Kraft keinen Widerstand entgegenzusetzen hatte: Die Polis, die Stadt, unterlag dem Staat, dem Reich. Sie unterlag nicht nur der stärkeren Militärgewalt – der Sieg fiel an die überlegene, an die klügere, energischere und zielstrebigere Politik, an das staatsmännische Genie Philipps und Alexanders, denen keine ebenbürtigen Gegenspieler in den Stadtdemokratien gegenüberstanden.

Mit den Makedonen trat das Griechentum in eine neue Expansion seiner Geschichte ein, die das Pendel nun wieder weit nach dem Osten ausschwingen ließ; sie betrieben die Hellenisierung der ägäischen Umwelt nicht punktförmig, wie ihre Vorläufer, sondern flächenhaft; nicht nur ökonomisch und kulturell, sondern auch politisch. Während sich vordem die griechische Kolonisation gleichsam auf die inselhafte Landgewinnung in den fremden Randterritorien beschränkt hatte, überschwemmte das makedonische Unternehmen die orientalischen Völker in voller Breite und durchtränkte sie bis zu den Wurzeln mit dem hellenischen Geist, der um das ägäische Zentrum ein Reich der griechischen Sprache und Kultur begründete. Es hat nicht nur die vergängliche Staatenkonstruktion Alexanders um viele Jahrhunderte überlebt, es düngte den Boden, aus dem schließlich das Christentum und dann das tausendjährige Reich von Byzanz erwuchsen.

Bevor das Makedonentum zu seiner orientalischen Odyssee (ohne Heimkehr nach Ithaka) auszog, musste es sich der griechischen Basis versichern. Dem stemmte sich nur Athen entgegen, immerhin ein Jahrzehnt lang, bis der Sieg von Chaironeia (338) Philipp II. den Weg zur Suprematie öffnete: Athen musste das Restgebilde seines Seebundes auflösen und den Chersones an den Makedonenkönig abtreten – mit den Dardanellen gewann er die Kontrolle über die Getreideversorgung Griechenlands aus den Schwarzmeergebieten.

Schon ein Jahr später (337) konnte Philipp sämtliche Griechenstaaten im Korinthischen Bund zusammenschließen: Der Vertrag machte ihn zum Garanten des gemeingriechischen Friedens, der allen Mitgliedern die innere Autonomie zusicherte; auch verbürgte er die Freiheit des Meeres. Die Entscheidungsbefugnis ging an den Bundesrat, darin die Stimmengewichte der einzelnen Teilhaber gemäß ihren militärischen Beiträgen abgestuft waren. Die militärische und außenpolitische Exekutive aber behielt sich Philipp vor. Schließlich gab er dem Bund die einigende Idee und seiner Führung die moralische Weihe, indem er – an die Perserkriege anknüpfend – den panhellenischen Kreuzzug zur Befreiung der kleinasiatischen Griechen proklamierte.

Anders als in Griechenland stießen die Makedonen in Persien auf ein geschlossenes Reich; der energische Artaxerxes hatte es mit Hilfe griechischer Söldner in seiner alten Größe wiederhergestellt. In dem Rhodier Momnon gebot er zudem über einen Soldaten, der es allein unter den Gegnern Alexanders mit dessen Feldherrngabe aufnahm – er hatte den Übergang der makedonischen Vorhut über die Meerengen abgewehrt und dann Chios zurückerobert. Durch zyprische und phönikische Einheiten verstärkt, besaß Artaxerxes mit 400 Schiffen die eindeutige Seeüberlegenheit über die 160 Schiffe Alexanders; er plante, sie zu einem Gegenschlag auf die griechische Festlandbasis der Makedonen zu nutzen. Nachdem aber Memnon während der Belagerung Mytilenes (Lesbos) verschieden war, ließ Darius III., der Nachfolger des inzwischen verstorbenen Artaxerxes, vom Hellas-Plan ab und entschied sich für die Landkriegführung (und noch schlimmer: unter seinem Oberbefehl).

Indessen hatte Alexander – sein Vater Philipp war 336 ermordet worden – durch den Reitersieg am Granikos (334) das Tor nach Kleinasien aufgestoßen und den Persern die Griechenstädte entrissen, denen er die innere Autonomie und die alte demokratische Verfassung zurückgab. Damit hatte er seinen panhellenischen Auftrag erfüllt – das Ziel des Hellenenbundes war in vollem Umfang erreicht! Dass Alexander die Befreiten nicht diesem, sondern seinem asiatischen Reich einfügte, stand auf einem anderen Blatte. – Nach dem Sieg bei Issos (333) schlugen sich auch die zyprischen und phönikischen Flotten auf seine Seite. Darauf »befreit« er Ägypten und gründet Alexandria als griechische Handelsstadt. Schließlich bricht er die letzte Persermacht bei Gaugamela (331).

Griechenland ist dem Sieger über den Orient längst entrückt. Nach der Entlassung der hellenischen Bundessoldaten (330) zieht er, besessen vom Gottkönigtum und der Weltherrschaft, mit seinen Makedonen, den griechischen Söldnern und persischen Truppen nach Osten weiter, bis ihm der Indus die Grenze setzt. Sechs Jahre dauert das Abenteuer. Nach Babylonien zurückgekehrt, erliegt der Erschöpfte, kaum 33-jährig, einem tödlichen Fieber (am 13. Juni 23). – Auf dem Totenbett soll er (nach Arrian) auf die Frage, wem er das Reich hinterlasse, geantwortet haben: »Dem Tüchtigsten!« Und er habe hinzugefügt, er sehe ein gewaltiges Leichenkampfspiel voraus.

Der letzte Blick trog ihn nicht. Zwar blieb Asien ruhig. Die Athener aber schlugen los. Doch sie hatten die Stunde verkannt: Der Makedonier Antipater vernichtete ihre neue Flotte bei der Insel Amorgos und schlug auch ihr Heer bei Krannon (322). Die Niederlage kostete sie Samos. Und dem ewig aufrührerischen Demosthenes blieb nur die Flucht nach der Insel Poros, wo er, von den Häschern eingekreist, seinem vergeblichen Leben selber das Ende setzte.

Sein Ende stand für das Ende der Polis – von einigen Ausnahmen abgesehen: Die Zeit des Stadtstaates war vorbei. Die Zeit des Reiches aber, auch dies wurde nach Alexanders Tod offenbar, war der Zukunft, war Rom vorbehalten. Die Zeit gehörte den Territorialstaaten der Diadochen, der alten Feldherren Alexanders, die sich sein Erbe teilten.

Die Teilung setzte nicht den Frieden. Die drei Nachfolgestaaten – die Seleukiden (Syrien, Babylonien, Persien), die Ptolemaier (Ägypten) und die Antigoniden (Makedonien) – machten einander in immer wechselnden Koalitionen die Grenze ständig streitig. In den Wirren dieses 3. Jahrhunderts gab es doch auch einige Konstanten. Die Erbreiche ließen nicht von dem Versuch ab, sich die Hellenen wechselseitig abspenstig zu machen, indem sie unentwegt den Köder der Freiheit nach ihnen auswarfen – so abgenutzt er war, er verfing doch stets von neuem. So suchte sich Antigonos die Gefolgschaft der Kykladen durch einen Inselbund zu sichern. Im Gegenzug mobilisierte Ptolemaios die kleinasiatischen Ionier. Antigonos wartete nicht mit der Antwort: 306 vernichtete sein Sohn Demetrios die ägyptische Flotte vor dem zyprischen Salamis (das schon so viele Seeschlachten gesehen hatte). Kein Glück aber hatte Demetrioso- mit der Belagerung von Rhodos, gegen dessen Mauern er zwei Jahre vergeblich anrannte, bis ihn die Bedrängnis im Stammland 304 nach Griechenland zurückrief.

Rhodos wurde nun auf lange Zeit zu einem ruhenden Pol in der hellenischen Unrast. Das tapfere Ausharren gegen Demetrios trug ihm die Unabhängigkeit ein. Die herrschende Oligarchie der Großkaufleute, die sich auch auf die Geschäfte der Politik verstanden, brachte die günstige Mittlerlage der Insel zwischen Orient und Okzident zur vollen Geltung. Erst sie haben dem Seerecht das Fundament gelegt, darauf dann die Römer (durch die Übernahme der Lex Rhodia de iactu, des Havarierechtes) weiterbauten. So entfaltete sich Rhodos, im Schutz einer tüchtigen Kriegsflotte und in politischer Anlehnung an das aufsteigende Rom, zu einer Handelsmacht erster Ordnung und zur Vormacht der ägäischen Inselwelt; zu einer Heimstätte auch der hellenischen Kultur mit weltweiter Ausstrahlung, indessen sich die griechischen Kräfte ringsum in der Zwietracht verzehrten und das Mutterland, auch Athen, in sterile Provinzialität absank. – Eine vergleichbare Entwicklung schlug noch Pergamon ein, das in glanzvoller Weise jenes Sprichwort widerlegte, demzufolge unrecht Gut nicht gedeihe. Denn es verdankte seinen Aufstieg einem ansehnlichen Teil des Kronschatzes Alexanders, dessen sich sein Wächter Philhairetos, der Sohn des Attalos, bemächtigt hatte. Auf dieser goldenen Unterlage begründete er 283 den pergamenischen Stadtstaat. Die Größe Pergamons beruhte aber mehr noch auf der militärischen Tüchtigkeit der Attaliden, die im siegreichen Kampf gegen die Galater (Kelten) in Kleinasien erstarkten und schließlich 229 die seleukidische Oberhoheit abwarfen; und wie die Rhodier, so sicherten auch sie ihre Unabhängigkeit gegen die begehrlichen, mächtigeren Diadochenreiche durch die Anlehnung an Rom. Doch seinen Namen dankte Pergamon der Blüte seiner Künste und Wissenschaften, die es – neben Alexandria und Rhodos – zu einem der kulturellen Zentren des Hellenismus machten; sein Reichtum gestattete ihm, durch großzügige Stiftungen der Armseligkeit des verfallenden Athen ein wenig Glanz aufzuschminken.

Den beständigsten Einfluss über die Ägäis übte im 3. Jahrhundert Ägypten aus, besonders unter dem fähigen Ptolemaios II. Philadelphos (285–246), dem Protektor des Inselbundes. Die Ausdehnung seiner Macht nach Griechenland, mit Hilfe Athens und Spartas, misslang ihm freilich im Chremonideischen Krieg (267–261), der ihn vorübergehend, durch die Seeniederlage bei Ikos, auch das Inselprotektorat kostete. Nach seinem Tode ging es Ägypten endgültig verloren, da dessen Herrschergeschlecht rasch verfiel.

Der Abstieg der Ptolemaier führte die beiden anderen Diadochen in der Absicht zusammen, sich in den Außenbesitz Ägyptens zu teilen: Der Seleukide Antiochos III. beanspruchte Kölesyrien und Phönikien, während Philipp V. von Makedonien seine Hand nach Kleinasien ausstreckte. Philipp plünderte 202 die Ägäis und das pergamenische Gebiet, und als er dann noch die rhodische Flotte bei Lade und Chios schlug, wandten sich die Bedrohten – Rhodos, Pergamon, Byzanz – um Hilfe an Rom. So entbrannte der 2. Makedonische Krieg (200–197), in dem sich auch der Ätolische und der Achäische Bund auf die Seite des römischen »Verteidigers der griechischen Freiheit« stellten. Den Koalitionstruppen unter Führung von T. Quinctius Flaminius erlagen die Makedonen bei Kynoskephalai; der Friede nahm ihnen allen Außenbesitz und stellte – wieder einmal – die Unabhängigkeit der griechischen Städte her, die Rom fortan verbürgte. So rückte Rom an Stelle Makedoniens zum Protektor Griechenlands auf.

Doch weder die Ätoler noch Antiochos der Große von Syrien fanden sich mit der römischen Vormacht ab. Vor allem ging es dem Seleukiden um das kleinasiatische Erbe Makedoniens, einschließlich der Dardanellenstädte; als er dann noch den flüchtigen Hannibal an seinem Hofe aufnahm, war der Syrische Krieg (192–188) unvermeidlich, in dem alle Griechen – außer den Ätolen – zu Rom hielten: der Achäische Bund, die Makedonen sogar, Pergamon und Rhodos. Die Allianz siegte zu Lande bei den Thermopylen, zur See bei Chios, bei Mynnesus (vor Ephesos) und Side, wo die Rhodier Hannibal schlugen – die Entscheidung fiel in der Schlacht von Magnesia am Sipylos, in der Nähe von Smyrna.

Nach Ägypten und Makedonien tritt nun auch das dritte, das seleukidische Diadochenreich von der ägäischen Bühne ab: durch den Frieden von Apamea (188), der ihm die Flotte, der ihm Kleinasien nimmt – vom Mäander an nordwärts fällt es an Pergamon (188–133), südwärts mit Karien und Lykien an Rhodos (188–167).

Noch einmal rennen die Makedonen gegen das römische Schicksal an, doch ehe König Perseus gerüstet ist, schlagen die Römer auf Betreiben Pergamons zum 3. Makedonischen Krieg los (171–168). Die Entscheidungsschlacht bei Pydna sichert ihnen endgültig das mediterrane Imperium; Perseus flieht in das Kabirenheiligtum von Samothrake, sein Reich wird in vier Teile auseinander gerissen; die Achäer müssen 1000 Geiseln (darunter der spätere Geschichtsschreiber Polybios) stellen. Schwer wird auch Rhodos gestraft, das gewagt hatte, zugunsten der Makedonen ein gutes Wort einzulegen: Es verliert nicht nur seinen kleinasiatischen Besitz, sondern büßt auch durch die Erhebung von Delos zum Freihafen seine traditionelle Stellung als Handelsvormacht des östlichen Mittelmeeres ein; 166 wird Delos Athen zugeschlagen.

Bis dahin hatten sich die Römer mit der indirekten Beherrschung des hellenischen Raumes begnügt; in der Rolle des Schiedsrichters spielten sie die sich unablässig bekriegenden griechischen Parteien gegeneinander aus. Eine abermalige Rebellion der Makedonen unter dem falschen Prätendenten Andriskos liefert ihnen den Vorwand, diesen ständigen Unruheherd in ihre unmittelbare Herrschaft zu überführen, durch die Errichtung der Provinz Macedonia (148) – Anstoß für die Festlandsgriechen zum letzten Aufstandsversuch. Doch er kommt zu spät: Die Niederlage bei Leukopetra (am Isthmos) im Jahre 146 besiegelt ihre Unterwerfung. Der Sieger kennt keine Gnade: Er macht Korinth dem Erdboden gleich, verkauft seine Bürger in die Sklaverei und unterstellt die griechischen Lande dem römischen Provinzgouverneur von Makedonien (erst im Jahre 27 erhob sie Augustus zur selbstständigen Provinz Achaia), dem sie Tribut schulden – ihre Freiheiten werden auf den kommunalen Rahmen eingeschnürt. Nur Athen, Sparta und Thessalien, die sich dem Aufstand fern gehalten hatten, bewahren als »Bundesstaaten« einen freieren Status.

Wenige Jahrzehnte später erlitten die hellenistischen Restreiche das gleiche Schicksal. Pergamon fiel 133 durch Erbschaft an Rom. Erst durch die Intervention einer asiatischen Macht, durch Mithradates VI. vom Pontos, flackert der Freiheitswille der Ionier noch einmal auf: In der »Vesper von Ephesos« (88) werden in Kleinasien 80.000 Italiker über Nacht von den aufgebrachten Griechen niedergemetzelt. Zur See betreiben sie die Erhebung in Piratenmanier – Delos konnte sich von ihren Plünderungen (erst 88, dann 69) nie wieder erholen. Schließlich geht auch Athen zu den Aufständischen über. Auch diesmal vergeblich. 86 muss es nach langer Belagerung Sulla die Tore öffnen, der – wieder einmal – die »Langen Mauern« schleifen lässt. Damit ist die letzte Griechenerhebung niedergeschlagen: Im Frieden von Dardanos (in der Troas) muss Mithradates Kleinasien räumen. Und nach dem Zerfall des Seleukidenreiches (63 v. Chr.) geht der Vordere Orient vollends an die römiche Hand verloren, untergliedert nun in die Provinzen Pontus, Kilikien und Syrien. Die Kyrenaika war schon 96 durch Erbschaft an Rom gefallen; 58 nahm es Zypern. Den Schlussstrich zog Octavian mit der Einverleibung Ägyptens (30).

Doch auch Rom glückte nicht die volle Unterwerfung der Ägäis, sowenig wie den Mächtigen vor ihm. Dies Meer der Freiheit ließ sich zu keiner Zeit vergewaltigen. Wo aber über die See nicht *ein* Herr regiert (und also auch nicht das Recht), da sind die Seeräuber die Herren, denen sie sich mit ihren Inselschwärmen und vielgezackten Bergküsten zu allen Zeiten als paradiesisches Jagdfeld darbot.

Nicht ohne schlechten Grund ist also das Wort »Pirat« griechischen Blutes; ursprünglich hieß der »peiratés« nur der »Abenteurer«, dessen rechtsneutraler Bezeichnung noch nichts Kriminelles anhaftet. Tatsächlich betrieb er denn auch sein recht alltägliches Metier in Nebenbeschäftigung zum Seehandel. Schon dem Minos, dem legendären König Kretas, wird nachgesagt, er habe seine Macht auf den Seeraub begründet; wohlwollende Historiker führen hingegen seine Größe auf die Zurückdrängung der Seeräuberei zurück. Auch Homer wusste in der Odyssee ein Lied von ihnen zu singen. Seit Urzeiten jedenfalls wütete die Piraterie als chronische Seuche in der Ägäis, ja im ganzen Mittelmeer, die vorübergehend wohl einmal eingedämmt wurde – ihre völlige Ausrottung ließ bis zum Jahre 1830 auf sich warten, als ihr im Osten die Griechen durch die Errichtung ihres neuen Staates und im Westen die Franzosen durch die Eroberung Algeriens den letzten Wind aus den Segeln nahmen: Im Zeitalter des Motors hatte sie kein Leben mehr.

Fast alles, was Rang und Namen trug, schrieb sich in die Geschichte der Seeräuberei ein, angefangen von den Karern und Phönikern; später taten sich in ihrem Kielwasser nicht weniger die Akarnanen, Ätoler, Lokrer und Kreter hervor, ganz zu schweigen von Polykrates aus Samos, der seine »glückliche« Laufbahn als Korsar begonnen hatte. Sie begnügten sich keineswegs mit der Kaperei schwimmenden Gutes, sie suchten auch die Küstenplätze in Raubzügen heim, weshalb denn die frühen Siedlungen – Knossos, Tiryns, Argos, Athen – meist nicht am Meer angelegt wurden, sondern etwas seeab in geschützter Ausblickslage; nicht anders auf den Inseln, deren Hafenorte jüngsten Datums sind – sie wurden fast alle erst nach 1830 gegründet. Es galt ja mehr zu schützen als Geld und Gut; denn die Piraten pflegten, aus Gründen des Vergnügens und aus Sorge um den Nachwuchs, die Frauen und Kinder in ihre (meist kleinasiatischen) Schlupflöcher zu verschleppen, während ihnen der Verkauf der männlichen Gefangenen in die Sklaverei den Haupterlös ihrer Arbeit eintrug; später steckten mit ihnen oft die römischen Statthalter unter einer Decke – für sie war solche Hehlerei der kürzeste Weg zum Reichtum. Ein Wunder, dass die Inseln dennoch nicht völlig entvölkert wurden; viele von ihnen waren in der Tat über große Zeitstrecken hin unbewohnt.

Offensichtlich widersprach der Seeraub nicht dem Rechtsempfinden des Altertums noch dem des Mittelalters; zum strafbaren Vergehen machte er sich nur durch die Ausbeutung der eigenen Mitbürger. Frühzeitig regten sich freilich auch die Kräfte, die – nie mit dauerhaftem Erfolg – für die Freiheit und Sicherheit des Meeres eintraten; so vor allem Korinth, Delphi und verschiedene Amphiktyonien (Bündnisse mehrerer Stämme um ein gemeinsames Kultheiligtum). Athen ließ seine Handelsschiffe im Konvoi fahren oder sicherte sie durch wechselseitige Schutz- und Schonverträge mit den potenziellen Piratenmächten. Leidlich gesittet ging es in der Ägäis zur Zeit der diversen Seebünde zu. Auch die Römer rückten den Seeräubern energisch auf den Leib, vor allem den Illyrern, die im östlichen Mittelmeer die Seeräuberei monopolisiert hatten; sie fügten ihnen 229 und 168 schwere Schläge zu. Doch die mithradatischen Kriege verhalfen den illyrischen Korsaren, die sich an den Felsküsten Kilikiens, Pamphyliens und Lykiens eingenistet hatten, zu einer blühenden Renaissance. Bis sie Pompejus, ausgestattet mit diktatorischen Vollmachten, im Jahre 67 ausräucherte; er benötigte dazu 500 Schiffe und 120.000 Soldaten! Und seine Siegesbilanz über die Seeräuber zählte 30.000 Gefangene und 1300 verbrannte Schiffe. Eine ständige Seepolizei sorgte fortan für die Dauerhaftigkeit der Pax Romana; sie behauptete sich immerhin die ersten beiden nachchristlichen Jahrhunderte hindurch. Erst der Verfall der römischen Kaisermacht ließ die Piraten seit dem 3. Jahrhundert wieder zu einträglichen Unehren kommen – bis herauf zum 19. Jahrhundert hielt sich ihr Berufsrisiko in bescheidenen Grenzen.

Die Gräzisierung des Orients

Auch im Chaos der Diadochenzeit, darin die Grenzen nie zur Ruhe kamen, hatte sich die Seeräuberei einer soliden Konjunktur erfreut. Dem politischen Tief aber zum Trotz entfaltete sich der Hellenismus zu einem wirtschaftlichen und kulturellen Hoch erster Ordnung. Und wiederum erwuchs seine Blüte am Stamm des ägäischen

Griechentums; der makedonische Sturm und dann die römischen Winde trugen seinen Samenstaub ringsum in die Weite und breiteten ihn über die Böden von Ost und West, wo er Wurzeln schlug und üppige und beständige Frucht trieb. So weitete sich im Hellenismus die griechische Kultur zur Weltkultur.

Den äußeren Anstoß gab der Alexanderzug. In seinem Kielwasser ließen sich die Griechen zu Hunderttausenden im Orient nieder. Sie gaben ihm über zwanzig Generationen hinweg bestimmende Impulse, in Baktrien, Afghanistan und Nordindien. »Sie kamen als Wanderphilosophen und als Händler zur See, als Künstler und Botschafter, sie gründeten Königreiche und Städte, und die Liste von griechischen Monarchen in Indien und an seinen Grenzen ist ebenso lang wie die Liste der Könige und Königinnen, die über England seit der normannischen Herrschaft regiert haben.«* Von ihrem Einsickern künden Münzen, korinthische Säulenhallen, Gymnasien, Heiligtümer, Statuen und Inschriften. Nicht zuletzt ging auf sie die Bildwerdung Buddhas zurück, in der indo-hellenistischen Gandhara-Kunst des 1. Jahrhunderts n. Chr. (400 Jahre nach Alexander!). Und im Osten erstanden Alexandria, Antiochia, Seleukia, Herat, Kandahar, die zu den Metropolen des Welthandels zwischen West und Ost aufstiegen; bald ließen sie die alten Kapitalen – Athen, Syrakus, Karthago – weit hinter sich. Und zusehends entleerten sich die bisher übervölkerten Stammeslandschaften, vor allem des Mutterlandes, wozu auch die blutigen Römerkriege das ihre beitrugen; was noch den Aderlass verschlimmerte – gerade die Kräftigsten, die Unternehmungsfreudigsten gingen an die neuen Zentren verloren (ein Prozess, der sich zu Zeiten von Byzanz wiederholte). Dort legte sich die herrschende Griechenschicht als Decke über die fremden Völker, die sich von ihr, in späteren Reaktionen, immer wieder zu

* Vgl. George Woodcock, The Greeks in India, London 1966.

befreien suchten – mit ganzem Erfolg erst nach der Hedschra Mohammeds (622 n. Chr.), die den arabischen Orkan entfesselte.

Während sich die früheren Wellen der griechischen Expansion im Kollektivrahmen der Stammesverbände gehalten hatten, war die hellenistische von der individuellen Spontaneität angetrieben. Das hatte Folgen: Sie löste die Auswanderer schneller und gründlicher von der heimatlichen Tradition, sie wirbelte sie an ihren neuen Landeplätzen heftig durcheinander und verschmolz sie zu einer Einheitlichkeit, in der sich die ursprünglichen Lokalkolorite verwischten und verloren. So ging in den hellenistischen Neuländern die alte profilierte Stammesdifferenzierung in die Verschmelzung zum gesamthellenistischen Charakter ein. Wenn er nun auch sämtliche griechischen Elemente in sich aufnahm, so setzten sich doch das Attische und das Ionische als die bestimmenden Dominanten durch, mit derartigem Übergewicht, dass eine großzügige Interpretation im Hellenismus das Kind aus ihrer Ehe erkennt. Und wie es mit den Kindern ist: Sie mischen die elterlichen Erbteile im unterschiedlichen Verhältnis. Während beispielsweise die ionischen Impulse den Intellektualismus des Hellenismus prägten, die Reaktionsweise seiner Nerven, seine wissenschaftliche Initiative, aber auch den Stil seiner Literatur und bildenden Kunst (wovon im Einzelnen schon die Rede war), behauptete sich Athens Einfluss – wohl in der Nachwirkung der beiden Seebünde – in der hellenistischen Rechtsordnung (von der die Römer vieles übernahmen); auch blieb Athen für die griechisch-römische Welt noch lange Zeit die Hauptstadt der Philosophie.

Am reinsten spiegelt sich das griechische Schicksal in der Sprache: in der *koiné*, der »Gemeinsamen«. Vereinheitlichung geht stets auf Kosten der Farbe und Feinheit. Solche Opfer hatte auch die subtile attische Literatursprache zu bringen, mit der sich das einfachere und handlichere Ionische zur Koine, zur gesamthellenischen Umgangssprache, legierte, die schließlich die alten Landschaftsdialekte absorbierte. Der rationale und rationellere Sinn des Ionischen sorgte vor allem für die Abstoßung der ausschweifenden Unregelmäßigkeiten des Attischen in Lautstand, Syntax, Deklination und Konjugation. Das neue Medium war dennoch kein Pidgin-Produkt, sondern ein reiches, biegsames und sensibles Ausdrucks-Instrumentarium, das den hohen Zeitansprüchen der wissenschaftlichen Terminologie und der metaphysischen Spekulation, des subjektiven Individualismus und der komplizierten Staatsmaschinerie nichts schuldig blieb.

Von Alexander als Amtssprache in den Vorderen Orient getragen, ließ sich das Griechische dort als allgemeine Verkehrssprache nieder. Bald erstreckte sich seine Verbindlichkeit auch über die einheimischen Völkerschaften, die unter ihrer Vorherrschaft manchmal sogar die eigene Sprache verloren; so sahen sich die Juden in der Diaspora, in Alexandrai, schon im 3. vorchristlichen Jahrhundert zur Übersetzung ihrer heiligen Bücher – unseres Alten Testaments – ins Griechische genötigt, die dann als »Septuaginta« zum Lehrfundament des Christentums wurde. Aber auch das Neue Testament ist in seinem Urtext – mit Ausnahme des Matthäus-Evangeliums, das jedoch gleichfalls nur in einer griechischen Handschrift erhalten ist – in der Koine niedergeschrieben worden: so die Evangelien des Markus, Lukas und Johannes, die Apostelgeschichte des Lukas, die 21 Apostelbriefe sowie die Offenbarung des Johannes. Zudem war den Aposteln das Griechische die Brücke, darüber sie die mündliche Verkündigung der Christenlehre in die »heidnische« Welt trugen; schon Paulus aus Tarsos, mit dem Griechischen (neben dem Aramäischen) aufgewachsen, las das Alte Testament in der Septuaginta-Fassung, wie er sich auch auf seinen Missionsreisen nach Ephesos, Milet, Ikonium, Philippi (in Makedonien, wo er die erste Christengemeinde auf europäischem Boden gründete), Saloniki,

Athen und Korinth der Koine bediente. Hatte sich der Christengott hebräisch offenbart, sein Wort teilte sich der Welt im Griechischen mit. Erst nach der Verdrängung der Koine durch das Latein beauftragte im 4. Jahrhundert Papst Damasus den heiligen Hieronymus mit der Übertragung der Bibel in die lateinische »Vulgata«; sie musste freilich noch bis zum Trierer Konzil (1545–1563) auf die Anerkennung ihrer Authentizität warten.

Stärker noch als in der Sprache brachte sich das Ionische in der Rede zur Geltung, in der Rhetorik, die weithin auch die spätantike Literatur färbte. Die hellenistische Rhetorik war geprägt vom ionischen »Asianismus« (dem ersten Manierismus in der Kunst). In Opposition zur strengen Gemessenheit und straffen Disziplin des vordem gültigen Attizismus löste er dem Redner die Zunge und ließ seiner subjektiven Willkür freien Lauf: in scharf rhythmisierten »zerhackten Sätzchen« oder im Gepränge des »bombastischen Stils«. Beiden wohnt eine nervöse Bewegtheit inne, eine vibrierende Unruhe, die nichts zurückhalten kann, die sich in großen Gesten gewaltsam Luft macht oder sich hinter ihnen versteckt; beide gefallen sich, wohl unter orientalischem Einfluss (daher auch der Name Asianismus), in gestauter Monumentalität und in barock übersteigerter Expression. Die gleichen Impulse schlagen sich übrigens auch in der hellenistischen Plastik nieder – man denke nur an die Gallierfiguren Pergamons, an den Farnesischen Stier (Rhodos), die Laokoongruppe und den Koloss von Rhodos. – Auch die Römer verfielen dem Asianismus, dank Cicero, der sich mit ihm auf Rhodos infiziert hatte; zwar bereitete sich schon im 2. Jahrhundert (v. Chr.) eine attizistische Renaissance vor, doch erst an der Wende vom 1. zum 2. Jahrhundert (n. Chr.) brach sie in voller Breite durch, ohne freilich den Asianismus gänzlich zu verdrängen.

Zu vordem unerreichter Höhe stieg schließlich im Hellenismus der ionische Empirismus auf, dem der reiche Ptolemaierhof in Alexandria eine freie Heimstatt und unbegrenzte Mittel bot: das Museion (die Akademie der universalen Geister), die Bibliothek mit Hunderttausenden von Handschriften, eine Sternwarte und einen zoologischen Garten, das Anatomische Institut sodann, das dem Forscher erstmals den Zutritt zum Geheimnis des Menschenleibes gestattete. Dort fand die exakte Methode ihre erste Heimat, und sie fächerte die Forschung alsbald zur Spezialisierung, die vor allem den positiven Wissenschaften zugute kam – der Medizin, Mathematik, Astronomie und Geografie. Von den Geisteswissenschaften profitierten davon nur die Philologen; ihnen sind die maßgeblichen Textausgaben der antiken Autoren, vor allem Homers, zu danken. – Im 2. Jahrhundert verlagerte sich der Schwerpunkt der Wissenschaft nach Pergamon; als die Attalidenstadt an die Römer kam, wechselte er nach Rhodos, um endlich, nach dessen Fall, nach Rom zu übersiedeln.

Das Ganze ist mehr als die Summe seiner Teile. So ist auch der Hellenismus mehr als die Integration der griechischen Stammeselemente, von denen er sich schließlich zu etwas Neuem und Anderem absetzte. Soziologisch beruhte ja der Hellenismus auf der Verschmelzung der griechischen Stämme in den Neuländern, die folgerichtig alle »nationale« Bindung abstreifte. Aber die hellenistische Gesellschaft öffnete sich nicht nur den Griechen der unterschiedlichsten Herkunft, sie schloss sich auch der unterworfenen Bevölkerung und ihren Kulturgütern auf. Ausdehnung, Mischung und Offenheit nach außen ebneten die zwischenvölkischen Grenzen ein, und so begriff der Hellenismus den Menschen nicht mehr als Bürger einer Stadt oder eines Stammes, sondern als Bürger der Welt – eben als »Kosmopoliten«.* Vor ihm verflachte sich der alte

* Der »Kosmopolit« ist eine Wortprägung des Kynikers Diogenes, des älteren Zeitgenossen Alexanders, doch geisterte er schon durch die Imaginationen der Sophisten.

Gegensatz zwischen dem Hellenen und dem Barbaren, sofern dieser – keiner war, das heißt die hellenische Bildung (eine außerhellenische zählte nicht) angenommen hatte. Als Kriterium der Zugehörigkeit zählte nicht mehr das Blut, nicht mehr das Volk, sondern die Kultur, unter deren weitem Dach die facettierte Verschiedenheit der Völker Platz fand. Der Hellenismus hat also erstmals die »Menschheit« entdeckt und ihren Rahmen abgesteckt; und die Römer haben sie dann noch in die Rechtsform gegossen, durch die Constitutio Antoniniana des Jahres 212, die alle »Freien« des Weltreiches durch die Verleihung des römischen Bürgerrechtes vor dem Gesetz gleichstellte. Diese Ordnung zerbrach freilich schon bald unter der Völkerwanderung der Germanen. Doch unter den Trümmern blieb das Fundament, auf dem erst Christentum und Islam die völkerfassenden Kirchen bauten konnten.

Die Entstehung des Humanitätsbegriffes lässt sich genau lokalisieren: Er ist eine Frucht der stoischen Schule, die der jüngere Zenon aus Kition (auf Zypern) in der Nachbarschaft der Kyniker um 300 v. Chr. in Athen begründet hatte. Seine namhaftesten ersten Schüler, Kleanthes (vom mysischen Assos) und Chrysippos (vom kilikischen Soloi), entstammten dem kleinasiatischen Raum, und so hat man seine Lehre kaum zu Unrecht dem östägäischen Griechentum zugeschrieben. (Ihm gehörte übrigens auch Diogenes an, der Begründer der kynischen Schule; er kam aus dem pontischen Sinope.*) Charakteristisch für die stoische Philosophie ist die dienende Unterordnung der Logik und der Naturwissenschaft unter

* Diogenes und sein Schüler Onesilerit von der Insel Astipaläa haben sich als Urväter der Hippies aller Zeiten in unsere Geschichte eingeschrieben: Sie als Erste predigten und praktizierten die Absage, den Ausstieg aus »der« (verderbten) Kultur und die Rückkehr zum einfachen Leben, zur Natur. Auch das antikulturelle Ressentiment, das heute mehr oder minder fröhliche Urständ feiert, hat also im ägäischen Hellenismus seinen Quellort.

den dritten Zweig der antiken Philosophie, unter die Ethik; ihr Ziel aber sah sie in der Glückseligkeit, die Zenon als den Lohn der tätigen Tugend verstand, des aktiven Gutseins und der unbedingten Pflichterfüllung. Sein sittliches Gebot leitete sich jedoch nicht von einer abstrakten Moralität ab, es entsprang vielmehr einer weltumfassenden Liebe, die sich mit der göttlichen Natur der menschlichen Seele erklärte – einer Liebe, die nicht bei der Familie, bei den Freunden, beim eigenen Volke Halt machte, sondern sich über alle Grenzen hinweg an die ganze Menschheit verströmte, auch an die Sklaven und Barbaren. So begründete der griechische Stoizismus den Kosmopolitismus mit der Gleichheit der Menschenseele vor Gott, und er bereitete damit den Acker für das christliche Samenkorn.

Doch erst die mittlere Stoa trug diese Ideen in die Breite, von Rhodos aus, wo Panaitios (180–110) und Poseidonios (135–51) Zenons Lehre entdogmatisierten und durch aristotelisch-platonische sowie mystische Elemente erweiterten. In ihnen gewann der hellenistische Gedanke den sublimsten Ausdruck. Doch am bedeutsamsten war ihre Nachwirkung auf Rom, dessen Philosophie sich – über die jüngere Stoa – bis zu Seneca und Marc Aurel vorwiegend auf ihren Bahnen bewegte. Besonders die Nobilität, die sich dem Staate weihte, fand sich durch die Stoa bestärkt und bestätigt.

Auch der dritte Denker, der – gleichzeitig mit Diogenes und Zenon – dem Hellenismus den neuen Weg wies, Epikur, kam aus der Ägäis; auf Samos geboren, verbrachte er fast sein ganzes Leben in Athen. Von den Göttern meinte er, sie kümmerten sich nicht um die Menschen, und also vergalt er es ihnen mit gleicher Münze und setzte alle Karten auf das Diesseits. Auch ihm ging es um das Glück. Im Gegensatz zur Stoa aber fand er es nicht in der tätigen Hinwendung zur Menschheit, sondern in der Abkehr von der Welt, im Rückzug auf das private Schneckenhaus. Denn die Lust war ihm die Abwesenheit des Schmerzes und der Furcht, der Furcht auch vor den

Göttern und vor dem Tod. Das Glück, das war in seinen Augen die Ataraxie, die Unerschütterlichkeit von Seele und Geist; und folgerichtig predigte er Passivität und Distanz, in deren Ichbezogenheit doch auch die hellenistische Erlösungssehnsucht verborgen mitschwang. Seine Lehre eignete sich trefflich zum Missverständnis und zum Missbrauch, was ihr denn auch die Geringschätzung der professionellen Denker eintrug; dem reichen Römeradel und seinem literarischen Gefolge hingegen war sie gerade recht als philosophisches Alibi für einen lockeren Lebenswandel. Im geistigen Kreislauf des Hellenismus nur eine Nebenströmung, wirkte der »Epikureismus« doch auf die private Lebensführung ein; auch auf die Kunst – Horaz war nicht das einzige »Schweinchen aus der Herde Epikurs«.

Im späteren Hellenismus aber staute sich der Erlösungstrieb mehr und mehr zu latenter Explosivität; er ergriff vor allem die unteren Volksschichten, deren Verlangen nach dem jenseitsseligen Leben und der irdischen Vereinigung mit der Gottheit den Mysterien und mystischen Kulten mächtigen Auftrieb gab, angestoßen wohl vom östlichen Irrationalismus, der gegen den dezidierten Rationalismus aufstand. So fanden denn die orientalischen Erlösungsgötter rund um die Ägäis und auf ihren Inseln neue Pflanzstätten: Isis, Serapis und Mithras. Auf der höchsten Stufe sublimierte sich diese Bewegung der Seelen in dem mystischen Neuplatonismus des Plotinos (204–270 n. Chr.) und des Proklos (410–485); sie hat die abendländische Theologie und später auch die Renaissance nachhaltig beeinflusst.

Mit der gleichen Woge überschwemmte schließlich das Christentum die hellenisch geprägte Welt. Es kann also nicht die Rede davon sein, dass der Christengott wie ein Blitz auf diese Erde niedergefahren sei, als etwas völlig Anderes und Neues durch eine unüberbrückbare Kluft, durch den äußersten Gegensatz getrennt von aller vorangehenden Geschichte. In Wahrheit hat sich das hellenistische Griechentum folgerichtig und Schritt für Schritt, in langsam fließendem Übergang auf Jesus zubewegt; in Wahrheit hat es ihn vorbereitet und sich auf ihn vorbereitet, sodass schließlich der neue Glaube wie die reife Frucht vom Baume fiel. Das Gefäß war schon mehr oder minder fertig vorgeformt, in das dann die neue Substanz einfloss: Christus kam nicht unversehens, als Überraschung, er fiel in die Erwartung hinein; was mit ihm und durch ihn an Geist geboren wurde – die hellenistische Welt der Ägäis hat ihn in sich ausgetragen wie in einem Mutterleib. Mag sie ihn nicht gezeugt haben, sie hat ihn empfangen. Ja, ich wage den Satz: ohne ägäischen Hellenismus kein Christentum.

Die angebliche Unvereinbarkeit von griechischer Antike und Christentum ist die Ausgeburt eines unzulässig statischen Denkens, das an dem Kontrast der Ausgangspunkte festhält und die dazwischenliegenden Entwicklungsglieder nicht zur Kenntnis nimmt. Zu solcher Sicht mag erst recht verführt werden, wer dem heidnischen Olymp die griechische Orthodoxie gegenüberstellt: dort die Verweisung des Menschen auf die Daseinserfüllung, auf die tätige Lebensbejahung durch die irdische Selbstverwirklichung, hier die totale Jenseitsbezogenheit der weltabgewandten Seele – dort das vorbehaltlose Ja, hier die äußerste Verneinung der Erdenexistenz, auch in der kulturellen Entfaltung. Der Gegensatz entschärft sich, verstehen wir die Orthodoxie aus ihrer platonischen Wurzel, aus der Ideenlehre Platons sowie der neuplatonischen Substanzen-Metaphysik und Hypostasenlehre, welche die religiöse Grundtendenz der Orthodoxie ansatzweise vorweggenommen hatten. Überspitzt lässt sich sagen: In Platon und in der Orthodoxie versammelt sich alles, was das olympisch-aristotelische Hellenentum aus sich verdrängt hatte – zusammen erst machen sie das ganze Griechentum aus. In dieser Perspektive erscheint die Orthodoxie nicht mehr als Antithese zur Antike: Sie überhöht und überführt sie auf die transzendentale Stufe. In ihr kristallisiert sich der zweite, der virtuelle Mittelpunkt der Ellipse, die den Raum der griechischen Existenz umschreibt. Nicht anders sieht der heutige Grieche die Orthodoxie: nicht im Bruch zur antiken Tradition, sondern als ihre Verlängerung, als ihre Projektion in den Himmel.

Der Hellenismus hat das Christentum nicht nur empfangen. Er hat es gesät, er hat es gehen und sprechen gelehrt. Dann erst löste es sich von ihm – wie der Sohn von der Mutter, der, mündig geworden, in die Welt aufbricht.

Das gilt auch von der Missionsgeschichte: Das Christentum hatte sich schon im orientalischen Hellenentum fest verankert, ehe es von dort aus seine Fühler nach dem Westen vorstreckte, und zwar zunächst nur nach dessen griechischen Sprachinseln – erst im Jahre 230 löste sich die römische Gemeinde vom Griechischen und leitete damit die Emanzipation des lateinischen Christentums ein. Sodann entwickelte sich im ostmittelmeerischen Grenzbereich das früheste Mönchtum: in der Mitte des 3. Jahrhunderts – einhundert Jahre später gibt es Athanasius an sein westliches Exil weiter. Im kleinasiatischen Raum begründet ferner Eusebius von Caesarea (um 260–340) die kirchengeschichtliche Disziplin. Und obgleich dem römischen Bischof, in der Nachfolge Petri, schon frühzeitig der Primat zuerkannt war (definitiv erst um 381 unter Papst Damasus), blieben doch Aufbau und Systematisierung der Theologie der alexandrinischen Schule unter Clemens († 216) und Origenes (19–251) vorbehalten; das Material dazu holten sie sich aus dem antiken Erbe – durch seine Einschmelzung machten sie es zum tragenden Grundstoff des Christentums. Vor allem aber fiel den Griechen die dogmatische Fixierung der Christenlehre zu, auf den sieben Ökumenischen Konzilien (1. Nikäa 325, 1. Konstantinopel 381, Ephesos 431, Chalkedon 481, 2. und 3. Konstantinopel 553 bzw. 680, 2. Nikäa 787) – sie alle tagten auf ostägäischem Boden; von West und Ost noch gemeinsam beschickt, wurden ihre Beschlüsse, besonders der ersten vier Konzilien, für alle christlichen Bekenntnisse verbindlich. Schließlich entschied sich im östlichen Mittelmeer auch das äußere Schicksal des Christentums: Konstantin verhalf ihm zum politischen Sieg, indem er die Reichshauptstadt vom heidnischen Rom nach dem christlichen Byzanz verlegte (326), die rechtliche durch die religiöse Bindung der Untertanen an den Herrscher ersetzte und den neuen Glauben zur inneren Klammer des Imperiums machte – eine Entwicklung, die Kaiser Theodosius mit der Erhebung der christlichen Lehre zur Staatsreligion (391) zum folgerichtigen Abschluss führte.

Was die ostägäischen Griechen einst für die Kultur des hellenischen Mutterlandes geleistet hatten, das wiederholten sie nun im größeren Rahmen für das Abendland: Sie drangen als erste Pioniere in das neue Geistesland des Christentums ein, rodeten sein Feld und bauten ihm das Fundament. An diesem Werk war das griechische Festland kaum beteiligt: Es widerstrebte am längsten der Christianisierung (bis ins 8. Jahrhundert hinein), verharrte in der Provinzialität und blieb von dem gewaltigen Aufstieg des oströmischen Reiches ausgeschlossen. Es kennzeichnete seine rückständige Situation, dass von den fünf Patriarchaten der byzantinischen Kirche – Konstantinopel, Alexandria, Antiochia, Jerusalem, später Zypern – keines auf das Stammland entfiel. Nicht zu Unrecht, denn der griechische Beitrag zum Christentum geht ausschließlich auf das Konto der ostmittelmeerischen Hellenen: Am Anfang war die Ägäis – am Anfang auch des Weltchristentums.

Die byzantinische Metamorphose

Mit der Reichsteilung im Jahre 395 begann auch die Trennung der Gläubigen von West und Ost, die schließlich 1054 zum endgültigen Schisma zwischen Katholizismus und Orthodoxie führte. Das östliche Imperium blieb fortan ein Reich rund um die Ägäis, die ihm – kürzeste Verbindung zwischen seinen Festlandsgliedern – als Drehscheibe diente. Doch diese natürliche Funktion der Ägäis wurde von Byzanz nicht immer genutzt. Der Inselreichtum und die schlupfwinklige Küstenzerlappung erschwerten die staatliche Kontrolle dieses Piratenparadieses; auch war die Bewegung großer Heere und Gütermengen beim damaligen Stand der Schiffstechnik zur See kostspieliger und riskanter als zu Lande – Gründe genug für die Kaiser von Konstantinopel, den Festlandstraßen den Vorzug zu geben: der Via Egnatia, welche die Hauptstadt über Saloniki mit der italienischen Gegenküste an der Adria verband, und der kleinasiatischen Binnenstraße zur Euphratgrenze. Sie besonders trocknete die ostägäischen Griechenstädte – Milet, Pergamon, Ephesos – wirtschaftlich aus, wofür auch die zunehmende Konzentration des Osthandels in Konstantinopel sorgte.

Dies Reich aber, obschon tausendjährig, war unbeständiger noch als die Ägäis. Unablässig und ringsum von immer neuen Feinden bedrängt, im Inneren stets bis zum Zerreißen gespannt, bewegt es sich ständig zwischen steilstem Gipfel und tiefstem Abgrund und wechselt in rascher Folge zwischen den Extremen der Ausdehnung und Schrumpfung – zwischen Goliath und David. Mehrmals werden ihm auch die Glieder auseinander gerissen, dann hält sie nur noch die Ägäis zusammen, immer wieder die letzte Brücke. In der Tat stand und fiel das byzantinische Reich mit der Beherrschung der Ägäis: Es behauptete sich in der Größe, wenn es sich auf eine starke Flotte stützen konnte – mit ihrer Vernachlässigung sank es in die Not. Es war schlimm genug, als Byzanz in der späten Zeit die Dienste fremder Söldner zur Verteidigung des Reiches in Anspruch nahm; völlig verraten und verkauft war es erst, als es den Schutz zur See fremden Flottenmächten anvertraute. So war es ein Akt der selbstmörderischen Blindheit, als es Venedig den Schutz der Ägäis übertrug; und fast ein Jahrtausend später brach das Türkenreich zusammen, nachdem ihm die Kontrolle über die Ägäis entglitten war.

Keine geringere Funktion erfüllte die Ägäis als Asyl für die äußerste Bedrängnis. Wann immer das Festland von fremden Völkerfluten überschwemmt wurde, flüchteten die Griechen in großer Zahl zunächst in die Küstengebiete und dann auf die Inseln, wo sie vor den seefremden Invasoren sicherer waren. Dort aber blieben sie nur für die Dauer des Gewitters; nach seinem Abzug kehrten sie in der Regel wieder in die festländische Heimat zurück – notgedrungen, da die schmale Nahrungsbasis der Inseln der Siedlungsdichte enge Grenzen zieht. So reflektiert die insulare Bevölkerungsbewegung den Verlauf der griechischen Geschichte: Ihre Zunahme fällt in die Zeiten der Not, während die Inselflucht ein Indiz für leidlich gutes Wetter auf dem Festland ist. Für die Ausnahme von dieser Faustregel sorgten die Seeräuber: Zu ihren Blütezeiten schien es den kontinentalen Flüchtlingen wenig geraten, den heimischen Regen gegen die ägäische Piratentraufe einzutauschen. Die Inselentleerung weist also nicht nur und nicht immer auf ein Festlandshoch hin, sie kann auch symptomatisch sein für ein ägäisches Tief, hervorgerufen durch gesteigerten Korsarendruck. Wie dem auch im Einzelnen war, der Barriere des Meeres ist die Reinerhaltung des Hellenentums auf den Inseln zu danken. Abermals nicht ohne Ausnahme: Die Albaner fanden dennoch den Weg nach den küstennahen Euböa, Spetsä und Hydra, aber auch nach dem weiter entfernten Psara. Dort freilich entwickelten sie sich nicht nur zu trefflichen Seeleuten, sie verwandelten sich alsbald in Supergriechen, mit deren nationalhellenischem Chauvinismus der reinblütige Landsmann kaum Schritt hält.

Zu den Festlandsküsten weist die Geschichtskurve der Ägäis die gleichen Unterschiede auf wie im geografischen Klima: Sie verflacht winters und sommers die kontinentalen Extreme – sie fällt nie so tief wie das Festland und erreicht kaum je seine Höhen. So blieb die Ägäis von der ersten Katastrophe des oströmischen Reiches, vom Einbruch der Germanenstämme zwischen dem 4. und 6. Jahrhundert, weitgehend verschont. Auch die Völkerwanderung der Slawen, die während des 7. und 8. Jahrhunderts fast den gesamten europäischen Teil des Byzantinischen Reiches einschließlich des griechischen Festlands überschwemmt hatte, berührte die Ägäis nur mittelbar – abgesehen von vereinzelten Ausfällen zur See, wie 623 gegen Kreta. Hingegen waren die ägäischen Inseln der vollen Wucht des fast gleichzeitigen Arabersturms ausgeliefert, den der neue Glaube Mohammeds entfacht hatte. Nachdem die Araber schon 642 – nur zwanzig Jahre nach der Hedschra und zehn Jahre nach dem Tode Mohammeds – Syrien und Ägypten genommen und sich damit für alle Zeiten ihrer Basis im Vorderen Orient versichert hatten, richtete sich ihr Ehrgeiz auf die Eroberung von Konstantinopel, dem politischen und kulturellen Zentrum der damaligen Welt, durch dessen Fall der Islam die Weltherrschaft zu erringen hoffte. Und sie trugen ihren Angriff nicht nur zu Lande vor, sondern im Hauptstoß zur See. Fast über Nacht wechselten sie von der Wüste auf das Meer und stampften aus dem Nichts eine mächtige Flotte hervor, indessen die byzantinische Marine, im Bewusstsein ihrer traditionellen Überlegenheit, dem Treiben dieser Emporkömmlinge mit teilnahmsloser Geringschätzung zusah; ihre leichtfertige Überheblichkeit sollte das Reich an den Rand des Abgrunds führen.

Im Jahre 649 stieß die arabische Flotte mit angeblich 1700 Schiffen erstmals in See und eroberte Zypern. Bereits 654 suchte sie Rhodos heim, kurz darauf Kos – Etappe um Etappe zielstrebig nach Konstantinopel vorspringend und die westliche Flanke durch Ausfälle auf Kreta abschirmend. Erst diese schweren Verluste bewogen Konstans II. im Jahre 655 zu einer Gegenaktion: Er stellte sich dem

Feind vor der lykischen Küste in offener Seeschlacht – sie endete mit der völligen Vernichtung seiner Flotte; der Kaiser konnte flüchtend nur noch das nackte Leben retten. Damit hatten sich die Araber den Weg nach Konstantinopel freigekämpft.

Innere Kämpfe um das Kalifat hinderten Muawija an der sofortigen Nutzung seines Sieges. Erst 663 nahm er den Angriff zu Lande und zu Wasser wieder auf, fünfzehn Jahre hindurch die kleinasiatischen Hafenstädte und Inseln plündernd. 670 nimmt er Chios und die Halbinsel Kyzikos (vor der byzantinischen Hauptstadt), 672 Smyrna sowie die lykischen und kilikischen Ufer. Dann holt er – 674 – zum entscheidenden Schlag aus. Fünf Jahre lang, unterbrochen nur durch die Wintermonate, rannten seine Schiffe gegen Konstantinopel an. In diesem Duell zwischen der mächtigsten Flotte und der stärksten Festung der damaligen Welt wären wohl die Verteidiger erlegen, wenn ihnen nicht die geniale Erfindung des Griechen Kallinikos rechtzeitig zu Hilfe gekommen wäre, das explosive »griechische Feuer« – den Zeitgenossen wahrhaft eine Wunderwaffe: Von kleinen Schiffen aus Siphnos in sicherer Distanz auf die feindlichen Schiffe geschleudert, richtete es unter der arabischen Flotte verheerende Brände an und zwang sie im Jahre 678 zum Abbruch der Belagerung; ihre Reste erlitten dann noch auf der Rückfahrt durch einen Sturm vor der pamphylischen Küste weitere Einbußen.

Dieser entscheidende Abwehrsieg der Griechen vereitelte den Durchbruch der Araber nach Europa über die Dardanellen, er steht an welthistorischer Bedeutung nicht hinter der Schlacht von Salamis noch hinter Karl Martells Sieg über die Sarazenen bei Poitiers (732) zurück. Seine erste Folge: Die Araber versuchten es nun andersherum, westwärts der nordafrikanischen Küste entlang. 697 drängten sie zum ersten Male in das lateinische Afrika vor, wo ihnen die byzantinische Flotte den Besitz Karthagos nur ein Jahr lang verwehren konnte, und schon 711 leiteten sie ihren Angriff auf Spanien ein. Dort aber, in der weiten Entfernung von ihrer Machtbasis, waren sie nicht mehr der gleichen Kraftentfaltung fähig wie vor den Toren Konstantinopels, auch wenn sie sich für mehrere Jahrhunderte auf der Iberischen Halbinsel festzusetzen vermochten. So legten sie es nochmals auf die Eroberung von Byzanz an, das diesen zweiten Stoß – 717/18 – jedoch schon nach zwei Jahren brechen konnte und im Gegenzug, durch die Schlacht von Akroinon (740), Kleinasien vom Gegner räumte – für alle Zeit: Nie wieder haben die Araber die Existenz des byzantinischen Kernlandes in Frage gestellt.

Langwieriger verliefen die Seeoperationen Ostroms gegen die Araber. In dem düsteren Jahr 827 verlor es an sie sowohl Sizilien wie auch Kreta, von wo aus die sarazenischen Piraten die ganze Ägäis bis zu den Dardanellen unsicher machten, 904 plünderten sie sogar das reiche Saloniki. Fast anderthalb Jahrhunderte beherrschten sie die griechischen Gewässer, bis endlich Nikephoros Phokas, der »bleiche Tod der Sarazenen«, Kreta im Jahre 961 nach der Einnahme von Heraklion von den Arabern säuberte und die Ägäis wieder zum byzantinischen Meer machte.

Noch in der slawischen und arabischen Notzeit erstand Ostrom im jungen Bulgarenreich ein dritter Feind von kaum geringerer Gefahrenmacht, die jedoch weniger die Ägäis tangierte. Die dreifache Gegnerschaft reduzierte das byzantinische Territorium zeitweise auf ein Zehntel seiner früheren Ausdehnung. Schließlich bestand es nur noch aus »Grenze«. Zu all dem leistete sich auch noch die spirituelle Leidenschaft des Volkes einen Konflikt, der das Reich von innen her zu zerreißen drohte – den Bilderstreit (»Ikonoklasmus«), den Kaiser Leo III. 730 durch das Bilderverbot entfesselte und sein Sohn Konstantin V. zum Bildersturm radikalisierte. In dieser Bewegung hatten sich christlich-häretische Traditionen mit islamischen Vorstellungen gegen die westliche Bilderverehrung verbunden; sie hatte den asiatischen Bevölkerungsteil und den hohen Kirchenklerus hinter sich, während die Ikone ihre glühenden Verteidiger in den Mönchen sowie in den Griechen des Mutterlandes und der Inseln fand. Letztlich kämpften in dieser Auseinandersetzung das griechische und das orientalische Element um die geistige Bestimmung und Führung des Reiches. Der erbitterte, auch mit den Waffen ausgetragene Zweikampf erstreckte sich über ein volles Jahrhundert, bis im Jahre 843 die Synode von Konstantinopel den Sieg des Bildes, den Sieg des Griechentums über den Osten endgültig besiegelte.

Es ist ein Wunder zu nennen, dass Byzanz die dreifache Bedrohung von außen, durch Slawen, Araber und Bulgaren, sowie den gleichzeitigen Bilderstreit im Inneren überstand, alle seine Feinde zurückwarf und nochmals zu einem gewaltigen Gipfel der politischen Macht und der kulturellen Größe aufstieg (wenngleich Nordafrika, die süditalienische Magna Graecia und damit die Einheit des Mittelmeeres für immer verloren waren). Dies Wunder kam nicht vom Himmel – obschon es die zeitgenössischen Griechen so empfanden. Es war vielmehr das Verdienst eines tiefgreifenden Strukturumbaus, der die latenten Kräfte dieses Reiches wieder aktivierte.

In der verzweifelten Not des 7. Jahrhunderts unterzog Byzanz seine Wirtschaft und seine Heeresorganisation einer einschneidenden Operation. Es übertrug das System der Bauernmiliz, das Rom früher in den Grenzzonen praktiziert hatte, auf das verbliebene Staatsgebiet. Die feudalen Latifundien wurden aufgeteilt und kostenlos an Kleinbauern gegen die Verpflichtung des erblichen Kriegsdienstes vergeben. Anstelle des ständigen Zentralheeres trat also das Provinzaufgebot der Wehrbauern; es erfasste nur den Grundeigentümer, nicht dessen jüngere Brüder und Söhne, die während des Krieges das Land weiter bestellten. Diese »Stratioten« kämpften für die eigene Scholle, nicht gegen Sold wie vordem die Berufstruppe –

das kam ihrer Schlagkraft, aber auch den Staatsfinanzen nicht wenig zugute; die gleiche Regelung wurde für die Matrosen getroffen, die meist den Insel entstammten. Die zweite Neuerung war die Dezentralisierung des Reiches in weitgehend selbstständige Wehrkreise, in »Themata«; in ihnen war die gesamte Zivilverwaltung einschließlich der Jurisdiktion völlig der militärischen Befehlsgewalt des kommandierenden Generals, des »Stratigos«, unterstellt. – Die Seestreitkräfte behielt Konstantinopel in der Hand, und folgerichtig auch Kreta.

Der kranke Patient genas an diesem chirurgischen Eingriff: Die Themenorganisation hat das Reich gerettet, verjüngt und zu neuem Aufschwung gestärkt. Es befähigte die einzelnen Teile, denen die Zentrale keine ausreichende Hilfe mehr zukommen lassen konnte, zur wirksamen Selbstverteidigung. Endlich gesundete wieder die Landwirtschaft, da die nachgeborenen Söhne der freien Wehrbauern auch das bisher brachliegende Land in Besitz und unter den Pflug nahmen; nicht zuletzt schuf dies freie Bauerntum, das sich in den Gemeinden genossenschaftlich zusammenschloss, dem Staat eine breite und solide gesellschaftliche Grundlage. Das System hatte freilich auch seinen Teufelsfuß; es betätigte ihn besonders am Anfang, als das Reich in nur wenige Themen von großer Ausdehnung untergliedert war. Nicht selten verführte die außerordentliche Machtfülle die Militärgouverneure zu Aufständen und Staatsstreichen gegen den Kaiser. Später suchte daher die Zentralgewalt dieser ständigen Gefährdung durch die Verkleinerung der Themen vorzubeugen, die ihre Anzahl vermehrte. So war das Reich schon im 9. Jahrhundert in 27 Themen unterteilt: 13 in Europa und 14 in Asien, wovon 3 (Aigaion Pelagos, Samos sowie der den Dodekanes und dessen Gegenküste umfassende Wehrkreis der Kibyraioten) auf die Inselwelt entfielen. Der Zerstückelungsprozess setzte sich jedoch in den beiden folgenden Jahrhunderten fort, bis die geschrumpften Themen nicht mehr aus eigener Kraft lebensfähig waren. Gleichzeitig gewann der Großgrundbesitz wieder an Boden, während das freie Bauerntum zurückgedrängt wurde und in die Hörigkeit absank. Und als schließlich um die Mitte des 11. Jahrhunderts in Konstantinopel die Zivilpartei, die sich aus dem Hof- und Grundadel, aus politisierenden Priestern, Gelehrten und Literaten rekrutierte, über die Militärs triumphierte, da kam es zur Aufhebung der Themenverfassung und zur Ersetzung der Bauernmiliz durch Söldnerarmeen.

Die Themenordnung war vier Jahrhunderte in Kraft: Sie hatte die Größe von Byzanz stabilisiert – ihre Preisgabe war der Anfang seines Endes. Fast schlagartig setzte der Abstieg ein. 1071 verlor es durch die Schlacht von Mantzikert das innere Anatolien, das Fundament seiner Macht, an die Seldschuken und im gleichen Jahr Bari, die letzte Bastion im Westen, an die Normannen, die nun ein Jahrhundert hindurch Griechenland auf immer neuen Raubzügen plünderten; zwar fügte ihnen die verbündete venezianisch-oströmische Flotte 1149 vor dem südpeloponnesischen Kap Maleas eine schwere Niederlage zu, doch erst 1187 machten die Seuche, der korrumpierende Luxus von Saloniki und ein oströmisches Heer unter Alexis Branas dem Normannenspuk auf hellenischem Boden ein Ende.

Der Kreuzzug, der keiner war

Byzanz konnte sich dieses Sieges nicht freuen. Denn mehr als ihm selber nutzte er dem venezianischen Bundesgenossen – in Reinkultur die Schlange, die es am eigenen Busen großgezogen hatte. Der Aufstieg der Lagunenstadt – seit dem 9. Jahrhundert – basierte auf ihrem wachselnden Handelseinfluss im oströmischen Reich. Die Waffenhilfe zur See gegen die Normannengefahr ließ sie sich schon 1081 durch einen Vertrag von Byzanz teuer bezahlen, das ihr als

Gegenleistung die Handelsfreiheit in seinem ganzen Reich zusichern musste. Im Vertrauen auf die mächtige Flotte des Verbündeten vernachlässigte Konstantinopel die eigene Marine und ließ sie mehr und mehr verfallen. Als es dann endlich die Gefährlichkeit des immer anmaßender auftretenden »Freundes« erkannte, war es bereits zu spät. Dreimal im 12. Jahrhundert versuchten die Komnenenkaiser den venezianischen Parasiten abzuschütteln – die Vergeblichkeit ihres Bemühens steigerte nur dessen Begehrlichkeit. Bald begnügte sich Venedig nicht mehr mit dem Monopol im Levantehandel: Der alte Doge Enrico Dandolo, ein Ausbund an genialer Verschlagenheit, skrupelloser Härte und zäher Zielstrebigkeit, gedachte dem fallenden Griechenreich den letzten Stoß zu geben, um aus seinen Trümmern ein venezianisches Seeimperium in der Ägäis zu errichten.

Zu diesem Vorhaben reichte die Flotte der Lagunenstadt nicht aus, so stark und überlegen sie war; sie bedurfte zur Niederwerfung des byzantinischen Kaisers auch der Landstreitkräfte, die sie selber nicht aufzubieten vermochte.

Für die benötigte fremde Hilfe sorgte eine glückhafte Chance, und der Doge presste sie bis zum letzten Tropfen aus. An der Wende zum 13. Jahrhundert rüstete das Abendland wieder einmal zu einem Kreuzzug. Während Venedig bisher – im Gegensatz zu dem alten Rivalen Genua – die Handelsinteressen seinem Glaubenseifer übergeordnet und sich daher von der Kreuzfahrerideologie distanziert hatte, bekundete es diesem vierten Unternehmen gegen das Heilige Land seine uneingeschränkten Sympathien und schaltete sich höchst aktiv in dessen Vorbereitungen ein.

Den Absichten Venedigs kam die heftige Abneigung des Westens gegen die Griechen entgegen. Dafür sorgte schon das Schisma, das keiner der zahllosen Unionsversuche hatte rückgängig machen können – und welchem Gläubigen wäre nicht der Häretiker verhasster als der Heide! Auch hatte sich das Byzantinerreich inzwischen in »friedlicher Koexistenz« mit dem Islam arrangiert, sodass es sich der Beteiligung an den Kreuzzügen verschloss; nur widerwillig und seiner Schwäche gehorchend, gewährte es den fränkischen Rittern den Durchmarsch durch sein Gebiet, wobei es zu ständigen Reibereien und nicht selten zu bewaffneten Zusammenstößen kam Schließlich brauchten die Kreuzfahrer einen Prügelknaben für ihr mäßiges Abschneiden im Heiligen Land – was lag näher, als die Schuld den »treulosen« Griechen in die Schuhe zu schieben! Doch all diese Argumente hätten niemals ein Kreuzheer bewegen können, sich für die Eroberung eines – trotz allem – christlichen Reiches missbrauchen zu lassen und sich seines Landes zu bemächtigen; nicht zuletzt hätte dem das Veto des Papstes entgegengestanden (und er, der nicht ungern Düpierte, legte es dann auch ein, vergebens freilich, da das »Unmögliche« doch schon geschehen war).

Wenn Venedig dennoch eben dies diplomatische Meisterstück bewerkstelligte, so dank der unfreiwilligen Hilfestellung, die ihm ein Byzantiner leistete. Der 19-jährige Kaisersohn Alexios, der seine Ansprüche auf die Krone in Konstantinopel nicht hatte durchsetzen können, war nach dem Westen geflohen, in der Absicht, sich von den Kreuzrittern zu seinem Thron verhelfen zu lassen. Im Vertrag vom 20. (oder 25.) April 1203 versprach der ebenso unerfahrene wie hemmungslos ehrgeizige Jüngling seinen Partnern das Blaue vom Himmel: die ewig begehrte Union (d. h. die Unterwerfung der Orthodoxie unter Rom), Zahlung der Verpflegungskosten für das gesamte Heer auf ein Jahr, Stellung von 10.000 Mann für den Kreuzzug und von weiteren 5000 zeit seines Lebens für das Heilige Land, dazu 200.000 Mark Silber nach seiner Thronbesteigung als Abgeltung an Venezianer und Pilger für früher erlittene Schäden! Welch christliches Abkommen! Die Aufhebung des Schismas, die Gewinnung des Byzantinischen Reiches als Ausgangsbasis für die Rückgewinnung des Heiligen Landes – solche Verheißungen ließen die Herzen der Gläubigen höher schlagen. Da blieb der Zustimmung kein Zögern mehr.

Venedig zumindest war sich aber wohl bewusst, dass Alexios nie in die Lage geraten konnte, auch nur einen Bruchteil seiner ungedeckten Wechsel einzulösen. Wenn er aber sein Wort nicht hielt, war dann nicht das Kreuzheer berechtigt, ja verpflichtet, die Erfüllung des Vertrages zu erzwingen – notfalls mit den Waffen! So kam es auch.

Doch Dandolo wusste sich der Abhängigkeit der Kreuzfahrer noch in anderer Weise zu versichern. Ihre Führer verpflichteten sich, Venedig für die Überfahrt von 4500 Rittern samt ebenso vielen Pferden, von 9000 Knappen und 20.000 anderen Leuten, für deren einjährige Verpflegung sowie für die einjährige Gestellung von zusätzlich 50 Galeeren 85.000 Mark Silber Kölner Gewichts zu zahlen (und die Eroberungen mit ihm zu teilen). Wie vorauszusehen, vermochten die Herren diese gewaltige Summe nicht aufzubringen; zur vereinbarten Frist blieben sie mit 34000 Mark im Rückstand. Da aber das gesamte Unternehmen mit dem guten Willen des Dogen stand und fiel, mussten ihn die Säumigen mit anderen Mitteln honorieren. Enrico Dandolo hat denn auch diese Situation unbedenklich genutzt und den Kreuzzug, ohne dass sich dessen die Teilnehmer zunächst bewusst wurden, in einen venezianischen Eroberungskrieg umgemünzt. Von der überreichen Beute fiel hinreichend klingender Trost an die Getäuschten ab – er machte es ihnen nicht schwer, dieser auch für sie recht lukrativen Verfälschung ihres Vorhabens nachträglich zuzustimmen.

Am 8. Oktober 1202 lief die Kreuzfahrerflotte von Venedig aus. Eine erste Abschlagszahlung ließ sich der Doge mit der Eroberung des dalmatischen Zara leisten, wo der Zug auch überwinterte.

Ende April 1203 ging es weiter, über Korfu und rund um den Peloponnes zunächst nach Negroponte (heute wieder Chalkis), der

Hauptstadt Euböas; von dort aus fand Alexios Gelegenheit, sich auf dem nahen Andros noch schnell von den Griechen huldigen zu lassen. Ungehindert überquerte dann die Flotte die Ägäis, durchschiffte die Dardanellen und legte sich am 14. Juni vor Konstantinopel. Was keinem Feind in der 800-jährigen Geschichte der byzantinischen Hauptstadt geglückt war, gelang den Kreuzrittern: Am 17. Juni fiel sie trotz heftiger Gegenwehr in ihre Hände. Die Eroberer verhielten sich zunächst recht gesittet: Sie begnügten sich damit, anstelle des jämmerlichen Alexios III., der in Gesellschaft des Kronschatzes rechtzeitig das Weite gesucht hatte, »ihren« Alexios (nun IV.) samt seinem geblendeten Vater Isaac II. als Mitkaiser auf den Thron zu setzen, woraufhin sie die Stadt räumten und sich vor ihren Toren niederließen, der Dinge harrend, die da nicht kamen. Denn dem energischen Pochen auf die Erfüllung des Vertrags vermochte ihr Schützling, der Besitzer einer leeren Staatskasse geworden war, beim besten Willen nicht nachzukommen; seinem Drängen um Aufschub aber wollten die Ungeduldigen, auch sie knapp bei Kasse, nicht willfahren. Zudem entbehrte Alexios bei seinem Volke jeglichen Rückhalts; es hasste den Kaiser von Venedigs Gnaden und verachtete den Mann, der die Fremden ins Land geholt hatte. Im Januar 1204 entlud sich schließlich ihre Verzweiflung in einem Aufstand, der Alexios Krone und Leben kostete. Sein Ende machte den Kreuzfahrern offenbar, dass ihnen nur noch der Kampf zu ihrem »Recht« verhelfen konnte. So schlugen sie los, und abermals brach ihr Sturm, am 13. April 1204, die Mauern des reichen Konstantinopels.

Und dann ergoss sich die entfesselte Horde in die Stadt – drei Tage und Nächte raubend, mordend, vergewaltigend, brandschatzend, daneben der Vandalismus des Sacco di Roma zum Kinderschreck verblasst. Obwohl der Hof und viele Adelige mit ihren Preziosen geflüchtet waren und die Stadt drei Großbrände heimsuchten, obwohl die Plünderer dem Verbot zum Trotz nicht wenig in die eigenen Taschen verschwinden ließen, übertraf die Beute, zur vereinbarten Teilung zusammengelegt, die kühnsten Träume der Sieger: 400.000 Silbermark – das Doppelte dessen, was Alexios versprochen, das Vierfache der Überfahrtskosten, die sich Venedig ausbedungen! Noch höheren Wert aber maßen die frommen Ritter den 300 kostbaren Reliquien bei, die nun – nebst vielen Kunstschätzen – die Wanderung in die Kathedralen Frankreichs, Italiens und Deutschlands antraten.

Den begehrtesten Gewinn aber – der Kreuzzug war längst vergessen – ergab die Verteilung des eroberten Landes in elf Stücke. Es blieb staatsrechtlich verklammert in einem lateinischen Kaisertum; den umstrittenen Teil erhielt – durch Wahl – Balduin I. von Flandern (1204–1205), nach seinem frühen Tod Heinrich von Flandern (1206–1216). Laut Teilungsvertrag bekam der Kaiser als unmittelbares Eigentum ein Viertel des byzantinischen Reiches zugesprochen, und zwar – beiderseits des Bosporus – Thrakien und das nordwestliche Kleinasien mit Lesbos, Chios, Samos; von den übrigen drei Vierteln ging die eine Hälfte (also drei Achtel) in den Besitz Venedigs über, während der Rest als kaiserliche Lehen an die Ritter vergeben wurde, die sie in Unterlehen an treue Gefolgsleute weiterreichten. Der mächtigste und fähigste unter ihnen, Bonifaz von Montferrat, bei der Kür des Kaisers der Hauptkonkurrent des schwächeren (und daher auf venezianischen Druck gewählten) Balduin, wurde mit Kleinasien bedacht; sein politischer Instinkt riet ihm, sich stattdessen als König über Makedonien und Thessalien zu installieren. Von dort aus setzte er Othon de la Roche über Attika-Böotien sowie Wilhelm von Champlitte und Gottfried von Villehardouin zu Fürsten über den Peloponnes ein.

Die fränkischen Herren hegten den Ehrgeiz, Frankreich im wörtlichen Sinne nach Hellas zu verpflanzen – mit Turnieren, Trouba-

Patmos und das Kloster des heiligen Johannes. In einer Grotte soll hier der Apostel sein Evangelium und die Apokalypse geschrieben haben.

Nicht nur gewaltige Torbögen spannen sich im Johanneskloster auf Patmos, auch Fresken aus dem 15. Jahrhundert sind gut erhalten.

Mit Bootsbau und Schwammfischerei haben die Bewohner bis vor 30 Jahren noch ihr Geld verdient. Jetzt versuchen sie es mit Tourismus.

Mithymna auf Lesbos. Das alte Hafenstädtchen empfiehlt sich durch hervorragende Fischtavernen und den besten Ouzo Griechenlands.

Wer sich als echter Kreter versteht, der trägt das *sariki*, ein schwarzes Kopftuch, als Zeichen besonderer Verbundenheit mit der Insel.

Stille und Beschaulichkeit in den Gassen von Samothrake. Wegen seiner Abgelegenheit am Bosporus finden nicht viele Touristen hierher.

480 vor Christus wurde der Aphaia-Tempel auf Ägina errichtet. Dachschmuck und Giebelfiguren sind in der Münchener Glyptothek zu bewundern.

Um Regenwasser optimal zu nutzen, wurden auf griechischen Inseln Terassenfelder angelegt. Kapellen sorgen segensreich für Ernten.

Einer wundertätigen Ikone ist das Kloster Chosoviotissa zu verdanken. Sie wurde im 9. Jahrhundert an der Steilküste von Amorgos angeschwemmt.

Auf Milos lebt die Erde. Thermalquellen und bizarre Bimssteinfelsen künden von vulkanischen Energien im Inselinneren.

Syros gilt als der Nabel der Kykladen. Hier ist ihr Verwaltungssitz, hier treffen sich die Schifffahrtslinien zwischen Piräus und den Inseln.

Auf Santorin passen sich die weißen Häuser der Neigung des Kraterfelsens an. Ineinander verschachtelt, stützen sie sich gegenseitig ab.

Vom Vulkanrand Santorins aus erahnt man das weite Kraterrund und die Ausmaße der Insel, die Mitte des 2. Jahrtausends v. Chr. explodierte.

Unzählig sind die Kirchen auf Santorin. Unter der Türkenherrschaft konnte Grund nur dann vererbt werden, wenn eine Kirche darauf stand.

dourromantik, gotischem Burgenbau nebst allem sonstigen Zubehör. Das Ergebnis ermangelte nicht eines absoluten Reizes: ein gespenstisches Traumtheater, das mit dem wirklichen Leben nur den Preis des Lebens gemeinsam hatte – den Strom des Blutes, den die unaufhörlichen Kämpfe in Fluss hielten. Ihre hochmütige Verachtung alles Griechischen ließ sie nie Wurzeln schlagen im Lande, und die Griechen vergalten es ihnen mit abgrundtiefem Hass. So viele Fremdherrschaften sie erduldet hatten, keine blieb ihnen so fremd wie die fränkische, keine verabscheuten sie mehr. Selbst die »Gasmoulis«*, welche die Franken – legal oder illegal – mit griechischen Frauen gezeugt hatten, stellten sich gegen die Väter, vom unterdrückten Volk häufig in die Führung gerufen, zu der sie ihre Mischung aus fränkischer Kühnheit und hellenischer List besonders befähigte. So schlimm der Druck der schrankenlosen Ausbeutung und der Entzug jeder Eigenverwaltung auf den Einheimischen lasteten, mehr noch verbitterte sie die völlige Verdrängung ihrer orthodoxen Priester durch den katholischen Klerus: Die Auslieferung an das verhasste Rom traf sie schwerer als der Verlust der Freiheit. Das Zusammenfallen ihres zivilen und patriotischen Selbstbehauptungswillens mit dem Kampf für den Glauben verlieh ihrem Widerstand eine Härte, vor der die isolierte dünne Oberschicht der Franken keine Dauer hatte. – Die Kurzlebigkeit und Instabilität der Frankenherrschaft hatte auch einen Rechtsgrund. Man ging vom Salischen Gesetz ab und erteilte den Frauen in den zwölf Baronien das volle Erbfolgerecht. Fast zwangsläufig, denn das fränkische Herrentum war auf dem Peloponnes zu jenen Zeitläufen ein überaus lebensgefährlicher, männermordender Beruf, sodass es kaum Zeit

* Darinnen stecken die Elemente »garçon« und »Muli« gleich Maultier; gemeint sind damit also die Sprösslinge aus unterschiedlicher Gattung, aus (fränkischem) Hengst und (griechischer) Eselin. Das Pferd gilt gegenüber dem Esel beim Griechen als das dümmere Tier.

und Gelegenheit fand, rechtzeitig und im ausreichenden Maße für den männlichen Nachwuchs zu sorgen. Ein Damenregiment aber über eine Militärkolonie – das konnte nicht gut gehen und ging nicht gut. Im Gegensatz dazu hielten die italienischen Feudalen auf den ägäischen Inseln am Salischen Nachfolgerecht fest; nicht zufällig also erfreute sich ihre Herrschaft mehr innerer Festigkeit und längerer Lebensdauer.

Im Rausch des Sieges und in der Gier des Beuteteilens hatten zudem die Lateiner die Stunde der völligen Vernichtung des unterlegenen Gegners verpasst. So vermochten die Griechen die staatliche Kontinuität in drei Restgebieten zu verankern und von ihnen her die Rückeroberung des Reiches in Angriff zu nehmen. Die legitime Hauptlinie schuf sich unter Theodoros I. Laskaris (1204–1222) eine solide Ausfallbasis um das kleinasiatische Nikaia. Eine Nebenlinie setzte sich unter Alexios I. Komnenos (1204–1222) in Trapezunt fest, fortan ein isolierter Handelsstaat, der den endgültigen Sturz Konstantinopels noch um acht Jahre überlebte, bis auch ihn 1461 das osmanische Verhängnis ereilte. Die größten Anfangserfolge aber verzeichnete das Despotat des Epirus, wo ein lokaler Magnat, Michael I. Angelos (1204–1215), sich aus seinen Bergbauern ein starkes Bollwerk mauerte; seine Nachfolger fegten 1222 den Frankenkönig von Saloniki hinweg und wähnten schon die byzantinische Kaiserkrone in ihrer Griffnähe, als die Bulgaren sie in der Schlacht von Klocotnica (1230) zurückwarfen. 1246 zwang ihnen Johannes Vatatzes, der Kaiser von Nikaia, Makedonien ab. Fortan begnügte sich das epirotische Despotat mit seinem Stammland, bis auch dies 1340 an das Byzantinische Reich zurückfiel – nur für acht Jahre; dann wurde es eine Beute des Serbenzars Stefan Dušan.

Der Gewinn von Saloniki verhalf dem Kaiser Michael VIII. Palaiologos zum Zangengriff auf Konstantinopel, das sein Feldherr Alexios Strategopoulos am 25. Juli 1261 durch einen überraschenden

Handstreich zurückeroberte. Schon vorher hatte der Byzantiner den Befreiungskampf um den Peloponnes aufgenommen; zunächst mit geringem Erfolg, bis er den Lateinern in der Schlacht bei Pelagonia (1259) eine vernichtende Niederlage zufügen konnte, durch welche die Blüte der fränkischen Ritterschaft in seine Hände fiel. Das war der Anfang vom Ende ihrer Herrschaft über den Peloponnes. Ihr Oberherr, Wilhelm von Villehardouin, konnte sich 1262 nur durch die Abtretung seiner stärksten Burgen auf dem Südpeloponnes, von Mistra, Monemvasia und Groß-Maina, freikaufen. Von ihnen aus schoben sich nun die Griechen Schritt für Schritt gegen den inneren Peloponnes vor, wo die Franken ihre letzten Stützpunkte zäh verteidigten; um 1432 war er wieder griechisch – nur 7 von den 150 Frankenburgen hielten sich noch sowie die venezianischen Territorien (über sie alle aber herrschte ab 1460 der Türke). – Einen nicht geringen Anteil an der griechischen Reconquista hatte die genuesische Flotte, die traditionsgemäß jeweils auf der Gegenseite ihres Erbfeindes Venedig zu finden war; Byzanz hatte sich ihrer Dienste im Vertrag von Nymphaion (1261) gegen die Überlassung der einstigen venezianischen Handelsprivilegien versichert.

Athen hingegen blieb die Atempause der Freiheit versagt. Zwar konnten sich auch dort die Franken nicht mehr lange halten. An ihre Stelle aber trat ein noch schlimmerer Herr, die Söldnerbande der Katalanen, die Kaiser Andronikos II. 1302 gegen die erste Türkenwelle zu Hilfe gerufen hatte; recht bald vertauschte sie den Soldatenberuf mit dem Räuberhandwerk und zog plündernd über Makedonien und Thessalien nach Attika, wo sie sich zur Ruhe setzte. Die Ruhe bekam ihnen nicht (wie übrigens auch nicht der Navarresischen Compagnie, die ihr Exempel im kleineren Maßstab wiederholte), sodass sich 1385 die Florentiner Bankiersfamilie Acciajuoli dank ihrer Finanzkraft Athens bemächtigen konnte; die Türken befreiten sie 1456 von dieser kostspieligen Fehlinvestition.

Eine stabilere Geschichte war der Ägäis beschieden, über deren Gewässer die venezianische Flagge dreiundeinhalb Jahrhunderte wehte. Der Markuslöwe, der seine Krallen, wo es geraten war, nicht nur zu zeigen, sondern auch einzuziehen verstand, entfaltete in der Verwaltung der eroberten Gebiete ungleich mehr Geschick als die fränkische Ritterschaft; wo diese durch nackte Gewalt provozierte, beugten die Venezianer dem Widerstand von unten durch subtile Diplomatie vor. Auch lag ihnen nicht wie den Baronen das Kämpfen, sondern das Geschäft im Blut, der Handel, der mit dem Frieden blüht. So erfreute sich das Inselimperium, das Enrico Dandolo – der Initiator, Exekutor und Hauptnutznießer des vierten Kreuzzuges (der keiner war) – seiner Heimatstadt vermacht hatte, eines erstaunlich zähen Lebens. Seine Spuren sind noch dem heutigen Ägäisfahrer unvermeidlich – kaum eine größere Insel, deren Hauptort nicht überkrönt wäre von den mächtigen Zinnen eines venezianischen oder (vor der kleinasiatischen Küste) genuesischen Kastells.

»Ein Viertel und die Hälfte eines Viertel« des Byzantinerreiches waren bei der Teilung an Venedig gefallen: drei Achtel von Konstantinopel einschließlich der Hagia Sophia, die es dem von ihm berufenen obersten Kirchenherrn (zunächst Thomas Morosini) vorbehielt, sodann die europäische Marmaraküste, die Nord- und Südspitze von Euböa mit Oreos und Karystos (die Mitte mit Negroponte – Chalkis – kam bald dazu), die gesamten Kykladen, im Saronischen Golf Ägina, Salamis und die Provinz von Sunion (womit sich Druck auf Athen ausüben ließ), die wichtigsten Plätze rund um den Peloponnes, d. h. Monemvasia (erst später und nur vorübergehend), die Provinz Lakedaemonia mit Koroni und Methoni, die Distrikte von Patras und Kalawryta, nördlich hinauf dann in Ätolien Achelos und Anatolikon, das epirotische Nikopolis samt Arta, ferner noch Dyrrhachion (Durazzo) sowie ein Teil der Ionischen Inseln; schließlich erwarb Venedig vom Grafen von Montferrat, dem Herrn von Saloniki, das diesem ursprünglich zugesprochene Kreta zum Spottpreis von 10000 Silbermark. Natürlich ließ sich Venedig auch die alten Privilegien aus der byzantinischen Zeit zurückerstatten, und da die fränkischen Ritter sich zu fein dünkten für das schnöde Krämertum, beherrschte es faktisch den gesamten Handel des Lateinerreiches, dessen Herren, ohne Flotte, auch zur politischen Anlehnung an die Lagunenstadt gezwungen waren. – So bedeutsam erschien dem Nachfolger im Dogenamt der Levantebesitz, dass er mit dem Gedanken umging, die Hauptstadt der Republik von Venedig nach Konstantinopel zu verlegen!

Die geografische Lage dieser weit auseinander gezogenen Kolonialterritorien lässt deutlich die strategische Konzeption Venedigs erkennen: die Konzeption eines maritimen Imperiums zur Monopolisierung des lukrativen Orienthandels. Der Landerwerb diente ihm nicht zum Selbstzweck, sondern als Mittel zur Sicherung und Kontrolle des Seeverkehrs. Dieses Meeresreich bedurfte keiner ausgedehnten Landflächen, sondern natürlich geschützter Küstenstützpunkte in seebeherrschender Lage. Da sich Venedig zudem auf eine kluge Haushaltsführung verstand und seine Ziele stets auf seine Mittel abstimmte, stieß es bald den ihm zugefallenen innerpeloponnesischen Landbesitz als überflüssigen Ballast ab und betrieb auch die Verteidigung seiner Küstenorte elastisch, d. h. mit unterschiedlichem Aufwand je nach ihrer Bedeutung. Nachgiebig und hinhaltend in der Defensive, wenn es um Plätze sekundären Ranges ging, warf es jeweils seine ganze Macht in die Waagschale, sobald das Schicksal von Methoni, Koroni, Kreta, Euböa und den Kykladen auf dem Spiele stand.

Der Sinn der Venezianer für die effektive Kräfteökonomie bestimmte auch ihre Herrschaftsmethoden: Sie vermieden es nach

Möglichkeit, die Unterworfenen zum Widerstand zu provozieren, respektierten zumindest ihre elementarsten Bedürfnisse und hielten die Zügel nicht nur fest, sondern auch locker in der Hand. Im Gegensatz zu den Frankenrittern ließen sie die Orthodoxie unangetastet und förderten sogar vielerorts den heimischen Klerus – Handel zu treiben waren sie gekommen, nicht um Proselyten zu machen. Kein päpstlicher Zorn konnte die Venezianer davon abhalten, der Inquisition, den Jesuiten und der katholischen *propaganda fide* den Zutritt zu ihrem Levantedominium zu verwehren. Die Belassung des überkommenen Glaubens machte den Unterworfenen die Fremdherrschaft weniger drückend; ihrem patriotischen Freiheitsverlangen kam nicht, wie auf dem fränkischen Festland, die zusätzliche Antriebskraft der Religionsverfolgung zu Hilfe.

Venedig trat aber auch nachdrücklich für Recht und Ordnung in seinen Kolonien ein. Die Gouverneure, die Ducas und Bailos, wurden im zweijährigen Turnus abgelöst, und da ihnen die Mutterstadt durch Reisekommissare – *sindici ad partes levantis* – auch noch regelmäßig und genau auf die Finger zu schauen pflegte, fand die Lokalgewalt nur wenig Gelegenheit zum Amtsmissbrauch. Auch honorierte das Regime »gutes Benehmen« der Unterworfenen mit besonderen Vergünstigungen. In ihren Genuss kamen vor allem die eingeborenen Magnaten; mehr und mehr verschwägerten sie sich mit dem venezianischen Adel, unterhielten Paläste in der Lagunenstadt, und schließlich machte sie die Interessensolidarität mit dem Eroberer zu dessen Stütze. Umso schwereren Belastungen waren die Bauern ausgesetzt; sie waren meist der fremden oder einheimischen Nobilität hörig und unterstanden – wie auch die kleinen freien Landeigentümer – der Verpflichtung, bei Angriffen der Piraten und Türken Dienst in den Garnisonen oder, schlimmer noch, auf den Galeeren zu tun. Davon blieb die griechische Stadtbevölkerung verschont. Sie hatte andere, kaum geringere Sorgen: Der merkantilistische Zentralismus nahm ihnen fast allen wirtschaftlichen Atem, da er den gesamten Handel ausschließlich über venezianische Kaufleute und Schiffe laufen ließ. Und alle, Stadt und Land, litten unter der harten Steuerpolitik des Regimes. So nahmen die Aufstände allmählich sozialen Charakter an, der die Fronten verschob: Griechische Bauern und Kleinbürger, manches Mal auch venezianische Landwirte (die auf ihren kleinen Soldatenlehen keine ausreichende Existenz gefunden hatten) standen wiederholt gemeinsam gegen die venezianisch-griechische Adeligenallianz auf.

Diese Konstellation machte Geschichte, vor allem auf Kreta, das sich während der 450-jährigen Venezianerherrschaft, von einigen Erschöpfungspausen abgesehen, im fast permanenten Aufruhr befand (wie übrigens später auch unter den Türken). So billig die Markusrepublik die Erwerbung Kretas gekommen war, so teuer machte ihr die aufsässige Bevölkerung seine Erhaltung. Für sich allein genommen, mag daher in der Gewinnrechnung der Lagunenstadt Kreta keine sonderlich gute Figur gemacht haben,; als »Schlüssel« für die Ägäis und die Levante war die Insel für sie von unbezahlbarem Wert. Sie behielten ihn bis 1669, als die Welt ringsum schon längst in der Türkenflut untergegangen war.

Als »Augapfel und rechte Hand« war Euböa die zweitstärkste Bastion Venedigs im östlichen Mittelmeer; mit ihm und mit Kreta hielt es die Ägäis gleichsam in der Zange. Die griechische Bevölkerung der Insel machte der Markusrepublik weniger zu schaffen; sie sah in ihr das geringste der zeitgegebenen Übel und schätzte sie als Schutzmacht gegen die Piraten, die ihre lang gestreckten Küsten fast pausenlos heimsuchten. War aber Kreta gegen den äußeren Feind durch seine isolierte Lage leidlich gesichert, die zudem die Überlegenheit der venezianischen Flotte voll zur Geltung brachte, so war die Verteidigung Euböas durch die Festlandsnähe für die Seemacht Venedig erschwert. Die gleiche Eigenschaft aber wirkte sich wirtschaftlich überaus positiv aus, und so hielt die Lagunenstadt unter erheblichem Kraftaufwand zäh an diesem stets gefährdeten Besitz fest, der ihr zur nördlichen Flankendeckung der Kykladenkolonien auch strategisch wichtig war – bis auch Euböa 1470 dem unwiderstehlichen Türkensturm erlag. Die ersten Anfälle hatten die Verteidiger Negropontes abgewehrt; als sie aber die Aufforderung der Belagerer zur Übergabe mit der tödlichen Beleidigung verhöhnten, sie sollten erst »Schweinefleisch essen und dann stürmen«, da kannte die Wut der Türken keinen Halt mehr und kein Pardon. Im Kampf verloren an die 25.000 Muslime und 6000 Christen das Leben.

Ein völlig anderes System hatte Venedig der Beherrschung der Kykladenwelt zugrunde gelegt. In der richtigen Erkenntnis, dass die Eroberung der zahllosen kleinen und unfruchtbaren Inseln sich wirtschaftlich nicht auszahlen und seine Kräfte nur zersplittern würde, überließ es sie den großen Familien der Republik zum persönlichen Besitz mit freier Verfügungsgewalt nach innen – sie mussten ihn freilich noch auf ihre Kosten erkämpfen. Die Mutterstadt behielt sich nur die Führung des Handels und der Außenpolitik vor; die Inselbarone waren ihr zur Treue verpflichtet, weshalb sie auch keine Nichtvenezianer zu Erben einsetzen durften. So wurde nach der fränkischen Eroberung Konstantinopels »Hellas im Dogensaal ausgeboten«. Die verlockende Offerte fand genug wagemutige Bewerber. – Dieses System bewährte sich mehr als dreiundeinhalb Jahrhunderte, nicht zuletzt dank der Präsenz der venezianischen Schiffe in den ägäischen Gewässern: Die Inselfürsten, deren schmale Herrschaftsbasen zur Unterhaltung eigener Flotten nicht ausreichten, blieben auf den Schutz der venezianischen Seemacht angewiesen; auch bedurften sie ihrer als Schiedsrichter zur Beilegung ihrer internen Konflikte.

Den Hauptbrocken beim ägäischen Ausverkauf wusste sich Marco Sanudo zu verschaffen, ein Neffe des alten Dogen Dandolo.

Während des Kreuzzuges hatte er sich durch seine Tapferkeit hervorgetan, dann durch sein diplomatisches Geschick als Verhandlungsführer beim Kauf von Kreta, wofür ihn die Republik mit einem Richterposten an ihrem Gerichtshof in Konstantinopel belohnte. Doch das ägäische Abenteuer war mehr nach seinem Geschmack. An gleichgestimmten Gesellen fehlte es auch nicht, die bereit waren, für ein Inselchen aus seiner Hand ihre Haut zu riskieren. Mit ihnen bemannte Sanudo die acht Galeeren, die er in Konstantinopel auf seine Rechnung ausrüstete.

Die Venezianer stießen zunächst auf keinen nennenswerten Widerstand, auch nicht von Seiten des Leon Gabalas, des griechischen Archon von Rhodos und Karpathos und »Herrn der Kykladen«, wie er sich nannte (er zog es dann doch vor, sich für zwölf Jahre der Lehensherrschaft Venedigs zu unterstellen). Bald waren 17 Inseln unterworfen. Nur auf Naxos, der Perle in der ägäischen Kette, waren genuesische Piraten den venezianischen Eroberern zuvorgekommen und hielten die Burg besetzt. Sanudo verbrannte kurzerhand seine Schiffe und ersuchte seine Gefährten, zwischen Kampf und Tod zu wählen; sie entschieden sich denn doch fürs erstere – mit dem Erfolg, dass die genuesischen Verteidiger der Festung nach fünfwöchiger Belagerung kapitulierten.

Das war im Jahr 1207. Sanudo machte den Ort zur Hauptstadt seines standfesten »Herzogtums von Naxos und des Dodekanes«, das zehn weitere Inseln umfasste: Paros, Antiparos, Syra, Kithnos, Siphnos, Kimonos, Milos, Sikinos, Ios und Amorgos. Auch löste er sein Wort ein und vergab mehrere Inseln als Unterlehen an seine Gefolgsleute: Marino Dandolo (ein anderer Neffe des großen Dogen) bekam Andros, Leonardo Foscolo das schwer zugängliche Anaphi. Santorin ging an Jacopo Barozzi und an die Quirini Astipaläa. Die unternehmenden Brüder Andrea und Gheremia Ghisi begnügten sich nicht mit Mykonos und Tinos, die ihnen Sanudo zugeschlagen hatte, sie eroberten sich noch als unmittelbaren Besitz die Sporaden Skyros, Skopelos, Skiathos und in Verbindung mit Domenico Michieli und Pietro Giustiniani auch Kea und Seriphos; mit Skyros und Tinos gerieten sie übrigens in einen – ungestraften – Widerspruch zum Teilungsvertrag, der beide Inseln dem lateinischen Kaiser vorbehalten hatte. Ferner wurden Marco Venier mit Kythera (Cerigo) und Jacopo Viaro mit Antikythera (Cerigotto) abgefunden.* Nur Patmos wurde – offenbar wegen seines religiösen Rufes – von den Venezianern in seiner Unabhängigkeit respektiert und sogar gefördert; dieselbe Schonung ließen übrigens später auch die Türken der Johannesinsel angedeihen.

Am östlichen Inselrand der Ägäis konnte sich naturgemäß der venezianische Einfluss weniger zur Geltung bringen; dort waren nach dem vierten Kreuzzug die Genueser zum Zuge gekommen, die sich den Byzantinern als Gegner Venedigs verdient gemacht hatten. Nicht weniger als vier Kriege führten die beiden italienischen Städte im 13. und 14. Jahrhundert um die Handelsvormacht in der Levante. Die Entscheidung in diesem »Hundertjährigen Krieg« fiel schließlich zugunsten der Markusrepublik in der Seeschlacht von Chioggia 1379; Genua geriet in der Folge unter die Herrschaft Frankreichs, dann Mailands. Gleichwohl hielten einzelne genuesische Geschlechter noch lange die ostägäischen Inselvorposten.

Lemnos war im Teilungsvertrag an den lateinischen Kaiser gefallen; da dieser von seinem Anspruch nicht Gebrauch machte, bemächtigte sich Filocalo Navagaio der Insel und unterstellte sich bald darauf der Lehenshoheit des wiedererstarkten byzantinischen Kaisers, womit er ihren Rückfall an das griechische Reich (1268) jedoch

* Heiraten, das Erlöschen einzelner Familien und gewaltsame Handstreiche sorgten im Laufe der 350 Jahre währenden Venezianerherrschaft zu manchen Besitzveränderungen auf den Inseln; darüber unterrichtet im Anhang die »Geschlechtertafel der italienischen Inselherzöge in der Ägäis«.

nur um wenige Jahrzehnte verzögern konnte. Dennoch gelangte Lemnos von 1453 bis 1537 in den Besitz der genuesischen Gattilusi; sie erhielten es gleichsam als Abfindung für das reichere Lesbos, darüber sie von 1355 bis 1462 geboten. Rund 120 Jahre auch hielt sich die genuesische »Maona«, das Unternehmerkartell der Giustiniani, auf Samos und dem mastixreichen Chios. Noch länger behauptete sich die venezianische Familie Cornaro auf Karpathos – von 1306 bis 1537.

Die Barone vermochten ihr Regime auf den Inseln schlecht und recht zu sichern – für Recht und Ordnung in den ägäischen Gewässern zu sorgen, dazu reichte ihre Macht nicht aus, und auch nicht die Venedigs, das, unablässig in Kriege verstrickt, nicht überall gegenwärtig sein konnte. Die Zersplitterung der Machtverhältnisse auf dem Land nährte weiterhin die Anarchie zur See. So hatten sich wieder einmal alle Voraussetzungen zu einer Hochkonjunktur der Piraterie versammelt.

Unfähig, diese Seuche auszurotten, stimmten bald alle Küstenherren in das Geheul der Wölfe ein, in einen wüsten Wettbewerb der Seeräuberei – die Genuesen voran, Venezianer, Lombarden, Sizilianer, Provenzalen, Katalanen, Gasmoulis und natürlich auch Griechen. Besonderen Ruhm erwarben sich unter den Korsaren christliche Renegaten in byzantinischen Diensten. So Licario, ein Knecht aus dem euböischen Karystos, der seine Ressentiments gegen die gleichblütigen Herrengeschlechter in unbarmherziger Piraterie abreagierte; um 1278 eroberte er fast seine ganze Heimatinsel (außer Negroponte), viele Kykladen und die beiden Kythera – der griechische Kaiser lohnte es ihm mit dem Admiralsrang samt dem dazugehörigen Herzogstitel. Nicht nach stand ihm, Nachfolger auch im Amt des byzantinischen Flottenchefs, der in Anaphi gebürtige fränkische Korsarenkapitän Giovanni de lo Cavo, der besonders Samos und Euböa heimsuchte und zwei schwer beladene Handelsschiffe der Sanudi kaperte. Gefürchtet waren nicht minder der Genuese Andrea Goffore, der sich später mit der reichen Ernte seiner Arbeit als biederer Bürger in Athen zur Ruhe setzte, und Roland, ein Ritter aus Saloniki. Dies Geschäft wurde meist als Familienunternehmen betrieben und den natürlichen Erben vermacht; so folgte dem de lo Cavo der Sohn, dem Roland ein Schwiegersohn, während Goffore einen Bruder in seiner Firma beschäftigte.

Und alle, alle kamen. Die lombardischen Herren schickten jedes Jahr 100 Segler zum Seeraub in die Ägäis; unter ihnen taten sich namentlich die dalle Carceri hervor – sie hatten es nicht nur auf die Griechen abgesehen, sondern auch auf die frommen Pilger auf der Seefahrt zum Heiligen Grab. Selbst die Herzogsfamilie de la Roche, bei Nauplia ansässig, fand das Piratenhandwerk nicht unter ihrer Würde, sowenig wie Roger de Lluria, der Admiral König Jakobs von Aragonien, der 1292 Chios und Naxos plünderte. Da wollten natürlich auch die griechischen Archontenfamilien nicht fehlen, die Daimonnoyannai und die Manomadeses von Monemvasia. Mit diesem zählten zu den Hauptplätzen der Seeräuberei Nauplia, Kea, Skopelos, Samothrake und das kleinasiatische Aenea.

Ganz schlimm wurde es, als der byzantinische Kaiser Andronikos II., mehr der Theologie als dem Staate zugetan, den zehnjährigen Waffenstillstandsvertrag mit Venedig (1285) zum Anlass nahm, seine Flotte total abzurüsten. Aber auch Venedig trug nicht geringe Schuld an den chaotischen Verhältnissen: Selber außerstande, Recht und Ruhe in der Ägäis herzustellen, untersagte es dennoch den fränkischen Küstenherren den Flottenbau – seine ganze Politik war darauf angelegt, in den griechischen Gewässern keine andere Seemacht neben sich aufkommen zu lassen.

Die gleiche Not hatte aber für die Inselfürsten auch ihr Gutes: Sie machte die Inselgriechen geneigter, die fremden Herren hinzunehmen, die sie, wenn auch nur notdürftig, gegen die Seeräuber schützten. Aus eben demselben Grunde suchten die Barone sich der Loyalität des eingeborenen Volkes durch ein tolerantes Regime zu vergewissern. Meist schonten auch sie den orthodoxen Glauben, wenngleich Marco I. Sanudo einen katholischen Erzbischof auf Naxos installierte, mit vier Suffraganen auf Milos, Santorin, Tinos, Syra; auch Andros bekam einen Bischof, der jedoch Athen unterstellt war. Auf allen diesen Inseln (und nur auf ihnen) hat sich bis heute eine Minderheit im Katholizismus behauptet; da er nie gewaltsam Mission trieb, entstammen seine Anhänger meist venezianisch-griechischen Mischehen.

Marcos Ehrgeiz hatte anfangs noch weiter gezielt. Nach 1213 hatte er mit acht Galeeren Smyrna erobert, war dann aber von der viermal größeren Flotte des byzantinischen Kaisers Theodoros Laskaris geschlagen und gefangen genommen worden. Der Kaiser nahm ihm zwar die Beute ab, doch angetan von der Tapferkeit und Schönheit seines Gefangenen, schenkte er ihm nicht nur die Freiheit, sondern auch seine Schwester zur Frau. Der Sohn aus dieser Ehe, Angelo, bezeugte gleichwohl der lateinischen Sache und der Lagunenstadt eine uneingeschränktere Treue als der eigensinnige Vater, dem er 1227 in der Herrschaft folgte; sein griechisches Blut hingegen ließ er in der Behandlung seiner unterworfenen Landsleute zur Wort kommen – 1262 starb er, »geliebt vom Volke«, wie glaubwürdig berichtet wird.

Je nach der Größe seiner Insel erbaute der venezianische Herr ein oder mehrere Kastelle. Nicht alle residierten wie die Herzöge von Naxos (wo es sich allerdings auch lohnte) auf ihren Inseln. Viele der kleineren Vasallen, die über privaten Besitz in den venezianischen Kolonien verfügten oder Staatsämter auf Kreta innehatten, fanden an dem geselligeren und glänzenderen Leben Venedigs mehr Gefallen als an der öden Abgeschiedenheit ihrer grimmen Inselburgen. So regierten die Barozzi Santorin von ihren kretischen Gütern aus, und Marino Dandolo war häufiger in seinem Palast in Venedig zu sehen als auf Andros. Kein Wunder, wenn unter diesen Umständen die »Kultur« in der Ägäis zu kurz kam – mit der Ausnahme Kretas, wo zwischen dem 15. und 17. Jahrhundert aus der Ehe venezianischen Stilwillens und griechischer Empfindung eine eigenartige, hintergründige Mischkultur hervorging. Sie entwickelte die erste neugriechische Volksliteratur, und zwar vor allem im lyrischen Heldenepos – darunter der »Erotokritos« des Kornaros (der »neugriechische Homer«) europäischen Ruhm erlangte – und im Theater; als Erster versuchte sich der Kreter Skouphos (1644–1697) auch in neugriechischer Kunstprosa. Wohl noch bedeutsamer waren ihre Ansätze in der Malerei, die ihren höchsten Ausdruck in dem nach Italien und Spanien emigrierten Domenico Theotokopoulus fand, genannt el Greco (1541–1613). Doch der Türkenorkan brach diese frühe Blüte, noch ehe sie zur Frucht ausgereift war.

Die Geschichte der Inseln ist zu dieser Zeit voller aparter Geschichten, in ihrer Linienlosigkeit jedoch ohne »Geschichte«. Im monotonen Kreislauf wechseln gute mit bösen, schwache mit starken Herrschern, befehden die Barone einander um Besitztitel und Erbansprüche, züchtigt Venedig bald den einen, dann den anderen, und immer wieder fallen die Korsaren ein – besonders gern in den Erntemonaten (weshalb viele Bewohner, die nicht für andere säen wollten, nach Kreta flüchteten). Gegen Ende des 13. Jahrhunderts, da Marco II. (1262–1303) über Naxos regierte, griff die griechische Reconquista auch auf die Ägäis über; die byzantinische Flotte befreite 11 Inseln für ein Menschenalter – nur noch die beiden mächtigsten Dynastien, die Sanudi und die Ghisi, hielten sich auf ihren Hauptinseln, und auch sie hätten wohl das Feld räumen müssen, wäre nicht die griechische Kraft unter dem »Theologen« Andronikos II. vorzeitig erlahmt; so konnten die Inselbarone zum beginnenden 14. Jahrhundert ihren Besitz (außer Lemnos) wieder zurückerobern.

Halbmond contra Markuslöwe

Es besteht eine erstaunliche Übereinstimmung zwischen dem venezianischen Levante-Dominium und dem britischen Imperium. Beide erwuchsen aus dem wirtschaftlichen Interesse, beide waren auf die Sicherung der maritimen Handelsstraßen durch eine Kette fester Stützpunkte angelegt. Noch vor England entwickelte die Markusrepublik die hohe »Politik des Gleichgewichts« mittels der Prinzipien der wechselnden Fronten und des »teile und herrsche«, bevorzugte sie die indirekte Herrschaftsmethode und wachte eifersüchtig über ihren Vorrang als Seemacht. Und gleich dem britischen erwachte der venezianische Löwe erst in der äußersten Not zu seiner vollen Kraft, während er sich in den ruhigeren Zeiten auf die faule Haut legte. Unerreicht in der Meisterschaft, sich aus Krisen herauszuwinden oder herauszuschlagen, war Venedig (wiederum gleich London) ein Stümper in der politischen Prophylaxe; ja es beschwor die Gefahren erst herauf und entfesselte sie durch die Nachlässigkeit eines Überlegenheitsbewusstseins, das im Vertrauen auf sein Improvisationstalent sich der Vorsorge enthalten zu können glaubte.

An dieser Eigenschaft ist die Markusrepublik zugrunde gegangen: Sie machte Venedig blind gegen den aufziehenden Türkensturm und hieß es an der alten Politik der Zersplitterung der ägäischen Kräfte auch dann noch festhalten, als deren Einigung gegen die Osmanendrohung längst schon geboten war. Als der Markuslöwe schließlich doch erwachte, da waren bereits seine potenziellen Bundesgenossen vom Türken verschlungen.

Eine Landmacht glaubte das venezianische Seeimperium niemals fürchten zu müssen – das erklärt seine verhängnisvolle Unterschätzung der Türkengefahr. Doch wie sich damals, im 7. Jahrhundert, zum tödlichen Erstaunen der meeresbeherrschenden Byzantiner die Araber über Nacht vom Wüstenstamm in ein Seefahrervolk verwandelten, so erging es nun den Venezianern mit den Osmanen. Bereits 1324 plünderten türkische Korsaren die Kykladen, 1341 kommen sie wieder, unter Omardar von Aidin schon so stark, dass sie dem Herzog von Naxos Tribut abfordern können; an dieser Praxis hielten sie – mit Unterbrechungen – bis zum endgültigen Sturz der venezianischen Inselherrschaft fest.

Ihr Ende verzögerte sich, da der Türkenstoß zunächst kontinental gerichtet war und die Ägäis als Nebenfront liegen ließ. Bereits 1337 war das ganze Kleinasien in ihrer Hand. Durch die Siege auf dem Amselfeld (1389 über die Serben) und bei Nikopolis (1396 über die Ungarn und ein Kreuzfahrerheer) bemächtigten sie sich des südlichen Balkans sowie Nord- und Mittelgriechenlands, sodass das Byzantinische Reich um 1400 auf Konstantinopel und den Peloponnes zusammenschrumpfte. Auch sie waren schon fallreif. Da kam den Griechen – und den Venezianern – in letzter Minute nochmals ein rettender Deus ex machina zu Hilfe, in Gestalt der Mongolen; ihrem rasenden Sturm konnten selbst die Türken nicht standhalten – Timur besiegte sie 1402 bei Ankara und trieb sie ins Innere Asiens zurück.

Doch das mongolische Strohfeuer verzehrte sich schon nach zwei Jahrzehnten, und kurz darauf stießen die Türken wieder westwärts vor, in die leer gebrannten Räume hinein. Diese Atempause, diese Gnadenfrist ist von den christlichen Mächten nicht zum Aufbau einer starken Abwehrfront genutzt worden. Zwar ließ es Byzanz, früher und stärker von den Osmanen unter Druck gesetzt, an Versuchen zur Bildung einer gemeinsamen Verteidigungsfront nicht fehlen, selbst um den Preis der konfessionellen Unterwerfung unter Rom, den der Westen seiner Bündnisbereitschaft voraussetzte; doch das griechische Volk war nicht willens, seine politische durch den Verzicht auf seine religiöse Freiheit zu erkaufen, und so löste es das Wort seines Kaisers nicht ein, das dieser auf den Unionskonferenzen von Ferrara und Florenz (1439) und dann noch einmal in Konstantinopel (Dezember 1452) verpfändet hatte. Die Einigung zu dieser Stunde wäre wohl auch zu spät gekommen, denn 1444 war ein letztes Aufgebot der Kreuzfahrer von den Türken bei Warna vernichtend geschlagen worden. So blieb Konstantinopel in dem ungleichen Kampf (unterstützt nur von einer geringen genuesischen Flotteneinheit) gegen den übermächtigen Gegner allein. Nach fast zweimonatiger verzweifelter Gegenwehr fiel die Stadt – im Handgemenge fand Kaiser Konstantin XI. Dragases den gesuchten Tod: Am 1. Juni 1453 zieht der Sultan hoch zu Pferd in die Metropole ein, die fortan unter dem Namen Istanbul auch den Osmanen als Hauptstadt diente. – Damit ist das Schicksal des Byzantinischen Reiches endgültig besiegelt. Ein kurzes Aufräumen bringt seine verstümmelten Reste in die türkische Scheuer. 1456 weht der Halbmond über der Akropolis, 1460 ducken sich schließlich auch die Palaiologen auf dem Peloponnes.

Venedig hatte sich den Hilferufen Konstantinopels verschlossen. Es glaubte, sich durch das Ausspielen der neutralen Karte das türkische Wohlwollen erkaufen und über den Handel zu einem guten Einvernehmen mit der Pforte gelangen zu können. Doch wie so oft stach dies vermeintliche Trumpfblatt auch diesmal nicht. Die Türken dachten nicht daran, das Stillhalten Venedigs zu honorieren; sie gingen auf das Ganze; und die Markusrepublik, welche die anderen ägäischen Christenmächte allein gelassen hatte, musste nun allein kämpfen. Und es kämpfte, zäh und verbissen, um jeden Fußbreit Boden, zwei Jahrhunderte hindurch.

Nach dem Fall von Konstantinopel gönnten sich die Osmanen keine Ruhepause. Zunächst säuberte Mohammed die ostägäische Küste von den genuesischen Herren: Er nimmt das alaunreiche Phokaia, dann Imbros und Thasos; schließlich vertreibt er die Gattilusi erst von Samothrake, dann von Lesbos (1462).

Sein nächstes Ziel: der südöstliche Grenzbogen der Ägäis, Rhodos und der Dodekanes, wo die Johanniter die letzte Bastion der westlichen Christenheit gegen die Osmanen verteidigten, ihnen den Seeweg zu den arabischen Ländern sperrten und in Erwartung besserer Zeiten (die nicht kamen) die Flanke der Kreuzfahrerroute nach Jerusalem deckten.

Dort, im Heiligen Land, hatten sie als Hospitalgemeinschaft begonnen, zur Pflege kranker und zur Versorgung hungernder Pilger. 1113 verlieh ihnen eine päpstliche Bulle den Status eines Ordens; in ihm hatten die Ritter das Sagen – meist Franzosen, aber auch Italiener, Spanier, Engländer und Deutsche. Als 1291 die letzte Christenfestung, Akkon, fiel, zogen sich die Johanniter zunächst – für ein kurzes Zwischenspiel – nach Zypern zurück. Unter dem Druck der Ereignisse mutierte der Orden von der karitativen zur militanten Zweckbestimmung, um die dahinsiechende Kreuzzugsbegeisterung am Leben zu erhalten. So kam ihm die Offerte des Genuesen Vignolo de Vignoli gelegen, eines Freibeuters von Format, mit ihm das byzantinische Rhodos und die umliegenden Inseln zu erobern. Nach dreijährigen Kämpfen bemächtigten sich die Ritter 1309 des Dodekanes und bauten ihn – mit 10 Burgen allein auf Rhodos und Bollwerken auf Kos, Symi, Tilos, Kalymnos und Leros – zur Basis einer beachtlichen Seemacht aus, welche die türkische Expansion (nach dem Fall Konstantinopels 1453) empfindlich störte. Zwei Jahrhunderte behaupteten sie ihr Klein-Imperium, die reiche Beute ihrer Raubzüge in prächtige Bauwerke investierend, denen der rhodische Stadtkern noch heute seinen »gotischen« Charakter verdankt.

1480 unternahmen die Osmanen unter Mohammed II. den Versuch, den Johanniter-Stachel aus ihrem Leib zu ziehen; seinen Beinamen »der Eroberer« holte er sich freilich nicht von Rhodos, dessen Belagerung er nach drei Monaten erfolglos abbrechen musste. Was ihm versagt blieb, erreichte vier Jahrzehnte später Soliman II.

der Prächtige: Seinen 300 Schiffen und 140.000 türkischen Soldaten waren die Verteidiger, 600 Ritter und 4500 Söldner, nicht gewachsen – in der Nacht zum 1. Januar 1523 mussten die Johanniter nach Gewährung des freien Abzugs vor der vielfachen Übermacht kapitulieren und den Dodekanes räumen. Auf Malta fanden sie eine neue Heimstätte (nach der sie fortan als »Malteser« firmierten), ohne je wieder zu geschichtlicher Bedeutung aufzulaufen.

Mit Rhodos war die letzte Schranke zwischen den Türken und den Venezianern in der Ägäis gefallen. Der mehr als 200-jährige Krieg zwischen ihnen (bis zum Fall Kretas) war freilich schon 1463 ausgebrochen. Die Venezianer riefen die Griechen zum Freiheitskampf auf, und diese folgten ihrem Ruf – die Spartaner unter Michael Rhallis, die Arkadier unter Petros Boua, dem albanischen Abkömmling, und die Männer von Mani natürlich, die nie einen Waffengang verschmähten. Aus ihnen rekrutierte sich die berühmte Reitertruppe der Stradioti. Ihr Name leitet sich nicht vom griechischen *stratiotai* (Soldaten) ab, sondern vom italienischen *strada* (Straße), weil sie ständig unterwegs waren. Im 16. Jahrhundert kamen sie als Söldner in ganz Europa herum, bis hinauf nach Schottland. Sie hatten eigene Waffen: den langen Wurfspieß mit Eisenspitzen an beiden Enden und den am Sattel hängenden Streitkolben, zu dem sie griffen, wenn das Pferd gefallen war. Ihrem legendären Mut war ihre Eitelkeit ebenbürtig – ein ebenso dankbares wie unerschöpfliches Thema für die venezianische Komödie. – Die Inselgriechen standen ihnen an Tapferkeit nicht nach. Besonders von sich reden machte Maroula, ein Mädchen von Lemnos. Das Inselkastell schien bereits (1470) verloren, da ergriff sie Schwert und Schild des zu Tode getroffenen Vaters und riss die schon wankenden Verteidiger mit sich fort, zu solch entfesseltem Furioso, dass die türkischen Belagerer das Weite suchten. Zum Danke hießen sie die Venezianer unter ihren vornehmsten Offizieren den Gatten wählen.

Doch alle Tapferkeit vermochte nichts wider die Übermacht der nicht minder tapferen Türken. In drei Kriegen (1463–1479, 1499–1503, 1537–1540) musste Venedig immer weiter zurückweichen und büßte schließlich seinen gesamten griechischen Festlandsbesitz ein, auch die wichtigen Stützpunkte Koroni, Methoni, Monemvasia und Nauplia. Und dann wandte sich der Türkensturm mit voller Wucht der Ägäis zu, unter dem unprächtigen Chaireddin Barbarossa, dem Admiral Suleimans des Prächtigen – die schlimmste Korsarengeißel, die je die Inseln schlug: auch er (natürlich, möchte man sagen) ein Renegat, auf Lesbos geboren aus der Ehe eines Franken und einer Griechin. 1537 sucht der unbarmherzige Rotbart mit 70 Galeeren und 30 kleineren Schiffen Kythera und Ägina heim, zerstört dort den Hauptort Paläochora und führt 6000 Gefangene als Sklaven weg; als kurz darauf der Franzose Baron de Blancard Ägina anlief, traf er keine Menschenseele auf der Insel an. Dann verjagt er die venezianischen Barone von Seriphos, Ios, Anaphi, Antiparos, Astipaläa und Amorgos – im Frieden von 1540 muss sie Venedig endgültig den Osmanen überschreiben. Nur Paros wehrt sich verzweifelt unter dem tapferen Bernardo Sagredo, der sich in der Festung Kephalos verschanzt hat – vergebens. Den 6000 Pariern ergeht es nicht besser als den Leuten der anderen Inseln: Die Alten werden niedergemacht, die jungen Männer an die Riemen der Galeeren gekettet, die Knaben in die Janitscharentruppe, die osmanische Eliteeinheit, gesteckt, während die Mädchen, deren hübscheste er für seine Offiziere aussucht, am Strande vor Chaireddin tanzen müssen. Naxos entgeht dem gleichen Geschick durch die Kapitulation; Giovanni IV. kann sich sogar gegen einen Jahrestribut von 5000 Dukaten in der Herrschaft behaupten. Auch Andros wird tributär; Mykonos und Kea hingegen gehen an die Pforte verloren. Allein Tinos hält sich, dank der Unterstützung der Venezianer durch die griechische Bevölkerung, noch bis 1715 in der vollen Freiheit! – Im Jahre darauf vereinnahmt Chaireddin auch noch die restlichen Inseln, die Nordsporaden.

Ein neues Kapitel im Buche Griechenlands beginnt. Um das Jahr 1000 sagte Nikephoros Phokas, der Kaiser von Byzanz: »Die Herrschaft über das Meer ruht bei mir allein.« Ein halbes Jahrtausend später vermag der Sultan der Türken aufzutrumpfen: »Bisher wart ihr dem Meere vermählt, fortan gehört es mir.« Dazwischen war Venedig die »Herrscherin der Meere«. Jetzt aber konnten die Franzosen über den adligen Senat der Markusrepublik spotten: »Diese alte Hahnreigilde will das Meer zum Weibe haben; ja, sie sind die Ehegemahle, und der Türke ist der Hausfreund.« – An diesem Wort ist auch wahr, dass die Ägäis ein Weib ist (ein schönes, versteht sich, und mit ewiger Jugend begabt): launisch in der Stimmung, eigenwillig in seinen Impulsen, sanft und heftig, zärtlich und grausam, leichtfertig und beständig, von Widerspruch zu Widerspruch tänzelnd, oberflächlich und nicht auszuloten in seiner Abgründigkeit, unfassbar in seiner Seele, und immer nur sie selber und jedem fremden Willen entgleitend – wer immer sie sich nimmt, sie zerrinnt ihm zwischen den Händen.

Noch zweimal zeigte der gealterte Markuslöwe, dass er nicht sämtliche Zähne verloren hatte und nicht gewillt war, auf alle seine ehelichen Rechte zu verzichten. Dem unersättlichen Appetit des Sultans verlangte es schließlich auch noch nach Kreta, der größten und fruchtbarsten aller Inseln in der Ägäis. Die Venezianer machten ihm die Eroberung nicht leicht. Im Krieg um ihren letzten und wichtigsten Besitz rafften sie sich noch einmal zu einer gewaltigen Kraftanstrengung auf, sodass sich die türkische Belagerung über ein Vierteljahrhundert hinzog – von 1645 bis 1669. Bald darauf nutzten die Venezianer, die den Verlust Kretas nicht überwinden konnten, eine Stunde der osmanischen Bedrängnis zu einem Gegenstoß, der ihnen 1699 für zwei Jahrzehnte den Peloponnes (und vorübergehend auch Ägina und Athen) einbrachte; kaum aber hatten die Türken, nach der Beendigung des Nordischen Krieges gegen die Russen, den Rücken wieder frei, da korrigierten sie eilends ihren peloponnesischen Schwächeanfall: Im Frieden von Passarowitz (1718) setzten sie das Schlusszeichen hinter das venezianische Intermezzo in Griechenland; es währte übrigens gleich lange, wie das türkische dauern sollte. Was die Griechen angeht, so tauschten sie mit ihm das kleinere gegen das größere Übel ein.

Zion auf Naxos

In anderer Tonart verklang das venezianische Herzogtum von Naxos – im Stile eines leicht melancholischen Operettenfinales. Seit Chaireddin Barbarossas Plünderfahrten war es in die völlige Abhängigkeit der Türken gesunken. Der Herzog übte sein Regime nicht mehr als freier Herr aus, sondern gleichsam in Pacht. Während die Türken ringsum die Inselbarone verjagt hatten, duldeten sie noch den Venezianer auf Naxos, wohl weil er mehr Tribut zahlte, als sie selber aus dem relativ ansehnlichen Besitz hätten herauspressen können; ja, sie begegneten ihm mit einem gewissen Wohlwollen und händigten ihm die Verwaltung über mehrere Inseln aus, die sie seinen Landsleuten abgenommen hatten. So gebot der Herzog zum Beginn es 16. Jahrhunderts wieder über sechzehn Inseln, davon jedoch nur noch fünf bewohnt waren – Naxos, Paros, Santorin, Milos und Syra; er konnte es sich sogar leisten, den Premarini Kea zu nehmen und Mykonos als Mitgift seiner Tochter zu verleihen, die er Gian Francesco Sommaripa, dem letzten lateinischen Herrn von Andros, zur Frau gab.

Nach innen aber verengte die Pforte seine Handlungsfreiheit, indem sie zunehmend die griechische Bevölkerung gegen ihn ausspielte; alljährlich entsandte sie einen Vertreter nach Naxos, der den

Beschwerden des Volkes sein Ohr zu leihen hatte, sodass der Herzog es kaum noch wagte, gegen Verbrechen richterlich vorzugehen. Verlassen konnte er sich allein auf seine lateinischen Gefolgsleute, die nur ein Zwanzigstel der Gesamtbevölkerung ausmachten. Zu seinem Autoritätsschwund gesellte sich auch eine wachsende Unpopularität, da er genötigt war, zur Aufbringung der Tribute und der Bestechungsgelder für die türkischen Beamten die Einheimischen noch härter auszuquetschen. So gärte die Unzufriedenheit in den Griechen, und sie machte sie – unter Führung des orthodoxen Klerus – zusehends aufsässiger; die Verbannung des katholischen Erzbischofs im Jahre 1559 brachte sie nur vorübergehend zur Ruhe.

Vollends entglitten dem Herzogtum die Zügel, nachdem Giacomo IV., sein letzter lateinischer Spross, 1564 die Herrschaft angetreten hatte. Das sichere Ende vor Augen, huldigte er der fröhlichen Trauerparole »Nach mir die Sintflut«, und der Hof blieb seiner Devise nichts schuldig. Besonders verübelte es der griechische Sinn für Maß und Sitte, dass auch der katholische Klerus an den feudalen Ausschweifungen teilhatte und das öffentliche Konkubinat nicht scheute. Als dann gar ein katholischer Priester seine verstorbene Geliebte zu Grabe geleitete und die Kondolenzen seiner Freunde entgegennahm, da war das Maß voll und die Revolution unvermeidlich! Nach dem Vorbild von Chios, wo Gleiches geschehen, schickten die Naxioten zwei Gesandte zur Pforte mit der Bitte, ihnen einen züchtigeren Herrscher zu bescheren. Der Herzog, der Wind von ihrem Unternehmen bekommen hatte, leerte eilends seine Kassen (und die seiner Untertanen) und segelte mit 12.000 Dukaten den Bittstellern nach. Doch in Konstantinopel empfing ihn die Ungnade; der Sultan erleichterte ihn nicht nur um das mitgebrachte Geld, sondern nahm ihm seinen gesamten Besitz und warf ihn ins Gefängnis – nach einem halben Jahr entlassen, starb er 1576 an gebrochenem Herzen. So endete nach 359 Jahren das venezianische Herzogtum von Naxos.

Der junge Sultan Selim II. hatte bereits einen Nachfolger für die naxiotische Herzogswürde zur Hand, seinen Günstling Joseph Nasi, einen Abenteurer von Format, der in Portugal als Kind einer jüdischen Familie geboren war. Dort war er, um der Glaubensverfolgung zu entgehen, zum Christentum übergetreten und hatte seinen angeborenen Namen mit dem eines João Miquez vertauscht, als welcher er zu einer vermögenden Tante nach Antwerpen übersiedelte. Mit ihrer Hilfe gewann er die Gunst der niederländischen Regentin Maria, der Schwester Karls V., und durch seine Schönheit die Liebe und schließlich auch die Hand ihrer Nichte. Dem Paar schien es aber doch geraten, zunächst nach Italien und dann nach London zu emigrieren, wo Miquez eine Bank gründete und Kreditgeschäfte für die französische Krone tätigte. Aber auch dort war seines Bleibens nicht. Mit einem Empfehlungsbrief des französischen Gesandten in Rom gelangte er nach Konstantinopel, das den Juden wohlgesonnen war. Mit exquisiten Weinen und Süßigkeiten gewinnt er sich die Neigung des späteren Sultan Selim II. Inzwischen war er zu seinem alten Glauben und zu seinem alten Namen zurückgekehrt. Doch Nasi verstand sich nicht nur auf Geld und Politik, er war auch ein Idealist: Sein unruhiges Schicksal machte ihn zu einem frühen Vorläufer des Zionismus. Vergebens hatte er von Venedig eine Insel für das neue Zion erbeten. Nun endlich, durch die Verleihung von Naxos, schien sein Traum zur Wirklichkeit zu reifen. Die Naxioten waren von Nasis Berufung keineswegs angetan – die Griechen sind keine Antisemiten, aber auch keine Philosemiten –, und so begehrten sie nun vom Sultan die Rückkehr ihres alten Giacomo; doch der Türke hielt an seinem Favoriten fest.

Joseph Nasi war dreizehn Jahre Herzog von Naxos, ohne es je zu betreten. Aus Furcht, die Gunst Selims des Säufers zu verlieren, wagte er nicht, dessen Hof zu verlassen. Zudem beanspruchten ihn größere Projekte: französische Schiffe in Alexandria zu kapern, Zypern zu erobern und die Türken zur Einnahme von Otranto zu überreden. Schließlich brauchte er Geld, um den Jahrestribut für sein Herzogtum in Höhe von 14000 Dukaten zu leisten, dem Sultan gefällig zu sein und die eigene aufwendige Lebensführung zu finanzieren.

Als seines Sachverwalters auf Naxos bediente er sich eines Glaubensgenossen aus Spanien, des Juristen Dr. Francesco Coronello. Dieser konnte freilich die zionistischen Träume seines Auftraggebers nicht vorantreiben – das ließen die Verhältnisse auf der Insel nicht zu. Er tat sich schwer genug, um sich selber auf Naxos zu behaupten, was er nur durch die Respektierung der alten Bräuche und Gesetze vermochte; ja, er sah sich gezwungen, die Ämter mit Christen aus den eingeborenen lateinischen Familien zu besetzen, diese in den überkommenen Lehen zu bestätigen und zur Sicherung seines Regimes einen seiner Söhne mit einer Tochter aus dem venezianischen Herzogsgeschlecht zu verehelichen. Seine Unfähigkeit, Naxos vor den Zugriffen türkischer Piraten zu bewahren, ließ ihm keine Autorität zuwachsen.

1579 verstarb Joseph Nasi, ohne Erben zu hinterlassen. Coronello verschwand mit ihm von der Bildfläche, doch blieb seine Familie auf der Insel heimisch. Die Naxioten erbaten sich nun von der Pforte die venezianischen Crispi als Herzöge zurück, doch zog es Sultan Murad II. vor, sich das Herzogtum unmittelbar einzuverleiben und sich auf ihm durch einen *sandjakbek* und einen *cadi* vertreten zu lassen. Immerhin erreichte eine naxiotische Gesandtschaft vorteilhafte Sonderrechte: die Fixierung der Kopfsteuer in der Höhe der alten Quote, die Freigabe der christlichen Kirchen zum Gottesdienst und auch zur Reparatur, die Beibehaltung der alten Lokaltrachten, der überkommenen Gesetze und Bräuche sowie die

Abgabenfreiheit für Wein, Nahrungsmittel und Seide – Abmachungen, die 60 Jahre später Sultan Ibrahim nochmals bestätigte. Dies war die erste Charter der Kykladen unter den Türken.

Zu einem weiteren italienischen Intermezzo kam es auf der Insel Anaphi: Dort konnten sich 1571 wieder die Gozzadini festsetzen und bis 1617 halten – vielleicht weil sie noch unterwürfiger waren, vielleicht weil sie aus Bologna stammten und nicht aus Venedig, vielleicht weil die Insel zu unbedeutend war.

Der Kapudan Pascha auf den Inseln

Den Inseln kam es zugute, dass sie verhältnismäßig spät unter den türkischen Halbmond gerieten, zu einer Zeit, da der Landhunger der Eroberer sich in Nord- und Mittelgriechenland schon einigermaßen gesättigt hatte. Nach islamischem Recht ging aller durch Kampf eroberte Boden in das Eigentum des Sultans über, der ihn an Offiziere, staatliche Würdenträger und religiöse Stiftungen vergab oder als Staatsdomäne behielt; wobei die früheren Bebauer – nun als Hörige – die Felder zu bestellen hatten. Dies Verfahren wurde vor allem in den reichen Ebenen Kleinasiens, Thrakiens, Makedoniens, Thessaliens und Böotiens gehandhabt; da die Eroberer dort über ausreichend fruchtbares Land verfügten, zeigten sie sich an den unergiebigen Bergböden des Peloponnes und der Inseln desinteressiert und beließen sie in den Händen der angestammten Bevölkerung. Sie wurden Nutznießer der türkischen Gleichgültigkeit.

Die Inseln genossen noch einen zweiten Vorzug: Auf dem Festland war die türkische Verwaltung in weitgehend unabhängige Provinzen dezentralisiert. Ihre Gouverneure, die Woiwoden, residierten am Ort; mit hoher Machtvollkommenheit ausgestattet, erlagen sie nur zu oft der Versuchung der willkürlichen Rechtsinterpretation und des Amtsmissbrauchs, zumal sie der osmanische Fiskus als Steuerpächter einsetzte. Damit war der schrankenlosen Unterdrückung, der Korruption und Ausbeutung der einheimischen Bevölkerung Tür und Tor geöffnet. Anders auf den Inseln. Sie unterstanden entweder dem Kapudan Pascha, dem Großadmiral, oder der Favorit-Sultanin – ihr waren Andros, Tinos und zeitweise auch Chios (wegen seines Mastix-Monopols* ein besonders ertragreiches Besitztum) als Apanage zugewiesen; beide aber hatten ihren Sitz im fernen Konstantinopel, in der Zentrale, was den Ausschweifungen der Rechtsbeugung doch engere Grenzen zog.

Dem stand ein Nachteil gegenüber (der jedoch auch seine starken Lichtseiten entwickelte): Während die festländischen »Ungläubigen«, weil unwürdig und unzuverlässig, vom türkischen Wehrdienst ausgeschlossen blieben, hatte jede Insel eine bestimmte Anzahl von *galiondjis*, von Matrosen für die osmanische Marine, zu stellen, die der Kapudan Pascha als »seine Leute« ansah; ihre Loyalität konnte ihm nicht gleichgültig sein, und diese hing wiederum von der Behandlung ab, die er ihren Inseln angedeihen ließ. Die wechselseitige Bindung zwischen Flottenchef und Mannschaften machte die Interessen der Inseln zum Interesse des Kapudan Pascha.

Im Allgemeinen berief der Admiral (und nicht anders die Favorit-Sultanin) einen Aga oder Woiwoden an die Verwaltungsspitze einer Insel bzw. einer Gruppe kleinerer Inseln und ordnete ihm einen Kadi für die richterlichen Aufgaben bei. Der Aga hatte ungefähr dieselben Funktionen und Kompetenzen wie der kontinentale Provinzgouverneur: Als Steuerpächter des Paschas trieb er die Einkünfte auf der Insel ein, kontrollierte die lokale Verwaltung und sorgte für die Ausführung der Gerichtsurteile. Gewiss, ein manipulierbares und lukratives Amt, das jedoch, im Unterschied zur Paral-

* Das gummiartige Harz dieses Baumstrauches fand in den Haremsdamen süchtige Konsumenten; die aphrodisierende Wirkung freilich, die dem Mastix zugeschrieben wurde, kann die eigene Erprobung nicht bestätigen.

lelinstitution des Festlands, nicht letzte Instanz war; das Inselvolk konnte über den Kopf seines Agas hinweg sich direkt beim Kapudan Pascha in Konstantinopel beschweren und ihn zur Intervention veranlassen. Mit der Zeit wurde das Amt des Agas auf den Inseln mehr und mehr entbehrlich; es wurde gelegentlich Griechen anvertraut; manche Inseln, z. B. Ägina und Poros, kauften sich von ihrem erpresserischen Aga völlig los. Schließlich berücksichtigte der Kapudan Pascha bei seiner Wahl die Wünsche der Inselbewohner oder entsandte ihn gar nur dorthin, wo das Volk auf seiner Beibehaltung bestand.

Ähnliches galt vom Amt des Kadi, das auch von einem Griechen eingenommen werden konnte und nicht für alle Inseln verbindlich war. Im Wesentlichen war seine richterliche Tätigkeit auf die Zivilfälle beschränkt, und diese hatte er der Sitte gemäß schiedsrichterlich zu behandeln, »nach den Gesetzen und Gewohnheiten des Landes«, wie ihm – und dem Woiwoden gleicherweise – auferlegt war; auch durfte er nur in Anwesenheit der örtlichen Gemeindevorstehung zu Gericht sitzen, und die Betroffenen konnten gegen seinen Spruch an die höhere Instanz appellieren.

Hinzu kam, dass der türkische Beamte es meist unter seiner Würde fand, die Sprache der unterworfenen Ungläubigen zu erlernen, sodass er eines griechischen Dolmetschers bedurfte. Der griechische Dragoman war nicht nur Scharnier und Filter zwischen oben und unten, nicht selten war er der eigentliche Regent, als Assistent und rechte Hand des türkischen Machthabers zumindest von entscheidendem Einfluss. Gelegentlich befand sich unter den Dragomanen ein Schuft, der, bestechlich und erpresserisch, seine Position zur persönlichen Bereicherung missbrauchte und seine Landsleute schlimmer malträtierte als der Türke; in der Regel aber waren sie loyale Griechen, die manches Unheil verhüteten und manchen Segen stifteten. Das galt vor allem vom Höchsten ihrer

Kaste, dem Dolmetscher des Kapudan Pascha und Großdragoman der türkischen Flotte; zugleich amtete er als »Stellvertreter der Inseln« beim Kapudan Pascha, weshalb sich denn auch die Inselarchonten in Appellationsfällen an ihn zu wenden hatten – nicht zu Unrecht hieß er auch »Bewahrer der griechischen Gesetze«. Er war in der Osmanenzeit der wahre Herr der Ägäis – sofern er es verstand, zwischen den türkischen Interessen und den griechischen Bedürfnissen eine diplomatische Diagonale zu ziehen.

Unter diesem lockeren Hoheitsnetz erfreuten sich die Dörfer und Städte der Inseln (wie auch des Peloponnes – im Gegensatz zum ganzen übrigen Land) eines ansehnlichen Grades der Selbstverwaltung. Auf der Grundlage des allgemeinen und gleichen Wahlrechtes bestimmten sie die Honoratioren (türkisch *kodschabaschi*), die eine Art Gemeinderat bildeten; dieser wiederum erwählte aus seiner Mitte auf ein Jahr die Ortsältesten (die Proestoi, Epitropi, Archonten oder Geronten), die für alle öffentlichen Angelegenheiten, für die Eintreibung der Gemeindeeinkünfte und die Verwaltung des Gemeindevermögens, für die Dorf- und Feldpolizei verantwortlich zeichneten. Den neuen Gemeindevorstehern mussten zunächst deren Vorgänger über das abgelaufene Geschäftsjahr Rechenschaft ablegen, dann erst hatten sie einen Haushaltsvoranschlag für das kommende Jahr aufzustellen. Mit diesem und dem baren Jahrestribut wurden nun Kommissäre zum Kapudan Pascha nach Konstantinopel geschickt. Erst wenn sie, mit dessen Placet, zurückgekehrt waren, konnte das definitive Budget festgesetzt werden. – Vom türkischen Hoheitsträger war das Volk verpflichtet, allen Anweisungen seiner Archonten Gehorsam zu leisten.

Dies System erhöhte sich noch um eine Stufe. Die Gemeindevorstände versammelten sich alljährlich einmal vor dem türkischen Woiwoden in der Bezirkshauptstadt. Die Zusammenkunft galt der Erörterung allgemeiner Verwaltungsprobleme, besonders von Steuerfragen; auch bestimmten sie aus ihrem Kreis zwei Honoratioren und einen Schatzmeister zum ständigen Provinzialrat, der dem Woiwoden beratend zur Seite stand.

Es konnte nicht ausbleiben, dass sich dies »demokratische« System mit der Zeit oligarchisch verhärtete. Denn unter dem äußeren Druck der Fremdherrschaft glaubte das Wählervolk, dass sein schmaler Spielraum an Selbstbestimmung am besten von den Unabhängigsten ausgefüllt werden könnte, von den Reichen also, den Reedern, Kaufleuten und großen Landbesitzern (die zudem unter den Laien noch über höheren Bildungsstand und über nützliche auswärtige Beziehungen verfügten). So wurde der Primatenstand nach und nach de facto erblich und setzte sich als Oberkaste präkapitalistischen Charakters mit zunehmender Schärfe von den unteren Schichten ab, deren Grenzlinie nur die großen Kapitäne durchbrachen. – Immerhin verhalf diese Praxis den Griechen zu einem gewissen Maß an Verwaltungstradition, an die sie später, nach der Befreiung, anknüpfen konnten.

Die dritte und stärkste Stütze der griechischen Selbstbewahrung stellte der orthodoxe Klerus; unter den Venezianern mehr oder minder wohlwollend geduldet, entwickelte er sich während der Türkenzeit zu mitbestimmender Macht, zu einem Staat im Staate. Als theokratisches Reich unterschied das Osmanentum die unterjochten Völker nicht nach ihrer nationalen, ethnischen oder rassischen, sondern nur nach ihrer religiösen Zugehörigkeit; es begriff die Kirche als Kristallisationskern, wenn man so will, als Herz und Kopf der Gesellschaft, auch der Andersgläubigen. In dieser Funktion wurde die Orthodoxie von der türkischen Hoheit als Anwalt der Unterworfenen respektiert, gleichsam als deren staatlicher Vertreter, als eine Art Staatsersatz für die Beherrschten, mit denen das Herrenvolk keine geistige, keine soziale und organisatorisch nur eine indirekte Gemeinsamkeit haben wollte. So ließen die Osmanen den orthodoxen Klerus nicht allein in seinem Glaubensrahmen, in Gottesdienst und Seelsorge unangetastet, sie achtcten sein Eigentum, dem sie sogar Steuerfreiheit gewährten; und sie bürdeten ihm noch zusätzlich staatliche Rechte, Kompetenzen und Pflichten auf, die seinen Aktionsradius weit über sein eigentliches geistliches Amt ausdehnten und ihn zur innigsten Kommunikation mit dem Volke nötigten. Daher gewann die orthodoxe Kirche unter den Osmanen ein Gewicht, wie sie es nie vorher besessen, selbst nicht im byzantinischen Staate. Sie selber aber vermochte zwischen sich und dem Volke keine Grenze mehr zu sehen, in ihren Augen verschmolzen Glauben und Nation zu untrennbarer Einheit, zu den zwei Seiten einer Identität, sodass der Kampf für den christlichen Gott zusammenfiel mit dem Kampf für das griechische Vaterland – wie sie im Gegner den Türken nicht vom Mohammedaner schied. Das Volk wusste es nicht anders: In seiner Kirche fand es verkörpert, was der Heimat noch an Freiheit verblieben war – nachdem der eigene Staat dahingesunken, war sie der einzige und letzte Träger der Nation, der Hort des Griechentums. Sie allein hielt die Sprache, die Überlieferung, den eigenen Geist am Leben und gab sie im – verbotenen – Unterricht den Kindern und Enkeln weiter. Hinter ihren Klostermauern verbarg sich, wer von den Türken verfolgt war, und fand Brot, wem der Hunger das Leben abzuwürgen drohte. Die Kirche war die Retterin.

Dabei erging es den Griechen auf den Inseln wesentlich besser als auf dem Festland. Auch sie zwar mussten die Kopfsteuer bezahlen. Sie durften weder ein Pferd besteigen noch Waffen tragen. Ihr Zeugnis galt nicht vor Gericht. Es war ihnen verboten, neue Kirchen zu bauen (welch Zugeständnis, die alten, baufälligen reparieren zu dürfen!) und die Glocken zu läuten. Sie mussten eine vorgeschriebene Kleidung tragen, die sie auf den ersten Blick als Christen kenntlich machte. Sie konnten nicht öffentlich Schule halten. Aber im Unterschied zu den Festlandsgriechen (und abgesehen von den großen und fruchtbaren kleinasiatischen Küsteninseln, von Lemnos, Lesbos, Chios, Samos, Kos, Rhodos und auch Kreta) blieben sie unter sich, leidlich unangefochten vom Türken, der ihre kargen Inseln mied. So behielten sie ihr Land und konnten ihrem Gewerbe nachgehen. Wenn dennoch auch ihr Leben unleidlich war, so, weil unter den Osmanen – und zwar umso mehr, je länger ihre Herrschaft währte – die Willkür, die Rechtlosigkeit und die Bestechlichkeit regierten; weil sie nur auf Abruf hatten, was ihnen verblieben; und zuerst und zuletzt, weil sie Griechen waren, denen die Luft der Freiheit unentbehrlich ist.

Zu ihrem Glück geboten sie über eine Eigenschaft, über welche die Türken nicht verfügten und die diese doch zur Erhaltung ihres Staates brauchten: Sie waren Händler von Geblüt und in der Handelsschifffahrt geübt – zu beidem hatten die Türken weder Lust noch Talent. Nachdem die Pforte den Venezianern und Genuesern die Levante gesperrt hatte, übernahmen die Griechen rasch deren traditionelle Funktion, und bald hatten sie den gesamten Binnen- und Außenhandel des Osmanenreiches in ihren geschickten Händen. Besonders saftige Gewinne zogen sie aus der napoleonischen Kontinentalsperre: Als Blockadebrecher versorgten sie England mit russischem Getreide. Wie schon früher wegen der Korsarengefahr, so bedurften sie nun während der Napoleonischen Kriege noch dringlicher der Bestückung ihrer Schiffe mit Kanonen – das musste die Pforte doch einsehen, deren unerschöpflicher Finanzbedarf eine Verstopfung der reichlich sprudelnden griechischen Quellen nicht zuließ. So kamen die Inselgriechen allmählich in den Besitz einer kriegstüchtigen Flotte: 1816 – unmittelbar vor dem Befreiungskrieg – zählte sie 600 Einheiten mit 17000 Matrosen und 600 Kanonen, die ihre Heimathäfen vor allem auf den Inseln Chios, Psara, Syra, Andros, Hydra und Spetsä hatten. Von ihnen wuchs dem griechischen

Freiheitsverlangen ein mächtiger Impuls zu. Denn die Seefahrt verträgt nicht die fremde Herrschaft. Erst recht nicht, wenn sie – wie damals – die explosiven Ideen der Französischen Revolution von den häufigen Auslandsfahrten als Konterbande ins Land schmuggelt (so vor allem auch die Pelzhändler von Kozani und die Handelsschiffer von Kea und Samos, wo sich – nach 1800 – eine republikanische Parteigruppierung die »Carmagnoles« nannte). Von dem Augenblick an, da die Türken den Griechen die Freiheit der Seefahrt gewährten, konnten sie diese nicht mehr in der Unfreiheit halten.

Im Untergrunde hatten aber die Osmanen die griechische Resistance nie zum Verstummen gebracht. Sie trat naturgemäß auf den leichter kontrollierbaren Inseln weniger offen zu Tage als in den unzugänglichen Festlandsgebirgen: die Sulioten im Epirus, die Mainoten des Taygetosmassivs, aber auch die Sphakioten auf Kreta wurde nie völlig »pazifiziert«. Ihre Gebiete blieben tätige Vulkanherde, von denen aus sich die Lava des Aufstandes über das ganze Land ergoss, wann immer die äußere Konstellation einen Hoffnungsschimmer am Horizont aufleuchten ließ. Dieser Silberstreifen zeigte sich meist am östlichen Firmament, über den mächtigen Himmeln Russlands, das mit dem geistigen Erbe von Byzanz auch die politische Verantwortung für die Gesamtheit der orthodoxen Christenvölker übernommen hatte und nach Lage und Größe zum natürlichen Gegenspieler des Osmanenreiches bestimmt war. Die Russen glaubten zumeist aufrichtig an diese »Mission«, und sie wurde ihnen von den Balkanvölkern einschließlich der Griechen geglaubt. Sie eignete sich aber auch trefflich zur Tarnung des russischen Imperialismus, der in alter Tradition nach dem Bosporus und zum Mittelmeer drängte.

Diese Elemente verbanden sich zur Konzeption eines Balkanreiches unter einem russischen Fürsten – eine zündende Parole, welche russische Agenten, vielerorts Verschwörungen anzettelnd, ab

1763 unter den Balkanslawen und Griechen verbreiteten. Bis schließlich 1768 der Pforte der Geduldsfaden riss und sie der Zarin Katharina II. den Krieg ansagte. In seinem Verlauf erschien eine russische Flotte unter Admiral Alexis Orloff im Mittelmeer – für die Inseln das leidenschaftlich begrüßte Signal zur Erhebung: Vereint vernichteten sie die osmanische Flotte in der Bucht von Tschesme (bei Smyrna). Dieser bedeutende Erfolg brachte dennoch nicht die gewünschte Entscheidung. Denn gleichzeitig war der Aufstand auf dem Peloponnes, den die Landung eines kleinen zaristischen Korps unter Theodor Orloff ausgelöst hatte, von den irregulären Skipetaren (den islamisierten Albanern) blutig niedergeschlagen worden; der Sultan hatte sie zu Hilfe gerufen, da seine eigenen Streitkräfte an der östlichen Reichsgrenze gebunden waren. Immerhin konnte die russische Diplomatie im Frieden von Kütschük-Kainardschi (1774) eine Amnestie für die Inselgriechen herausschlagen. Dann sicherte ihnen der russisch-türkische Handelsvertrag von 1783 auch noch das Recht, auf ihren Schiffen die Flagge des Zaren zu hissen – sie verringerte das konspirative Risiko. Enttäuschend verlief hingegen der zweite russisch-türkische Krieg von 1788 bis 1792; abermals erhob sich das Volk zu Land und See, und die griechischen Kaufleute im Ausland (vor allem Triests) rüsteten eine Flotte unter dem Kommando von Lambros Katzoni aus, die, verstärkt durch Inseleinheiten im Dienst der russischen Armee, den Türken schwer zusetzte. Doch der Kampf blieb unentschieden, sodass der Friede von Jassy der griechischen Sache keinen Gewinn eintrug.

Schwierige Wiedergeburt

Mittelbar aber waren die russisch-türkischen Kriege doch der griechischen Befreiungsbewegung förderlich: Sie zehrten an der Kraft der Osmanenreiches und beschleunigten auch seinen inneren Verfallsprozess. Ein halbes Jahrtausend unentwegter Kämpfe waren an seinem Volk nicht spurlos vorübergegangen, während seine Oberschicht, die sich auf der reichen Beute ausruhte, im Wohlleben versumpfte. Die Außengebiete aber nutzten die Zersetzung der Zentralgewalt zur fortschreitenden Verselbstständigung und widersetzten sich immer häufiger der Pforte, deren Streitkräfte durch den russischen Expansionismus an der stets gefährdeten Ostgrenze festgehalten waren.

Schließlich legten es einige türkische Provinzsatrapen auf den offenen Abfall an. Auf dem Höhepunkt dieser Entwicklung, als sich Ali Tepenlenli, der mächtige Pascha des Epirus, im Bunde mit seinen griechischen und albanischen Untertanen gegen den Sultan erhob, gleichzeitig auch etliche Statthalter in Kleinasien meuterten, da schien den Griechen die Stunde der Befreiung gekommen.

Zunächst nahm der in russischen Diensten stehende Alexander Ypsilanti mit seiner kleinen »Heiligen Schar« von außer her, vom heutigen Rumänien aus, den Kampf auf. Doch scheiterte er an der mangelnden Resonanz der Rumänen; er wurde gefangen, eingekerkert und starb 1828 in Wien.

Ende März 1821 aber flammte überall auf dem Peloponnes der Aufstand auf, auch auf den Inseln, unter denen sich besonders Hydra, Spetsä und Psara hervortaten, und bald sprang er nach Mittelgriechenland über. Die überraschte Pforte, der es dringlicher schien, zunächst den aufsässigen Pascha von Joannina zu züchtigen (schon damit er nicht Schule bei seinen Kollegen machte), konnte ihre peloponnesischen Garnisonen fürs Erste nicht wirksam unterstützen. Die türkischen Truppen zogen sich auf das befestigte Tripolis zurück, mit dessen Fall – nach halbjähriger Belagerung – zum Ende des ersten Kampfjahres der gesamte Peloponnes in die Hände der Aufständischen kam. Erst im folgenden Jahr setzte die Pforte zu einem energischen Versuch an, den griechischen Anfangserfolg rückgängig zu machen; doch die türkische Armee unter General Hurlit, die sich nach der Liquidierung Ali Paschas südwärts gewandt hatte, rieb sich bei der Bestürmung der Hafenfestung Missolonghi auf, während ein zweites Osmanenheer unter General Dramali, das über den Isthmus zum Peloponnes vorstieß, sich bei Delvenakia – auf der Passhöhe zwischen Korinth und Argos – eine vernichtende Niederlage holte. Damit hatten die Griechen den Peloponnes gehalten. – Bei diesem Stand der Dinge blieb es auch 1823 und 1824, in denen es kaum zu militärischen Operationen auf dem Lande kam. Eben diese Ruhe befähigte die Griechen zu dem Nachweis, dass in ihnen der alte hellenische Geist nicht ausgestorben war: Mit leidenschaftlichem Eifer kultivierten sie den inneren Hader bei den Versuchen, eine Regierung zu bilden und eine superdemokratische Verfassung auszuarbeiten.

Indessen ging der Krieg auf dem Meere weiter. Dort war die türkische Waffenüberlegenheit noch drückender: Die osmanische Flotte zählte neben einer Unzahl kleinerer Einheiten 7 Fregatten, 15 mittlere und 4 schwere Kriegsschiffe. Zwar hatte ihre Schlagkraft durch den Absprung der griechischen Mannschaften spürbar gelitten; ihr Verlust wurde mehr als wettgemacht durch die trefflichen Korsarenflotten Ägyptens, Tripolitaniens, Tunesiens und Algeriens, die sich gegen klingende Münze der türkischen Sache verschrieben hatten. Dieser Macht vermochten die Griechen nur 120 Zweimaster entgegenzustellen, Handelsfahrzeuge mit je 10 bis 20 Geschützen leichten Kalibers, während die großen Kriegsschiffe der Türken mit 100, die mittleren mit 70 schwerkalibrigen Kanonen bestückt waren, deren Schusskraft und Reichweite die der griechischen Geschütze weit hinter sich ließen; auch richteten diese wenig gegen die dicke Panzerung der türkischen Einheiten aus. Respekt aber hatten die Osmanen vor dem »Pyrpolikon«, dem Brander der Griechen (die so gern mit dem Feuer spielen): ein kleines Boot, voll beladen mit leicht brennbaren Stoffen, das unter dem Mantel der Nacht an das gegnerische Schiff herangerudert und entzündet wurde, sobald es an ihm vertäut war – danach suchten sich die Matrosen schwimmend zu retten. Ein Himmelfahrtskommando, das aber oft genug zum Ziel gelangte. So versenkten die Griechen schwere Türkenschiffe vor Mytilene (Lesbos) und Tenedos, und bei Chios sprengte Kanaris auf diese Weise das Flaggschiff der Osmanenflotte samt ihrem Admiral und 2000 Mann in die Luft – Anlass für die Pforte, ihre schweren Kriegsschiffe ganz aus dem Kampf herauszuziehen. – Zu den großen Tagen der griechischen Flotte zählen weiterhin die Brechung der türkischen Seeblockade vor Missolonghi, die Abwehr eines türkischen Landungsunternehmens auf Samos sowie ihr Sieg bei Geronta über die vereinigte türkisch-ägyptische Flotte; sie konnte jedoch nicht das Blutbad verhindern, das die türkische Marine unter den 100.000 Bewohnern von Chios anrichtete – 23.000 wurden niedergemetzelt, 47.000 in die Sklaverei verkauft. – Neben Kanaris haben vor allem die Inseladmirale Miaoulis, Sachtouris und Apostolis Geschichte im Befreiungskrieg gemacht.

Nachdem die Pforte erkannt hatte, dass die Bändigung der Griechen ihre Kräfte überstieg, übertrugen sie deren Niederwerfung ihrem mächtigsten Satrapen, Mehmed Ali, dem Vizekönig von Ägypten – gegen den Preis von Zypern, Kasos und Kreta. Sein Stiefsohn Ibrahim Pascha sticht denn auch im Sommer 1824 mit einer großen Expeditionsflotte in See; er versichert sich zunächst seines Lohnes durch die Unterwerfung der aufständischen Inseln Kasos und Kreta, um dann am 12. Februar 1825 bei Methoni auf dem Peloponnes zu landen – zur völligen Überraschung der zerstrittenen Griechen, die mit einer derartigen Operation im Winter nicht gerechnet hatten. Den weit überlegenen Streitkräften Ibrahims sind sie nicht gewachsen, sie müssen vor ihm die Ebenen und Städte räumen, nur das feste Missolonghi widersteht der ägyptischen Belagerung ein volles Jahr, bis es vor dem Hunger kapituliert – der zornige Sieger wütet mitleidlos unter den Geschlagenen. Und wütet weiter rings im Lande, dreiundeinhalb Jahre, indessen die Griechen, denen allmählich Atem und Pulver ausgingen, in der altgeübten Partisanenmanier den hoffnungslosen Kampf von den Bergen aus weiterführen – lästige Insekten in den Augen Ibrahims, deren er doch nicht habhaft werden konnte. Er schien dennoch schon der Herr im Lande. Nur ein Wunder konnte die griechische Sache noch retten.

Und das Wunder kam.

Es kam aus Europa, dessen Staaten sich bisher vom griechischen Freiheitskampf distanziert hatten – entgegen der öffentlichen Meinung ihrer Völker, deren christliches Gewissen, liberaler Humanismus und europäischer Philhellenismus sich dem Kampf der Griechen verschrieben. Sie schickten Freiwillige, Gelder und Waffen – Tropfen auf dem heißen Stein der hellenischen Bedrängnis. Ihre Staaten aber, in der Heiligen Allianz unter der Führung Metternichs vereint zur Bekämpfung aller revolutionären Bewegungen, sahen in den Osmanen »die besten, erprobtesten und ruhigsten Nachbarn«; in den Griechen aber witterte ihre starre Restaurationspolitik nur den bösen Geist der Revolution, der die rechtmäßige Macht und die legitime Ordnung in Frage stellte.

Aus dieser unheiligen Front brach im September 1822 als erste Nation England aus, unter dem neuen Außenminister George Canning, der schon im März 1823 die Griechen als kriegführende Macht anerkannte. Seinem Beispiel folgte Petersburg im Dezember 1825, nachdem der müde Mystiker Alexander I. von dem jungen Zaren Nikolaus I. abgelöst war, der – nicht mehr von der antinapoleonischen Mächtekonstellation geprägt – wieder auf die türkenfeindliche Tradition der russischen Politik einschwenkte.

Manchmal geht die Geschichte doch gute Wege. Im Grunde hat kein anderer als Ibrahim Pascha den Kurswechsel der europäischen Mächte herbeigeführt. Seine Gemetzel heizten die philhellenische Bewegung derart an, dass sich die Regierungen Europas dem Druck der öffentlichen Meinung nicht länger widersetzen konnten.

Am 6. Juli 1827 schlossen Großbritannien, Frankreich und Russland die Londoner Tripelallianz zur Herbeiführung eines Waffenstillstands in Griechenland und zur Errichtung eines autonomen Griechenlands unter türkischer Souveränität. Auf die Ablehnung ihrer Vorschläge durch die Pforte reagierten die drei »Schutzmächte« mit der Entsendung ihrer Flotte ins Mittelmeer. Durch ihr Erscheinen ließ sich Ibrahim jedoch nicht in seinen Massakern stören. Daraufhin fuhr die Dreierflotte am 20. Oktober 1827 in den Hafen von Navarino (dem heutigen Pylos) ein, wo das ägyptische Expeditions-Geschwader vor Anker lag. Es fand sich ein richtiger Anlass, der die Geschütze ihrer Bestimmung zuführte. In kurzer Zeit sanken 53 der 82 Schiffe zählenden Flotte Ibrahims auf Grund.

Damit war die Entscheidung gefallen. Im Schlussakt trugen die griechischen Freischärler den Kampf von den Bergen wieder in die Täler, landeten die Franzosen 14.000 Mann unter General Maison auf dem Peloponnes und erklärte Russland der Türkei den Krieg, sodass es der britischen Diplomatie nicht schwer fiel, Ibrahim Pascha im Oktober 1828 die Räumung Griechenlands abzunötigen. Der letzte Stoß blieb den Griechen (unter Demetrios Ypsilanti) vorbehalten: Mit dem Sieg beim böotischen Petra über die Türken am 12. September 1829 beendeten sie den Krieg.

Der Friede, niedergelegt im Zweiten Londoner Protokoll vom 3. Februar 1830, blieb weit hinter den griechischen Wünschen zurück: Er zog dem Land die Nordgrenze auf der Linie Volos–Arta. Von den Inseln waren ihm nur die längs der Ostküste des Landes und die Kykladen zugefallen. Somit umschloss die Hoheitsfläche

47.500 km^2 mit rund 700.000 Einwohnern – heute zählt sie 131.990 km^2 mit 10,5 Millionen Bürgern.

Der Passionsweg zwischen beiden Stationen, zwischen der Befreiungsstunde und heute, führt durch endlose innere Wirren, Parteikämpfe, Revolutionen und Kriege zur schrittweisen Ausdehnung des Staatsgebietes, in dem nun Volk und Raum annähernd zur Deckung gekommen sind.

Der Londoner Friede, der weitaus die meisten Griechen außerhalb der Grenzen des neuen Staates ließ, galt dem Volke drinnen und draußen nur als bescheidener Anfang. Gleich nach seinem Abschluss stand Samos auf – es hatte gegen die türkische Flotte keine Chance. Immerhin erreichte es 1832 die Autonomie, verkörpert durch einen christlichen »Prinzen«, welcher der Souveränität des Sultans unterstellt blieb.

Am ungeduldigsten gebärdeten sich die ewig aufsässigen Kreter. Ihre Insel war von den Engländern 1841 – abermals in einem Londoner Protokoll – Ägypten weggenommen und der Türkei zurückerstattet worden. In einer nicht abreißenden Kette von Aufständen (worüber man die großen Kreta-Romane von Nikos Kazantzakis nachlese) kämpften sie sich Schritt für Schritt vorwärts. Die Pariser Konferenz von 1869 verschaffte Kreta innerhalb des Osmanenreiches den Rang einer »privilegierten Provinz« mit erweiterter Selbstverwaltung. Der nächste Schritt ging auf die Initiative der griechischen Regierung unter Ministerpräsident Delijannis zurück, des Wortführers der »Großgriechischen Idee«. 1897 ließ er sechs Torpedobotte unter dem Kommando des Prinzen Georg nach Kreta auslaufen; dort ging ein Truppenkontingent unter Oberst Vassos an Land, der die Annexion der Insel durch Griechenland proklamierte. Fast gleichzeitig hatte auch die griechische Armee unter dem Kronprinzen Konstantin die thessalische Nordgrenze überschritten, während im Epirus und Makedonien die patriotischen Geheimgesellschaften den Aufstand ausriefen. Doch vor dem reorganisierten Türkenheer mussten die Griechen zurückweichen – nur die Intervention der Großmächte rettete sie vor dem Zusammenbruch. Kreta musste wieder geräumt werden. Immerhin erhielt nun (1898) die Insel – dank des Einspruchs der Großmächte – den autonomen Status unter osmanischer Souveränität, in Form einer nationalkretischen Regierung unter dem Hochkommissariat des Prinzen Georg, eben des Kommandeurs des Kreta-Unternehmens; wenn diese Lösung auch die Insel einen Schritt voranbrachte, war sie doch nur ein Pflaster auf die Wunde des griechischen Selbstbewusstseins. Als Minister für Justiz und auswärtige Angelegenheiten begann hier Eleftherios Venizelos seine große Laufbahn, die mit der Geschichte des neuen Griechenlands für immer verknüpft ist.

Die völlige Befreiung Kretas – und der ostägäischen Inseln – ließ nun nicht mehr lange auf sich warten.

Die fortgeschrittene Schwäche des »kranken Mannes« am Bosporus hatte der libysche Krieg von 1911 enthüllt, in dem Italien – die zweite Marokkokrise nutzend – sich Tripolitaniens bemächtigt hatte. Als Pfand für eine »Kriegsentschädigung« ließ es sich von der Pforte den ausschließlich griechisch besiedelten Dodekanes aushändigen.

Dieser billige Triumph entzündete die Begehrlichkeit der jungen Balkanstaaten, die untereinander ein Bündnis eingegangen waren und legitimere Ansprüche auf das Erbe des sterbenden Osmanenreiches zu haben glaubten. Aus dieser Situation entwickelte sich der Erste Balkankrieg, den die Türkei – den Angriff zur Verteidigung wählend – am 17. Oktober 1912 durch die Kriegserklärung an Serbien und Bulgarien auslöste. Einen Tag später nahm Griechenland in Erfüllung seiner Bündnispflicht die Feindseligkeiten auf; gleichzeitig vollzog es die Annexion Kretas.

Es war ein kurzer Krieg, nicht zuletzt dank der griechischen Marine. Sie befreite nicht nur auf Anhieb die Inseln Samos, Chios und Lesbos – entscheidend war ihre Blockierung des Dardanellenausgangs, welche die türkischen Truppentransporte auf dem Seeweg unterband. So erlagen die Türken rasch dem konzentrischen Kesseltreiben der verbündeten Armeen. Im Londoner Vorfrieden vom 30. Mai 1913 verlor die Pforte ihren gesamten europäischen Besitz sowie alle ägäischen Inseln mit Ausnahme von Imbros und Tenedos. Diese Abmachungen erfuhren durch den Zweiten Balkankrieg – eine einmonatige Rauferei der Sieger um die Beute – eine leichte Korrektur zugunsten der Türkei: Für ihre Beteiligung am Waffengang gegen Bulgarien erhielt sie im Bukarester Frieden das europäische Ostthrakien zurück.

Konsolidiertes Chaos

Griechenland konnte mit dem Ergebnis der beiden Kriege zufrieden sein: Es hatte uraltes hellenisches land wiedergewonnen, den Epirus, Makedonien und Westthrakien, es hatte fast alle verlorenen ägäischen Töchter, die Inseln (außer Imbros, Tenedos und den Dodekanes), seit sieben Jahrhunderten (seit dem 4. Kreuzzug 1204) fremden Herren untertan, ins Vaterhaus heimgebracht. Die Ägäis war wieder ein griechisches Meer geworden.

Dieser Freude setzte freilich der Ausbruch des Ersten Weltkrieges, in den das Land wider Willen hineingerissen wurde, ein schnelles Ende. Die Nation hatte in diesem turbulenten Jahrhundert der gewaltsamen Ausdehnung ihre Kräfte verausgabt; sie war sich auch bewusst, dass sie die wirtschaftliche Erschließung und soziale Eingliederung der neuen, unter den Türken zurückgebliebenen Gebiete vor ungeheure Aufgaben stellte: Sie brauchte den Frieden, sie verlangte nach Frieden. So hing die Mehrheit des Volkes der Neutralitätspolitik des Königs und seines Generalstabschef Joannis Metaxas an. Während aber – wie so oft – die Soldaten für den Frieden plädierten, rief der Politiker zu den Waffen. Ministerpräsident Venizelos, geködert von den Versprechungen der westlichen Alliierten, hatte sich gegen die »kleingriechische« Lösung des Königs zum Anwalt der »Großgriechischen Idee« gemacht, die sich die Wiederherstellung des Byzantinischen Reiches zum Ziel setzte – den Rückgewinn also von Konstantinopel und Kleinasien. Eine starke Minderheit im Volke, noch im Rausch der jüngsten Siege und fixiert an die zeitgängige Vorstellung von der vermeintlichen Todeskrankheit des Türkenreiches, folgte dem Kreter, dessen gutem Stern sie blind vertraute. Und Venizelos war vom Sieg der Entente über die Mittelmächte, denen sich die Türken anschlossen, felsenfest überzeugt – eine einmalige Gelegenheit für Griechenland, so schien es ihm, als Bundesgenosse der Alliierten auch der Teilhaber ihrer Kriegsbeute zu werden und sich das Erbe der Osmanen zu verdienen; war nicht auch Eile geboten, da sich Italien schon anschickte, vom Dodekanes aus nach Kleinasien zu greifen?

Der Konflikt zwischen den beiden Konzeptionen führte das Land, nachdem der König Venizelos aus der Ministerpräsidentschaft entlassen hatte, an den Rand des Bürgerkrieges – und über ihn hinaus. Die massive Intervention der Alliierten (vor allem Frankreichs) durch politischen und militärischen Druck, durch die Erpressung einer siebenmonatigen Hungerblockade Athens, fällte die Entscheidung schließlich zugunsten von Venizelos. Unter seiner Führung trat Griechenland, nach dem von außen erzwungenen Thronverzicht König Konstantins I., in den Krieg ein.

Zunächst schien die Rechnung von Venizelos auch aufzugehen. Die Türkei, in den Zusammenbruch der Mittelmächte hineingerissen, musste am 10. August 1919 den Vertrag von Sèvres unterschreiben, demzufolge sie Ostthrakien bis zur europäischen Bannmeile von Konstantinopel, die Inseln Imbros und Tenedos sowie das Wilajet Smyrna an Griechenland abzutreten hatte – über des Letzteren Schicksal sollte nach fünf Jahren eine Volksabstimmung endgültig befinden.

So schien Venizelos am Ziel. Doch der Vertrag von Sèvres erwies sich so zerbrechlich wie das Porzellan gleicher Herkunft. Was Venizelos entlastete: Die Wiedergeburt der Türkei unter Mustafa Kemal war von niemandem vorauszusehen. An ihr zerschellte schließlich der großgriechische Traum.

Nicht allein an ihr. Die kriegsmüden Alliierten zogen sich nach und nach von dem Versprechen zurück, das sie als Kriegsköder den Griechen zugeworfen hatten. Auch England schließlich, das sich in der kleinasiatischen Frage am meisten engagiert hatte. Politisch und vor allem militärisch reichten aber die griechischen Kräfte allein nicht aus, um Kemal Pascha die Anerkennung des Abkommens von Sèvres abzuzwingen. Dies nicht rechtzeitig erkannt zu haben war der verhängnisvolle Fehler des Kreters, der seine politische Karriere mit dem kleinasiatischen Abenteuer identifizierte. Stattdessen ließ Venizelos sich auf die Strategie Kemals ein, der die griechische Armee tief in das Innere Kleinasiens – bis 50 Kilometer vor Ankara – hineinlockte. Dort erst, am Sakhariafluss, stellte sich das Türkenheer zum Kampf, Ende August 1921. Tagelang tobte die Schlacht unentschieden, bis es der türkischen Kavallerie gelang, die langen, ungesicherten griechischen Nachschublinien zu durchbrechen. Das gab den Ausschlag: Der Mangel an Proviant und Munition zwang die Griechen zum haltlosen Rückzug.

Ein Jahr noch schleppt sich der Krieg weiter, der die letzten Reserven der Griechen verzehrt – dann setzt Kemal am 26. August 1922 bei Afium-Karahissar zum entscheidenden Stoß an, der zum völligen Zusammenbruch der griechischen Front führt. Die militärische Niederlage entwickelt sich für die kleinasiatischen Griechen zur Katastrophe: 600.000 von ihnen werden von den Türken niedergemetzelt oder ins Meer gejagt, anderthalb Millionen müssen aus dem Land flüchten, das ihnen drei Jahrtausende hindurch Heimat gewesen war. – Der Friede von Lausanne zieht am 24. Juli 1923 die Bilanz dieser blutigen Umwälzung: Unter Aufhebung des Vertrags von Sèvres muss Griechenland endgültig auf seine kleinasiatischen Ansprüche verzichten sowie Ostthrakien samt den Inseln Imbros und Tenedos den Türken zurückerstatten. Ferner verpflichtet er die beiden Kontrahenten zum wechselseitigen Bevölkerungsaustausch, von dem nur die Türken Griechisch-Thrakiens und die Griechen von Konstantinopel, von Imbros und Tenedos ausgenommen wurden.

Aber die Ägäis blieb ein griechisches Meer. Doch zu ihrer uralten Funktion hat diese Inselsee nicht wieder zurückgefunden. Dies Meer trennt nicht, es ist auf das Verbinden angelegt, auf das Vermitteln zwischen West und Ost (Samos ist nur anderthalb Kilometer vom kleinasiatischen Festland entfernt). Die Brücke ist wieder intakt, bis zum letzten Pfeiler – den letzten Bogen aber hat die kleinasiatische Katastrophe eingerissen. So hängt die Ägäis heute im Osten gleichsam in der Luft. Heute ist sie ein griechisches Meer ohne Gegenküste – eine amputierte Ägäis. Zum Schaden der Türken nicht minder als der Griechen.

An diesem Stand der Dinge hat der Zweite Weltkrieg, in den Griechenland abermals wider Willen hineingezwungen wurde, im Wesentlichen nichts geändert. Doch stärker als vom Ersten (in dem die Briten nur Lesbos und Lemnos als Ausfallbasen für Churchills unsinniges Lieblingsprojekt, für das gescheiterte Gallipoli-Unternehmen, besetzt hielten) wurde die Ägäis in diesem von den Feindseligkeiten getroffen. Kreta vor allem, eines der mörderischsten Kapitel des Krieges. Die Deutschen hatten unter einem Amt »Admiral Ägäis« (unter dem Marinegruppenkommando Sofia) außerdem die Inseln der Nordägäis und des Saronischen Golfes besetzt; später mussten sie, nach dem Sturze Mussolinis, auch für alle übrigen, bis dahin von den Italienern gehaltenen Inseln militärisch aufkommen, unter denen Milos der bedeutendste Stützpunkt war. Der Kriegsausgang brachte dem Lande, das wohl mehr zu leiden hatte als jedes andere, eine nicht geringe Genugtuung: die Abrundung seines ägäischen Inselbesitzes durch den Gewinn des Dodekanes im Pariser Friedensvertrag von 1947.

Neue Fragezeichen

Heute erscheint das Schicksal der Ägäis von neuem in Frage gestellt. Zwar hat sie die Militärdiktatur (21. April 1967–23. Juli 1974) mehr oder minder heil überstanden; sieht man vom Missbrauch von Giaros und Leros ab, so blieben sie von ihr fast unberührt. Nicht zu leugnen, dass sich die Junta als erste Regierung des neuen Griechenlands der Inseln durch den Ausbau der Häfen, der Stromversorgung und der Straßen in bedeutendem Umfang annahm; ihre Entwicklungspolitik wird seither – motiviert durch den gewaltig aufblühenden Tourismus – von der wiedererstandenen Demokratie zielstrebig fortgesetzt.

Bedroht hingegen ist die Ägäis in den jüngsten Jahren von der rapiden Verschlechterung der türkisch-griechischen Beziehungen:* Seit 1959, seit Zypern der britischen Kolonialmacht die staatliche Souveränität abtrotzte, befinden sich die beiden Nachbarländer der Ägäis im kalten Krieg, der mehrmals zum »heißen« umzukippen drohte (was jeweils nur die Intervention der Westmächte verhinderte). Die Griechen Zyperns, vier Fünftel der Bevölkerung, erstreb-

* Inzwischen haben sich die Beziehungen zwischen Griechenland und der Türkei wieder verbessert, nachdem 2004 der griechisch-zypriotische Teil als selbständige Republik in die Europäische Union eingetreten ist. Ein Problemfall ist jedoch weiterhin der türkisch-zypriotische Teil. Freilich ist die Frage nach der Zugehörigkeit des vermuteten Erdölfelds am nordöstlichen Rand der Ägäis weiterhin umstritten.

ten anfangs die *enosis*, den Anschluss an das Mutterland. Damit infizierten sie der türkischen Minderheit, die sich ohnehin benachteiligt glaubte, ein unausrottbares Misstrauen, das auch noch anhielt, nachdem Präsident Erzbischof Makarios III. – nach zwei vergeblichen Gewaltaktionen – von der Enosis-Formel abrückte und auf den Kurs der vollen Selbstständigkeit einschwenkte. Als dann die Athener Junta am 15. Juli 1974 einen militärischen Coup auf Zypern unternahm, der sich mehr gegen Makarios als gegen die islamische Minorität richtete, nutzte Ankara, trotz des Scheiterns dieses Staatsstreiches, die Gelegenheit zum militärischen Gegenschlag, zur Invasion auf der Insel am 20. Juli 1974. In ihrer Folge konstituierte sich in dem von ihm besetzten Norden Zyperns ein bisher nur von der Türkei anerkannter türkisch-zyprischer Föderalstaat, der mit 18 Prozent der Inselbevölkerung 38 Prozent des Territoriums, und zwar die besten Nutzböden, umfasst. Seither verhandeln die beiden Volksgruppen unter Assistenz der Vereinten Nationen über eine gemeinsame Lösung, ohne dass sich eine Einigung abzeichnete. Die Griechen fordern einen Bundesstaat mit weitgehenden Kompetenzen für die Zentralmacht, während die Türken sich nur auf einen lockeren Staatenbund einlassen wollen, der die Zweiteilung der kleinen Insel de facto zementieren würde; noch weniger können sich die Kontrahenten über Umfang und Grenzen ihrer Gebiete verständigen. Da in ihrem Konflikt nicht nur Griechenland und die Türkei eingebunden sind, sondern von ihm auch wegen der strategischen und nachrichtendienstlichen Schlüsselfunktion der Insel, wegen ihrer Nähe zu den nahöstlichen Erdölfeldern die vitalen Interessen der Großmächte berührt werden, bleibt das Zypernproblem bis auf weiteres ein latenter Explosionsherd von internationaler Größenordnung.

Seine Entzündungsgefährlichkeit wurde noch potenziert durch die Erdölfunde im Küstenschelf vor der nordgriechischen Insel Thasos 1972 – ihr Segen droht sich in einen Fluch zu verwandeln. Scheint sie doch einen alten Wunschtraum, die Hypothese zu erfüllen, der zufolge sich in der Ägäis zwischen Rumänien und Libyen ein riesiges submarines Ölfeld erstrecke. Zeigten sich bis dahin die Türken als typisches Kontinentalvolk an der Ägäis desinteressiert, nun plötzlich entdeckten sie ihre Liebe für sie, und seither bestehen sie auf der Teilhabe an der Nutzung ihrer Bodenschätze. Ihr Anspruch begründet sich mit dem internationalen Rechtsprinzip, das die wirtschaftliche Ausbeute des Seegrundes bis zur 200-m-Tiefenlinie bzw. auf dem maritimen Breitenband von 200 Meilen den anliegenden Küstenstaaten zuschlägt; im Falle ihrer Überschneidung ist sie durch die »Äquidistanz« auseinander zu dividieren, entlang ihrer Mittellinie. Um dieses Prinzip auf die Ägäis anwenden zu können, spricht nun Ankara den griechischen Inseln die Gültigkeit des entscheidenden Begriffes »Kontinentalschelf« ab, eine willkürliche Definitionsmanipulation, die aller Theorie und Praxis des internationalen Rechtes widerspricht, das den »Kontinentalsockel« gleicherweise dem Festland wie »der« Insel zuerkennt, und von Athen daher mit aller Entschiedenheit zurückgewiesen wird.

Die Türkei sorgte für weitere Reibungsflächen: Unterstand die Luftkontrolle über die Ägäis mit türkischer Zustimmung sowie mit dem Segen der NATO und der internationalen Zivilluftfahrtbehörden bisher ausschließlich den Griechen, so verlangt nun Ankara Mitbeteiligung und Mitverantwortung. Verständlicher seine Entschlossenheit (im Interesse seiner Schifffahrt und Fischerei), Griechenland an der rechtlich zulässigen Ausdehnung seiner Territorialgewässer (auch der Inseln) von 6 auf 12 Seemeilen zu hindern, nachdrücklich unterstützt von der Sowjetunion, da durch sie der Bewegungsradius ihrer Mittelmeerflotte erheblich verkürzt würde; sie verlöre durch sie auch ihre Basen in offener See, auf Sandbänken westlich der Insel Kythera und nordöstlich von Sitia auf Kreta, die beide außerhalb der 6-, aber innerhalb der 12-Meilen-Zone liegen – einen dritten Platz zum rotierenden Ankern unerhalten sie nordöstlich von Zypern.

Symptomatisch ist schließlich auch, dass die Türkei unter Bruch des Lausanner Vertrages die letzten Reste des hellenischen Erbes an ihrem kleinasiatischen Rand liquidiert: Zwischen 1955 und 1980 reduzierte sich die Zahl der Griechen in Istanbul von 100.000 auf 5000, in Izmir, dem einstigen Smyrna, von 4000 auf 350, auf der Insel Imbros von 7500 auf 1400 und auf Tenedos von 3000 auf 240, während sich im gleichen Zeitraum die mohammedanische Minderheit in Griechisch-Thrakien von 100.000 auf 120.000 Köpfe erhöhte. Vor dieser Vielzahl von Pressionen, verstärkt noch von Eroberungsdrohungen seitens türkischer Politiker und Generale, sah sich die griechische Regierung genötigt, entgegen den alten Verträgen die großen ostägäischen Inseln vor der kleinasiatischen Küste militärisch zu befestigen, was Ankara wiederum als Eskalierung der Spannungen im ägäischen Raum interpretiert. Nicht sehr glaubwürdig, da die Türkei sowohl nach der Bevölkerungszahl wie auch im militärischen Potenzial Griechenland überlegen ist; dieses Minus kompensiert freilich Griechenland zum Teil durch einen höheren Entwicklungsgrad in der Wirtschaft und Technik sowie der Bildung und Ausbildung, nicht zuletzt auch durch stabilere politische Verhältnisse.

Nicht zu übersehen ist der internationale Aspekt des griechisch-türkischen Konflikts: Er hat die wichtige Südostflanke der NATO (der beide als Mitglieder angehören) brüchig gemacht und der Rivalität zwischen West und Ost ein neues Austragungsfeld eröffnet. Abermals ist das Schicksal der Ägäis, dieser Drehscheibe weltpolitischer Interessen, in Frage gestellt.

Die Formel der Ägäis

Unser Blick auf die dreitausendjährige Geschichte der Ägäis aus der Vogelperspektive ergibt folgende Bilanz:

Die Ägäis macht zwar, hat aber keine (eigene Geschichte). Im dreifachen Sinne:

• weil die ägäische Geschichte im Wesentlichen griechische (und sekundär: kleinasiatische) Geschichte ist; dem ist sofort der Satz anzuhängen, dass die griechische Geschichte (vor allem kulturell) weithin und maßgeblich ägäisch bestimmt ist.

• weil die Geschichte der Ägäis vorwiegend passiv ist und die Geschehnisse und Machtkonstellationen ihrer Festlandsküsten meist nur reflektiert, die freilich durch Schliff und Winkel ihres Spiegels eigenwillig gebrochen werden; da sie von mehreren Küsten eingegrenzt ist und diese sehr unterschiedlicher Natur, Geschichte und Kultur sind, bündelt sie deren Vielfalt in sich, teils indem sie ihre Gegensätze nivelliert und ausgleicht, teils indem sie ihren Spannungen produktive und originale Lösungen des Kompromisses und der Synthese abgewinnt. An dieser Tätigkeit konstituiert sich ihr Eigencharakter.

• weil sie schließlich – Folge dieses Sachverhaltes – jeglicher linearen Entwicklung entbehrt, da jeder ihrer Ansätze, den sie von einer Festlandseite empfängt, alsbald durch die Gegenstrahlung der anderen Küsten gebrochen wird. Dieser Gesetzmäßigkeit entrann die Ägäis nur zu jenen seltenen Augenblicken, da die Gesamtheit ihrer Kontinentalufer sich in der Hand einer einzigen politischen und kulturellen Macht befand; das war, abgesehen vom Zwischenspiel Alexanders, allein in der Spätepoche des römischen Imperiums und in den Jahrhunderten des Byzantinischen sowie des Osmanischen Reiches der Fall. – Diese wechselseitige Brechung oder Aufhebung verschiedenartiger Geschichtsbewegungen macht sie – gleich dem

Zentrum des Taifuns – zu einem Ort der Stille und der relativen Zeitlosigkeit inmitten eines kreisenden Weltwirbels; die Zeit hängt ihr nur als Hemd über, sie wächst ihr nicht als Haut zu.

Doch in diese Regel springen zwei gewaltige Ausnahmen hinein. Zweimal wurde die Ägäis im originalen Sinne schöpferisch und wegweisend: im »ionischen Jahrhundert« (650–510 v. Chr.), als sie dem Griechentum das kulturelle Fundament legte, und dann wieder im Hellenismus, da sie die antike Welt in das Christentum überführte. Sonst aber war das Los der Ägäis das Getanwerden, das Erdulden.

Ihre Außenbestimmtheit ist einem bestimmten Bewegungsrhythmus unterworfen: Das Pendel der Geschichte schwingt über das ägäische Zifferblatt hin und her zwischen West und Ost (nicht aber zwischen Nord und Süd): Erst überziehen die Kreter und die anderen »Kleinasiaten« die Ägäis, bis die Griechen auf ihr der Sonne entgegenfahren; die Perser schlagen zurück, worauf Alexander auf lange Zeit den Westen wieder nach dem Osten trägt (sofern man nicht die Ausbreitung des Christentums als Ostwind verstehen will), über Rom bis tief in das byzantinische Jahrtausend hinein; darin brechen die Araber ein, welche der Gegenstoß Venedigs und der Lateiner ablöst, bis ihn die Türken zurückdrängen; schließlich stellen die Griechen die ungefähre Ausgangslage wieder her. – Wie wird es weitergehen?

Zwischen diesen Bewegungen vermag die Ägäis keinen Raum der eigenen Zeit abzustecken. Dies alles ist so, weil sie, in unzählig kleine Inselmonaden zersplittert, keine ausreichende Basis zu größerer Machtentfaltung abgab (weshalb sie immer wieder die Beute fremder Kräfte wurde). Sie ist auf das Einzelne angelegt, auf das Besondere und private, und aus ihrem Boden sprudeln die Quellen der Impulse in unerschöpflicher Frische – auch heute, da sie der Kunst und Literatur des neuen Griechenlands zahllose Namen schenkt.

Das Glück aber und die hohe Entfaltung kehren auf ihr nur immer dann ein, wenn ihr eine starke Landmacht die äußere Sicherheit gibt, die sie aus sich selber nicht hervorzubringen vermag.

Denn die Ägäis ist ein Meer nicht der Ordnung, sondern der Anarchie. Sie ist ein Agens, mehr noch ein Aphrodisiakum der Freiheit.

Kapitel VIII

Der Mensch auf der Insel

Das Inselvolk lebt auf dem Lande. Es hat nichts mit dem Meer zu tun.

Sofern es nicht zu der sehr geringen Minderheit der Fischer gehört. Was diese nach der nächtlichen Arbeit anlanden, geht meist nicht über die Selbstversorgung hinaus – wenn sie nicht gerade in den seltenen glücklicheren Gewässern, wie etwa denen um Ios oder Phourni, beheimatet sind. Unter ihnen überwiegen die ganz Alten und die ganz Jungen; denn die ausgewachsenen Söhne, die ihren Militärdienst bei der Marine (zur Zeit je nach Waffengattung zwischen 18 und 23 Monaten) abgeleistet und dort das Matrosenhandwerk erlernt haben, suchen ihr Glück bei der einträglicheren Handelsschifffahrt; ihre Heuer geht zu einem guten Teil an die Eltern, und oft macht sie für diese mehr aus als der Ertrag, den ihnen Netz und Angel einbringen. Häufig kehrt der Sohn erst nach des Vaters Tod heim, um dessen Boot zu übernehmen (das eben meist nur eine Familie mehr schlecht als recht ernährt), falls ihn nicht ein Unfall oder ein Mädchen (was nicht dasselbe zu sein braucht – sie kann ja auch einen Fischervater beerbt haben) vorzeitig zurückholt.

Sie sind eine Kaste für sich, die Fischer. Sie wohnen unten am kleinen Hafen, mehr oder minder getrennt von der übrigen Bevölkerung, mit der sie sich allenfalls in der Kirche und im Kafeníon mischen. Ihr Gewerbe ergreifen meist nur die armen Teufel, die Landlosen und die auch sonst keinen nahrhaften Beruf finden: Fischer wird man aus Landnot. Und selten sieht er in der See etwas anderes als eine ungnädige, geizige und feindselige Herrin, der sich nur mit Müh und List und unter ständiger Gefahr das tägliche Brot abringen lässt; nur dann und wann einer, den eine unwiderstehliche Lust, eine Art sportlicher Leidenschaft zu diesem Gewerbe treibt, das in der Inselhierarchie keinen Höhenrang einnimmt – kaum je wird einer von ihnen zum Bürgermeister gewählt, es sei denn, er hat es zum Besitz einer kleinen Fischerflotte gebracht. Auch mit dem Lesen und Schreiben ist es beim Fischer schlechter bestellt; noch früher als seine Altersgenossen muss er ja die Schulbank mit der Arbeit vertauschen. Was aber vor allem seinem Ansehen abträglich ist: Er hat weniger Zeit (die den »Herrn« ausmacht) – weniger Zeit auch und Geld für das Kafeníon. Mit dem nächtlichen Fang ist es ja nicht getan: Immer ist etwas am Boot zu richten, und das ständige Trocknen, Färben und Flicken der Netze, die Besorgung der Köder stehlen ihm auch noch den ganzen Tag – und was kommt schon bei all der Plackerei heraus! Die unentwegte Mühe und Anspannung machen ihn schweigsamer und verhaltener als den Inselgriechen sonst; das Meer scheint ihm wie eine Last auf den Schultern zu liegen, die er nur im Tanz abwirft – für sich allein oder mit einem begleitenden Statisten (der den Chor, den Reigen, die Gemeinschaft ersetzt), sich zu gelöster Selbstentfaltung steigernd und zugleich doch verloren in einer meditativen Hingabe, die ihn alle Umwelt vergessen lässt. Kein Wunder auch, wenn er dem Uzo oder Raki leichter zugänglich ist. – Etwas besser sind sie dran, seit die Elektrizität – und mit ihr die Eisproduktion – auf den größeren Inseln eingekehrt ist; nun können sie ihre Fänge auf den zahlungskräftigeren Märkten Athens und der ägäischen Touristenzentren absetzen.

Die große Zahl aber der Inselgriechen sind Bauern, und sie sind bäuerlicher noch als die des Festlands. Gewiss, das Meer macht ihnen mittelbar zu schaffen, mit Gunst und Ungunst des Wetters, aber sie leben mit dem Rücken zur See und von ihr abgekehrt. Nicht wenige verzichten völlig auf ihre Nutzung, Skopelos etwa, Skyros und Schinoussa, obwohl sie mit den Fischgründen ringsum nicht schlechter dran sind als anderswo; das große und reiche Rhodos zählt nur vier Fischerkaikia, und die kommen von auswärts. Höchstens einmal, dass ein kleiner Bauernbub vom Kai aus die Angel auswirft; und niemand ist der Seekrankheit anfälliger als eine ägäische Inselbäuerin – kaum an Bord, überkommt es sie schon. Seltsam genug sind die Bauern dennoch meist zuverlässigere Wetterfrösche als die Fischer, welche die unberechenbare Launenhaftigkeit dieses Meeres zu fatalistischen Skeptikern gemacht hat; als gute Griechen sind sie freilich Fatalisten nicht im orientalischen Sinne – sie nehmen das Schicksal nicht als Fertigfabrikat, sondern als Rohstoff, den sie mit den Werkzeugen ihrer schnellen Intelligenz und schlagfertigen Verwertungsfantasie bearbeiten; in ihrer stillen, lauernden Wachsamkeit agieren sie nicht, sondern re-agieren sie. Das macht sie abgeneigt, sich auf längere Sicht festzulegen. Abgeneigt auch gegen die planende Voraussicht: Ihre Not heißt sie, die Chance des Heute rücksichtslos auszubeuten, gegen alle Bedenken des Morgen – nicht allein die Fangmethode mit dem grellen Karbidlicht, mehr noch die vielerorts geübte Dynamitfischerei und auch das Grundschleppnetz vernichten das Biotop und das kleine Seegetier (von dem sich das große nährt) sowie vor allem die Fischbrut, wobei der Tagesgewinn in keinem Verhältnis zum angerichteten Dauerschaden steht. Sie wissen es, und tun es trotzdem – auf die Gefahr des Lebens hin und gegen das Gesetz des Staates; aber was vermögen schon die zwei, drei Landgendarmen, die auf der kleinen Insel stationiert sind, wider diesen Raubbau an der See! Die Bevölkerung hält dicht, sie hütet sich, Anzeige gegen die Übeltäter zu erstatten, zumal diese ihrem geräuschvollen Gewerbe in angemessener Entfernung von den bewohnten Orten (und von den Polizeistationen) nachgehen. – Als wir einmal in einer abgelegenen Bucht die Nacht über vor Anker lagen, fuhr zu später Stunde ein Fischerboot ohne Lichter an uns heran: Wir sollten nicht erschrecken, riefen sie herüber, wenn es gleich krachen würde, sie würfen nur ein wenig Dynamit. So höflich sind ihre Bräuche!

Auf den Inseln leben sie dem Lande zu, und in seiner fleißigen, intensiven Nutzung nehmen es mit ihnen die vom Festland nicht auf. Das ist schon der sorgfältigen Terrassierung des Hügelgeländes anzusehen, die keinen Quadratfuß anbaufähigen Bodens ausspart. Sie haben es nötig. Denn ihre Erde trägt noch weniger als das kontinentale Griechenland, dessen landwirtschaftliche Nutzbarkeit an der untersten Stelle Europas rangiert.

Unmissverständlich die Sprache der Zahlen (nach dem letzten Zensus von 2001):

	Fläche in km^2	Fl.-Anteil in %	Bevölkerung absolut	Bevölkg.- -Anteil in %	Bevölkg.- Dichte pro km^2
Griechenland insg.	131.990	100,0	10.645.400	100,0	80,6
Inseln insg.	25.792	19,6	1.293.704	9,8	50,1
Ägäische Inseln	23.485	17,8	1.099.970	9,5	46,8
Ionische Inseln	2.307	1,8	193.734		

Die ägäischen Mittelwerte bedürfen der Differenzierung nach Inselgruppen. Die Wohndichte beträgt auf den Kykladen 33,6, im Dodekanes 44,7, auf Lesbos 53,3, auf Samos 53,6, auf Chios 59,7, auf Kreta 54,8 und auf Euböa 42,3 Köpfe auf dem Quadratkilometer. Selten auch bietet die Insel Ansatz zur urbanen Zusammenballung: von den 55 Städten Griechenlands mit mehr als 10.000 Einwohnern liegen nur 9 in der Ägäis.

Das Bild verschiebt sich noch mehr zu Ungunsten der ägäischen Griechen, kombiniert man diese Zahlen mit ihrem Anteil an der landwirtschaftlich nutzbaren Fläche des Landes: Während die Inseln mit 19,6 % an der Gesamtfläche und mit 11 % an der Gesamtbevölkerung beteiligt sind, entfallen auf sie nur 13,8 % des bebaubaren Bodens; von diesem wiederum beansprucht Kreta allein (mit 8336 km² und 601.159 Einwohnern) mehr als die Hälfte, nämlich 8,2 %, so dass die ägäischen Inselgriechen (ohne Kreta) mit ihrem 4,5-prozentigen Anteil (= 498.811 Einwohner) an der totalen Bevölkerung Griechenlands mit 5,6 % seiner nutzbaren Böden begnügen müssen. Mit anderen Worten: Der Grieche der Ägäis (außer Kreta, das in Wahrheit ein Kontinent für sich ist – und es auch für den Touristen sein sollte) muss mit vier Fünfteln des Bodens auskommen, der seinem festländischen Landsmann zur Verfügung steht! Der Vergleich fiele noch fataler für die Insel aus, könnte man in ihn – wofür die Daten fehlen – auch noch die Nutzungsintensität, die durchschnittlichen Hektarerträge einbeziehen, denn die mangelhafte Bewässerung, der geringere Ebenenanteil und die steinigeren Böden werfen noch magerere Ernten ab als das Festland. Wer dessen Armut kennt, kann sich eine Vorstellung von der Inselarmut machen.

Ferner ist in Rechnung zu stellen, dass sich auf den Inseln eine völlig andere Agrarstruktur entwickelt hat. Sie wird ersichtlich an der sehr unterschiedlichen Aufgliederung des Nutzbodens (ohne Bergwälder und -weiden):

	Ackerland in %	Fruchtbäume in %	Weinbau in %	Wiesen land in %	Wald in Ebenen in %	Weide in Ebenen in %
Gesamt-Griechenland	68,4	8,1	5,5	1,1	6,4	8,2
Ägäische Inseln	58,2	22,3	6,0	0,1	2,9	10,5
Kreta	49,1	24,2	10,8	0,2	8,4	7,3
Ionische Inseln	40,1	34,3	15,8	0,9	2,9	6,0

Anteil an der gesamtgriechischen Nutzfläche (Griechenland = 100 %)

	Ackerland in %	Fruchtbäume in %	Weinbau in %	Wiesen land in %	Wald in Ebenen in %	Weide in Ebenen in %
Ägäische Inseln	1,2	9,1	6,3	1,7	1,0	1,6
Kreta	4,7	15,8	6,3	0,9	2,6	7,3
Ionische Inseln	5,1	21,8	14,5	1,7	9,2	

Besonders schlecht ist es also auf den Inseln mit der Getreideversorgung bestellt, um das Grundnahrungsmittel, das dazu noch in seiner qualitativen Zusammensetzung zu wünschen übrig lässt; ihr Brot vermahlen sie zumeist aus dem *smigadi* – Weizen und Gerste gemischt gesät und geerntet; auch die Hirse spielt eine beträchtliche Rolle, nicht aber der wasserbedürftige Mais. Geerntet wird noch mit der Sichel, da das steinige und unebene Gelände die Sense und erst recht Mähmaschinen nicht zulässt. Viel geht schließlich beim Dreschen verloren; dies besorgen sogar manchmal noch – wie zu Homers Zeiten – die Tiere (Esel, Muli, Pferd und/oder Ochse nebeneinander gespannt), die im Rundtrott auf den steinernen Kreistennen die Körner mit den Hufen aus den Halmen treten.

Etwas fortgeschrittener, wenn auch kaum weniger graubärtig ist der Dreschschlitten, der auf dem äußeren Inselkreis heimisch ist, auf Kreta, den Sporaden und den kleinasiatischen Küsteninseln. Er besteht aus zwei aneinander geklammerten Holzbrettern, je etwa von 110 cm Länge und 40 cm Breite; das Oberteil ist glatt gehobelt, während in die Unterfläche messerscharf zugekantete Steine in geraden Längsparallelen fest in das Holz verkeilt sind. Ein bis zwei Maultiere ziehen nun das Gefährt über die Rundtenne, darauf die Halme dick aufgeschüttet sind; um dem Schlitten Gewicht zu geben, stellt sich ihm ein Mann auf – ein paar sitzende Kinder tun es auch, denen das Rotieren auf dem Getreideteppich als Karussellersatz dient. Dabei werden nicht nur die Körner aus den Ähren gedroschen, die Steinmesser zerschneiden auch gleich noch das Stroh. – Überall trägt der Dreschschlitten einen anderen Namen: Auf Alonisos heißt er *dhokáni, arkáni* in Methymna und *jéni* bei Mytilene (beide auf Lesbos).

Für die Vermahlung trifft es sich gut, dass der frühsommerlichen Ernte der Meltémi auf dem Fuße folgt, die mehrmonatige Herrschaft des gleichmäßig starken Nordwindes. Auf ihn hin sind denn auch die Windmühlen (mit feststehendem Segelrad) gebaut, aneinander gereiht auf einem Bergpass in Nachbarschaft des Hauptortes – besonders schön auf Ios; sie sterben allmählich aus, mit der billigeren Elektrizität halten sie nicht mit. – Für die meisten Inseln reicht der Eigenertrag nicht, sie müssen ihren Bedarf vom Festland einführen. Vor 1923 verfügten die Großbauern der kleinasiatischen Inseln auch noch über Ackerland auf den benachbarten kleinasiatischen Küstenebenen; dem hat die kleinasiatische Katastrophe von 1922 ein Ende gemacht.

Verhältnismäßig stark ist auf den Inseln der Anbau der unbewässerten Holzarten entwickelt, von Weinrebe, Öl-, Mandel- und Feigenbaum; neuerdings werden besonders die Oliven- und Agrumenkulturen (Orange, Mandarine, Zitrone, aber auch Pomeranze und Pampelmuse) für die Ausfuhr nach dem Festland und ins Ausland kultiviert, auf Ikaria auch Aprikosen, auf Skopelos Pflaumen (die köstlichsten und frühesten), auf Seriphos Kapern und auf Kos Melonen, während sich Lesbos seines Olivenöls und Kalymnos seiner Mandarinen rühmt sowie Syra seiner Gurken. Die fruchtbare Lavaerde Santorins liefert eine saftige kleine Tomate, besonders geeignet zur Markverarbeitung, und Naxos die ersten Kartoffeln. In jüngster Zeit ist auch auf den östlichen Küsteninseln, vor allem auf Lemnos, die Baumwolle wieder zu Ehren gekommen, die unter den venezianischen Baronen schon einmal auf den Südkykladen gezogen wurde; die gleichfalls von ihnen kultivierten Maulbeerpflanzungen und die darauf basierende Seidenerzeugung ist dem Modewandel und den neuen Kunststoffen zum Opfer gefallen. Eine Renaissance hingegen feiert der Weinbau; rühmte die Antike die Provenienzen von Lesbos, Chios, Thasos und Rhodos, so liefern heute die begehrtesten Qualitäten neben Rhodos und Thasos, die ihrem alten Rufe treu blieben, vor allem Samos und Santorin (auch herbe Arten), in zweiter Linie Kreta und Paros; ihre Spezialität freilich, der schwere »Südwein«, erliegt durch den Geschmackswandel der europäischen Säufer der ständigen Absatzschrumpfung.

Zu allen Zeiten gilt die Hauptsorge des Bauern der Bewässerung. Die meisten unter den kleineren Inseln haben keine oder zu wenig Quellen. Wo aber dünnere Kalkmassen undurchlässigen Schiefern aufliegen, brechen Quellen hervor und speisen ansehnliche Bäche, die Wassermühlen über viel verzweigte, das Gefälle nutzende Rinnen auf die Felder leiten. Und in den Ebenen pumpen Göpelbrunnen, vom Muli-Automaten oder in reicheren Gefilden vom Motor (auf Kreta auch durch Windmotoren) in Gang gehalten, das Grundwasser herauf. Da aber die Ebene sich in der Regel unmittelbar der Küste entlang schmiegt, verbrackt bei übermäßigem Verbrauch (in der Trockenperiode vor allem) oft das Grundwasser – denn wenn der Brunnenboden unter dem Meeresspiegel liegt, saugt er salziges Wasser von der See her an. Wo das Wasser auf gute Erde trifft, entwickeln sich üppige Gartenkulturen, so besonders auf Kreta, Naxos, Samos, Chios, Tinos, Andros und Südeuböa, deren Früchte von den großen Märkten Athens gerne aufgenommen werden.

Die Viehzucht auf den Inseln wird durch den Mangel an sommerlicher Gebirgsweide gehemmt. An Schafen und Ziegen fehlt es ihnen dennoch nicht. Nur selten aber ziehen sie in großen Herden über das Land; jeder Besitzer lässt seine Tiere unbeaufsichtigt auf dem eigenen Grund weiden, besonders auf den abgeernteten Feldern, die daher zu ihrem Schutz ummauert sind. Nicht selten werden kleinere, unbewohnte Eilande von der großen Nachbarinsel aus mit einer Herde samt ihrem Hirten beschickt, für einige Monate, bis auch sie abgegrast sind. Günstigere Weidebedingungen, dank des reichlicheren Regenfalles, erlauben den »grünen« nördlichen Inseln auch die Rinderzucht. Einige andere wiederum, wie Kreta, Kithnos, Paros, Pholegandros und Lesbos, ziehen einen Gewinn aus der Aufzucht von Maultieren. Auf vielen »unmotorisierten« Inseln sind sie noch immer das einzige Transportmittel, kein billiges übrigens – weniger als das Muli kostet der Esel, wegen seiner geringen Tragkraft und seiner unproblematischen Fortpflanzung.

Zur geringeren Ertragsfähigkeit gesellt sich noch ein zweites Übel, die unökonomische Kleinstparzellierung des bäuerlichen Bodeneigentums. Beträgt sein gesamtgriechischer Mittelwert 3,46 ha, so auf den ägäischen Inseln 2,37, auf Kreta 2,73 ha (und auf den Ionischen Inseln 2,18 ha). – In Deutschland geht man davon aus, dass es der bäuerliche Betrieb erst in der Größenordnung von 15 bis 25 ha bei weit höherer Ertragslage auf das Einkommen eines qualifizierten Industriearbeiters bringt! Nicht genug damit, ist der griechische Bauernbesitz durch die Erbfolge und das unerbittliche Gebot der Mitgift im Durchschnitt auf 6,5 Splitter vom Taschentuchformat atomisiert, zu 7 auf den ägäischen Inseln und gar zu 10,3 auf Kreta; das ergibt eine mittlere Größe der Einzelparzelle von 0,54 ha in Gesamtgriechenland, von 0,35 auf den ägäischen Inseln und von 0,26 ha auf Kreta! Schließlich liegen diese Bodenfragmente meist weit auseinander, ihre Kleinheit duldet nicht den Ausbau der Pfade, sodass auch noch Arbeitsweg und Transport einen nicht hereinzuwirtschaftenden Zeitaufwand erfordern.

Als Faustregel lässt sich geradezu definieren: Je ärmer der Boden, desto zersplitterter der Besitz! Oft ist das Kleinstanwesen nicht zu halten (was bürdet ihm allein schon die Mitgift für die Tochter oder gar Töchter auf), dann muss es der Bauer verkaufen, und wenn er Glück hat, kann er als Pächter auf ihm sitzen bleiben. Auch in dieser Perspektive ist der Inselbauer auf die unterste Stufe des Landes abgerutscht: Während in Gesamtgriechenland die landwirtschaftliche Nutzfläche zu 91,7 % von den Eigentümern und nur zu 8,3 % von Pächtern bearbeitet wird, lauten die Vergleichsziffern für das freiheitszähe Kreta 93,8 und 6,2 %, für die ägäischen Inseln aber 80,1 und 19,9 % (eine Quote, die sonst nur noch von dem nordwestgriechischen Bergland Epirus erreicht wird)! Den negativen Rekord hält Lesbos, dessen ansehnlicher Reichtum an Ölbäumen in den Händen ganz weniger Familien konzentriert ist; sie bewirtschaften ihren Besitz nicht selber, sondern durch eine Unzahl von Kleinstpächtern, die in keiner beneidenswerten Haut stecken – die Grundherren setzen den Pachtzins je nach dem geschätzten (!) Ertrag vor der Ernte willkürlich fest; dass deren reales Ergebnis meist dem dennoch gültigen fiktiven Ansatz weit hinterherhinkt, bedarf kaum der Erläuterung.

Es zeigt sich: Die Inseln lassen sich nicht auf einen gemeinsamen Nenner bringen. Sie sind im Haus der Ägäis sehr ungleich ausgestattete Menschenwohnungen. Über die Einrichtung entscheiden drei Faktoren: die Größe der Insel, Wasser und Bodenbeschaffenheit.

Zunächst die Größe: Je kleiner die Insel, umso größer die sterile Küstenpartie im Verhältnis zur bebaubaren Binnenzone, umso geringer ferner die Ansammlung von Grundwasser. Mit der Kleinheit (etwa unterhalb 30 km^2) sinkt daher auch die Bevölkerungsdichte der Insel. Nicht zuletzt deshalb, weil es ihr an ausgedehntem Schwemmland mangelt. Ebendieser Chance erfreut sich die Insel mit zunehmendem Umfang; und zwar umso mehr, je runder oder quadratischer sie angelegt ist (wie Naxos, Lesbos, Samos) – streckt sie ein einziger Bergzug zu schmaler Länge (wie etwa Ikaria oder

Amorgos), der meist auch steil ins Meer abfällt, so findet sie keinen Ansatz zu breiterer Talbildung. Im Allgemeinen lässt sich dennoch die erste Feststellung umkehren: Je größer die Insel, umso dichter die Bevölkerung, umso intensiver und extensiver ihre Nutzbarkeit, umso mehr Lebensraum für den Menschen.

Die reichste Frucht trägt die Schwemmlandebene: Sie entfaltet die stärkste Nährkraft. Die geologische Geschichte hat mit ihr vor allem die kleinasiatischen Küsteninseln bedacht; auch Kreta, Rhodos und Euböa können sich über ihren Mangel nicht beklagen. Am seltensten ist sie auf den Kykladen (außer Naxos), auf dem Dodekanes (außer Rhodos und Kos) und auf den nördlichen Sporaden. Zur zweiten Gütekategorie zählen die vulkanischen Tuffe: Ihrer erfreuen sich Santorin, Milos, Lemnos und Lesbos. Dann folgen die Tone, Mergel und Schiefer, welche die Tugend haben, das Wasser an der Oberfläche zu halten. An letzter Stelle kommen die wasserdurchlässigen Kalke (mit denen nur noch die Granite und die verkitteten Konglomerate an Unfruchtbarkeit wetteifern); sie dominieren vor allem auf den Kykladen und zum Teil auch auf dem Dodekanes.

Das dritte, gleich wichtige Kriterium der Fruchtbarkeit liefern die Niederschläge. Sie verteilen ihren Segen höchst ungleich über die Ägäis: Zu ihren Lieblingskindern gehören wiederum die östlichen und nördlichen Randinseln, auch Westkreta, während sie die Kykladen, zunehmend von Nordost nach Südwest, grob vernachlässigen.

So gliedert sich das ägäische »Land« in drei Fruchtbarkeitszonen: Relativ am besten sind die küstennahen Inseln, vor allem die vor Kleinasien, sowie Kreta und Euböa dran, am schlechtesten die Kykladen, während dem Dodekanes der Kompromiss zwischen ihnen vorbehalten ist – Bastarde sind ja meist besonders hübsch, sensitiv und initiativ. Die Unterschiedlichkeit der jeweiligen Existenzbedingungen projiziert sich auf ihre Bewohner, auf Mentalität und gesellschaftliches Gefüge, auf ihre Lieder und Tänze. Und nicht zuletzt findet sie beredten Ausdruck in der Divergenz ihrer politischen Grundhaltungen, die sich in den Wahlresultaten niederschlagen – mit erstaunlicher Konstanz auf den einzelnen Inselgruppen.

Zum Beispiel Lesbos und Samos. Beide Inseln wählen traditionell links. Die Antwort ist zunächst in den Besitzverhältnissen zu suchen, die den Nutzboden in den Händen weniger Familien monopolisieren. Sie produzieren ein Landproletariat, das – die Erfahrung in aller Welt bezeugt es – für den Linksextremismus nicht minder anfällig ist als das der Stadt. Und seit die katastrophale Niederlage der Griechen im Kriege gegen die Türken 1922 die drei großen ostägäischen Inseln von ihrem natürlichen kleinasiatischen Hinterland abgeschnitten hat, sehen sich ihr Gewerbe und Handel der natürlichen Absatzräume beraubt.

Schließlich leidet Lesbos noch immer am härtesten unter der Katastrophe von 1922/23; es diente dem griechischen Millionenexodus aus Kleinasien als erster Fluchtplatz – allzu viele blieben hängen. Der Zensus von 1928 katalogisiert 31.705 seiner damals 137.946 Bewohner als Flüchtlinge, nicht weniger als 23 Prozent. Damit lagen sie zwar nicht viel höher als ihr 19,7 %-iger Anteil an Griechenlands Gesamtbevölkerung. Doch diese Zahl trügt, denn von den 1.2211.849 »Vertriebenen« wurden allein 638.253 in Makedonien und 107.607 in Thrakien angesiedelt, mit einem Anteil von 45 bzw. 35 Prozent an der Provinzbevölkerung, in den durch die Balkankriege 1912/13 eroberten Gebieten, wo Türken und Bulgaren ausgedehnte und fruchtbare Ländereien nach dem im Vertrag von Lausanne (1923) besiegelten Bevölkerungsaustausch hinterlassen hatten. Dort also war leeres Land, und es bedurfte der Flüchtlingskolonisten zu seiner Füllung. Nicht so das bevölkerungssaturierte Lesbos. Von allen Landesteilen wurde es – stellt man alle lokalen Faktoren in Rechnung – von der Flut der Flüchtlinge am härtesten getroffen. Sehr viel härter als die Nachbarinseln: 1928 (die späteren Volkszählungen trennen die Flüchtlinge nicht mehr von den Einheimischen) betrug ihr Anteil auf Chios 18 %, auf Lemnos 16, auf Samos 10, auf Kreta 9 und auf den Kykladen gar nur 4 %. Und bis heute hat Lesbos diese schwere Belastung nicht verkraftet – es sind nicht zuletzt diese Verdauungsschmerzen, die Lesbos in seinem Linksdrall abreagiert. Es ist daher kein Zufall, dass seine Flüchtlingsquote mit seinem »linken« Stimmenanteil nahezu zusammenfällt.

Die Flüchtlingslast, die Chios auf sich nahm, war um ein Geringes leichter. Und es konnte sie mit einer elastischeren und ausgeglicheneren Grundbesitzstruktur auffangen, sodass sich die Gegensätze zwischen Reich und Arm, zwischen Einheimischen und Flüchtlingen nicht derart scharf zuspitzten wie beim nördlichen Nachbarn. Ferner ist Chios Heimatstation mehrerer großer Reedereien, die nicht nur Geld, sondern auch Arbeit und Brot auf die Insel bringen – auch für die unfreiwilligen Gäste.

In Wahrheit aber sind der Lesbiote und der Samiote von Haus aus Antipoden des Kommunismus, und der Name Marxens dürfte kaum je an ihre Ohren gedrungen sein. In Wahrheit sind sie gleich allen Griechen Erzindividualisten, die nicht allein die Not, sondern mehr noch eine grundsätzliche Feindschaft gegen den Staat überhaupt der »Volksfront« in die Arme treibt – sie sind Anti-Etatisten wie eh und je, besonders akzentuiert auf den großen Randinseln von Kleinasien, die bis 1913 der Türkenherrschaft unterstanden. Die Geschichte und noch nachdrücklicher die kleinasiatischen Flüchtlinge haben sie gelehrt, den Staat der Fremdherrschaft gleichzusetzen, und die Permanenz des Elends seit der Befreiung hindert sie, den eigenen Staat als »ihren« Staat anzusehen. Der Mangel an Staatsbewusstsein heißt sie, jeweils jener Partei – gleichgültig welcher Couleur – ihre Stimme zu geben, die den bisherigen Staat am heftigsten bekämpft. Bei den Flüchtlingen und ihren Kindern kommt hinzu, dass sie meist besser geschult und von ihrer Tradition her »progressiver« gestimmt sind und sich agiler, wendiger verhalten als die Inselgriechen sonst; das macht sie anfälliger für den Linksradikalismus – zumal sie auch weniger zu verlieren haben.

Politisch ist also das Ägäische Meer ein zentrifugales Land, wie seine Geschichte ohne Homogenität und ungleich schärfer gegliedert als das kontinentale Griechenland. In seiner Mitte, auf den Kykladen, gebärdet es sich konservativ, liberal längs seiner Südflanke von Kreta bis Rhodos, während der Ostrand »östlichen« Neigungen frönt. Nur im Falle von Lesbos und Samos lassen sich die politischen Tendenzen aus sozialökonomischen Ursachen erklären – nicht auf den Kykladen, wo sich diese beiden Komplexe in unüberbrückbarem Widerspruch gegenüberstehen, und nicht auf Kreta, wo sie beziehungslos und gleichgültig nebeneinander liegen. Näher kommt den Dingen der Versuch, die politischen Divergenzen aus der Verschiedenartigkeit der Geschichte und der wesensprägenden Naturkraft der einzelnen Inselgruppen abzuleiten. Entgegen aller Gewohnheit der Meere ebnet die Ägäis nicht ein und verallgemeinert nicht, sie differenziert und profiliert die Gesichter, sie ist ein Acker der Individuation.

Gleichförmig, nur wenig unterschiedlich dick und schwer ist allein das Tuch der Armut, das sich über alle Inseln breitet. Auch was sie an unterirdischen Schätzen bieten, verbessert ihr Los kaum. Zwar finden sich zahlreiche Mineralien, doch nur selten in lohnender Abbaumenge und stets in ungünstiger Verkehrslage – Faktoren, die ihre Förderung in der Antike weniger beeinträchtigten als heute. Damals gewann man Gold auf Thasos und Siphnos, das auch Silber, Blei und Eisenocker ausbeutete, während Seriphos über reiche Lager an Eisen (wie auch Kithnos und Kea) und silberhaltigen Bleiglanz verfügte. Heute wird der Erzbergbau in nennenswertem Umfang nur noch auf Seriphos (Eisen, Blei, Antimon) und Euböa (Magnesit, Bauxit, Braunkohle) betrieben; in geringerem Ausmaß auf Siphnos (Bleierze), Thasos (Zink), Chios (Antimon) und Andros (Mangan).

Etwas besser ist es um die Steine und Erden bestellt. In vorgeschichtlicher Zeit besaß Milos in Südeuropa das einträgliche Monopol des Obsidians, jenes überaus harten Vulkangesteins, das zur Waffenherstellung diente – Splitter davon finden sich noch in Myriaden am alten Ausfuhrhafen Phylakopi; heute exportiert die Insel Baryt, Kaolin und Schwefel. Santorin steuert die nach ihm benannte Erde bei (feiner Bimssand zur wasserfesten Betonbereitung); Walk- und Seifenerde kommen auf Samos und Kimolos vor, Gips auf Rhodos und Kos sowie Talk auf Tinos. Einen besonders guten Namen als feinstes Schleifmittel hat der Naxos-Schmirgel; gute Tone machen Siphnos und Rhodos – damals wie heute – zu renommierten Töpferinseln.

Am bedeutendsten ist die Marmorgewinnung, obwohl der Zeitgeschmack diesem edelsten aller Steine nicht mehr sonderlich gewogen ist. Sein Abbau wird heute noch auf Paros, Naxos, Skyros, Andros und Tinos betrieben (früher auch auf Thasos, Lesbos, Samos und Phourni), die sich auf seinem Grund zu Bildhauerwerkstätten entwickelten. Schon den Römern aber wurde der Transport dieses schwergewichtigen Materials zu lästig; statt seiner importierten sie daher griechische Steinmetzen von den Inseln als Lehrmeister, mit deren Hilfe sie die Brüche von Carrara angingen. Die Gewinnungsmethoden haben sich seither kaum geändert (da die modernen Sprengmittel mehr schaden als nützen würden): Der Stein wird mühselig Stück für Stück aus dem Berg herausgesägt. Die Güte des Marmors ist sehr unterschiedlich – sie wird an seiner Lichtdurchlässigkeit gemessen, der feinporige von Paros lässt es noch bei einer Dicke von 35 mm durchscheinen, der gröbere von Naxos, Pentelis und Carrara bescheidet sich mit 20 mm.

Aber die Erz- und Steingewinnung bringt den Inseln allenfalls nur ein Taschengeld, ein dürftiges Nebeneinkommen. Auch die Industrie hat das Loch in ihrer Tasche nicht zu stopfen vermocht, sie ist naturgemäß den wenigen großen Inseln vorbehalten; und auch dort beschränkt sie sich auf die Verarbeitung der Agrarprodukte (Olivenöl, Wein, Fruchtsäfte, Marmelade, Obst- und Gemüsekonservierung); da und dort eine winzige Seifenfabrik – auf Ios ist ein kühner Unternehmer sogar auf die Idee verfallen, einen Zwergbetrieb zur Herstellung von Brillengestellen zu gründen (er arbeitet nur ein paar Monate im Jahr). Der breiteren Industrialisierung fehlt zunächst schon die Grundvoraussetzung der Energiegewinnung: Keine Insel hat Kohle oder ausreichende Wasserkraft zur Stromerzeugung. Zwar greift die Elektrizität nun auch auf den Inseln um sich, jedoch nur auf der Basis der schwerölgefütterten Aggregate, und die Nutzung der reichlich vorhandenen Solarenergie lässt noch auf sich warten. – So hinken die Inseln in der Technifizierung dem Festland hoffnungslos hinterher.

Dementsprechend schwach sind die Inseln (einschließlich der Ionischen) in Industrie und Handwerk vertreten: Sie verfügen mit 19.426 Betrieben über 15,6 % der 124.651 Betriebe des Landes (1969), aber nur über 9,1 % der dort Beschäftigten. Die Disparität der beiden Werte ergibt sich aus ihrer unterschiedlichen Größenordnung: Zählt die Belegschaft pro Betrieb im Landesmittel 4 Angehörige, so nur 2,36 auf den Inseln. Mehr Brot bringt die Handelsschifffahrt ein; die großen Reeder entstammen in der Mehrzahl der Ägäis (Chios, Andros, Kasos, Santorin), sie holen sich ihre Mannschaften meist aus der weit verzweigten Verwandtschaft von »daheim«.

So hinken viele Inseldörfer (gleich den »kontinentalen« Berggemeinden) der gesamtgriechischen Entwicklung weit hinterher, von den Touristenzentren abgesehen. Immerhin hat der Staat in den letzten zehn Jahren für sie, zumindest für die größeren, mehr getan als in den hundert Jahren vorher: durch die Errichtung von Flugplätzen, den Ausbau der Hafenanlagen (sodass nun auch größere Schiffe, selbst Autofähren an den Inselmolen anlegen können), durch Straßenbau (zu den meist Heerespioniere eingesetzt wurden, was ihnen das Missfallen der Mulitreiber eintrug) und durch die Errichtung kleiner Elektrizitätswerke (auf lokaler Basis) – und mit ihnen kamen das nächtliche Licht, der Kühlschrank, Auto und Lastwagen, Hörfunk und Fernsehen auf die Inseln, sowie auf 18 von ihnen (15 in der Ägäis, 3 im Ionischen Meer) das Flugzeug – nicht zu reden vom Hubschrauber, der im Notfall auf Abruf jede Insel anfliegt. Wenn sie auch nicht den Wohlstand auf den ägäischen Felsbrocken installieren, sie machen das Leben leichter, abwechslungsreicher und vermitteln ihren Bewohnern endlich das Gefühl, dazuzugehören, nicht mehr so isoliert und verlassen zu sein; womit denn ein Beitrag geleistet ist, die Ausblutung der Inseln durch Auswanderung ein wenig einzudämmen.

Not macht bekanntlich erfinderisch – sie fördert die insulare Künstlerschaft der Allesverwertung, die das moderne »Recycling« schon lange kultivierte, ehe es einen Schicksalsplatz in unserer Begriffswelt einnahm. Kaum ein verrottendes Ding, dem der ägäische Grieche nicht einen zweiten Daseinszweck abhandelt. Die Rede war bereits von der Verwendung ausgedienter Tonkrüge als Dachkamine, vom Schmied, der die Nuss- und Mandelschalen in den Kafenía sammelt als Brennstoff für die Esse; abgewrackte Autoreifen liefern solides Schuhwerk; ausrangierte Blechkanister (der Rost weiß überkalkt) sehen sich zu Blumenkübeln geadelt, und auf Santorin trocknen sie in der Sonne die ausgepressten Tomatenschalen und -kerne, die Rückstände aus der Markverarbeitung, zum Winterfutter für das Vieh. Nichts wird weggeworfen, dem die Fantasie noch irgendeinen Nutzen herauszuquetschen vermag. Unfehlbare Sympathiewerbung leisten mir auch meine leer gerauchten Zigarrendosen aus schwarzgold bedrucktem Blech – bei den Frauen stehen sie hoch im Kurs als Schatullen für tausenderlei Krimskrams.

Selbst gegen die heimatlichen Großreeder, die den Frühkapitalismus so erfolgreich auf Neugriechisch rekapitulierten, wissen sie sich zu helfen. Dem orthodoxen Klerus lässt sich im Allgemeinen kaum soziales Verständnis und schon gar nicht soziale Aktivität nachsagen. Umso erstaunlicher, dass ausgerechnet ein Erzbischof, Irenäus von Chania auf Kreta, den Typaldos und Efthymiades, den Monopolherren des Kreta-Seeverkehrs, den Kampf ansagte. Von der Kanzel herab predigte er die Gründung einer Schifffahrtsgesellschaft auf der Basis von Volksaktien, die nur Kreter erwerben dürfen; inzwischen sind mit fast 400.000 Anteilen, deren Kurs schon auf das Dreifache des Nennwertes gestiegen ist und die eine hübsche Dividende abwerfen, vier Schiffe in Dienst gestellt – vor ihnen musste die private Konkurrenz alsbald die Flagge streichen. Diesen Erfolg vor Augen, ließ sich das mittelkretische Iraklion nicht lumpen – mit gleichem Ergebnis. Das machte Schule: im lesbischen Mytilene, und nun auch im südpeloponnesischen Gythion.

Der Schrumpfungsprozess hat freilich nicht alle Inseln ergriffen, und nicht alle im gleichen Grad. Kreta beispielsweise, auch das fruchtbare und an Bodenschätzen reiche, de facto zum Festland gehörige Euböa blieben von ihm weitgehend verschont, auch die Inseln im Saronischen Golf von Ägina über Hydra bis Spetsä, die fast zu Villenvororten Athens angewachsen sind, sowie der Dodekanes dank seines blühenden Tourismus (erst 1947 Griechenland angeschlossen, lässt er sich in die langfristige Bevölkerungsrechnung nicht einbeziehen).

Einen bevölkerungspolitisch »gesunden« Zweck erfüllt die Inselflucht lediglich für Lesbos, wo sie die unmäßige Flüchtlingsflutung ableitet.

Da die Ertragsleistung der Insel nicht sinkt, muss wohl das Motiv der Abwanderung in den wachsenden Lebensansprüchen ihrer Bevölkerung gesucht werden; sie steigern sich in dem Maße, wie sich ihre Berührungsflächen zur »westlichen Zivilisation« (via Film, Hörfunk, Fernsehen, Tourismus u. a.) verbreitern. Wer es nur irgendwie schafft, lässt seinen Sohn in Athen studieren, der dann nur selten, eingefangen vom *dolce vita* und dem leichteren Verdienst der großen Stadt, den Weg zurückfindet. Der Grieche ist ja der geborene Städter, und wenn er wählen kann, so zieht er den engen Gürtel in Athen einem insularen Embonpoint vor. In der Kapitale treten die Ärzte (um von den Juristen ganz zu schweigen) einander auf die Füße, aber sie müssen schon am Verhungern sein, ehe sie sich entschließen, sich in der Provinz oder gar auf den armen Inseln niederzulassen; diese zählen 14 % der Bevölkerung, aber nur 7,5 % der Ärzte Griechenlands.

Was die Inselflucht zum Krebsschaden macht: Sie ergreift gerade die Jungen, die Fähigen, die Energischen, die Unternehmungsfreudigen, die Beweglichen – sie wirkt als Filter: Der gute Saft rinnt weg, der Satz bleibt zurück. Das klingt ein wenig hart und vielleicht auch übersteigert; aber sicher sind die Lethargie und Stagnation, in denen manche Inseln verkehren, mit auf diesen Prozess zurückzuführen. Ferner: Es sind vorwiegend junge Burschen, die weggehen – die Mädchen, arme Schwestern der Aphrodite, bleiben sitzen (weshalb auch die Nonnen weniger Nachwuchssorgen haben als die Mönche). Viele Inseln leiden daher an einer Störung des Geschlechtergleichgewichts. Im Alter freilich, nachdem sie in Amerika oder Australien einen kleinen Wohlstand gescheffelt haben, kehren sie oft heim; im Kafeníon sonnen sie sich dann prestigebewusst in ihren Erfahrungen mit der großen Welt.

Trotz alldem, die Atmosphäre in den Inseldörfern ist nicht gedrückt: Sie ist vielmehr friedlich und heiter. Und die Leute sind weicher, inniger, ruhiger, gefasster als auf dem Festland, nicht so leicht erregt und zum Streiten bereit (außer dem Kreter). Sie leben nach ihrem Wort: »Lieber Kohl mit Frieden als Zucker mit Streit.« Und auch nach dem anderen: »Tu Gutes und wirf es auf den Strand.« Aber über den Nachbarn herzuziehen, von der Insel nebenan, dieses Vergnügen lassen sie sich so wenig entgehen wie die kontinentalen Griechen.

Als Erstes fällt dem Fremden auf den Inseln die erstaunliche Sauberkeit der Dörfer in die Augen. Sie liegen meist hoch, auf einem Pass (wie Sikinos, Pholegandros, Astipaläa) oder auch rund um die Hänge eines Kegelberges (wie Seriphos, Amorgos, Ios), immer in steiler Vertikale gestaffelt, immer in Schutzlage (gegen das chronische Piratenübel – ist es nicht erst gestern verlöscht?). Das ist die »Chora«. So sprechen sie vom Hauptdorf auf fast allen Inseln, ohne von seinem lokalen Namen Gebrauch zu machen. Auch die Hafensiedlung heißt überall nur die »Skala«. Meist ist sie kleiner. Wo sie aber etwas regeren Verkehr hat, läuft sie der Chora den Rang ab – auf Milos etwa oder auch auf Patmos, während auf Astipaläa Chora und Skala am Hang zusammenwachsen. Auf Skiathos hingegen zogen sie es vor, den gordischen Knoten zu durchhauen, indem sie, nach der Befreiung 1830, von einem Tag zum anderen, den alten Ort räumten und sich im Hafen niederließen. Aber es gibt keine Regel. Denn auf anderen Inseln trotzten sie allen Korsarenstürmen und verließen nie die große Hafenbucht – so auf Tinos, Paros, Lesbos, Naxos, Chios, Mykonos und Skopelos.

Das Dorf ist weiß. Es liebt den nackten Stein nicht, es tüncht ihn. Sein atmosphärischer Wert kann nicht treffender wiedergegeben werden als mit den Worten von Eckart Peterich (in seinem großen »Kleinen Griechenland-Führer«):

»Das viele Weiß im südlichen Sonnenlicht blendet. Schon dadurch werden die Umrisse verwischt, alle Formen bekommen etwas

Weiches. Da die Tünche rasch schmutzt (verwittert, A. d. A.), wird sie ständig erneuert ... So legt sich Kalkschicht über Kalkschicht, runden sich alle Kanten, und wir vergessen bald völlig den darunter liegenden Stein. Dadurch wirken sie nicht so sehr gebaut als vielmehr modelliert, fast als Bildhauerarbeit.«

Aber die Formen verfließen nicht. Denn ihrer Weichheit setzt eine strenge Geometrik den festen Rahmen; sie ist eingefügt in den Ernst von Rechteck und Würfel; ihnen fügt noch der Kapellenbau Kuppel, Kreuz- oder Tonnengrundriss in unerschöpflicher Variation hinzu. Das gibt ihnen eine abstrakte Gegenständlichkeit, die Maß übt nach beiden Seiten und allen Gegensatz aufhebt zwischen Geist und Sinnlichkeit. Ihre geordnete Wohnlichkeit macht die Ordnung wohnlich. Dies Haus ist klar, einfach, auf das Wesentliche zurückgeführt, das alles Überflüssige meidet. Nur nicht das Überflüssige an sich. In allen Farben quillt die Blumenpracht, die zart gehegte, aus allem, was da Erde fasst, aus alten Kanistern, Töpfen, Eimern und Tongeschirr. Es ist, als ob der Reigen ihrer vielfältigen Tupfer das allgegenwärtige Grundweiß in eine höhere Potenz höbe; als ob sie es liebten, diese harte, karge, geizige Erde mit der zwecklosen Freude zu schmücken. Dies Weiß macht alles weiß: Es ist die Reinheit an sich, die alles, selbst die Gassen überflutet, sich in alles einfrisst und vertilgt, was sich da als Schmutz breit macht. Es ist aber auch Tünche, auch in deren hintergründigem Sinn. Eine Tünche freilich, die nicht lügt, verheimlicht und vorspiegelt; sie ist vielmehr die Überwindung in ständiger Aktion, die Selbstüberwindung der Not und der Armut. – Zu dieser Reinheit gehört die Kühle; auch sie ist ein Erzeugnis des allgegenwärtigen Kalkweiß, das die Sonnenstrahlung nicht in das Gestein eindringen lässt – es wirft sie zurück.

Das Kykladenhaus ist kubisch angelegt, noch dort, wo es sich mehrfach in die Tiefe staffelt, um einem Hof Platz einzuräumen, oder sich seitwärts zum Rechteck streckt. In den rechten Winkel gesetzt, dominiert es doch die Horizontale; es ist immer breiter als hoch, meist einstöckig, nie mehr als zweistöckig, und schließt nach oben flach ab. Die Dachterrasse ist rings von einer niedrigen Balustrade umrandet – ein Wohnraum im Freien, das sommerliche Schlafzimmer: Mit einer Matratze am Boden und dem Laken zum Zudecken ist es rasch installiert. Wichtiger aber noch ist die Funktion des Daches als Wasserfänger; mit einer undurchlässigen Schicht gedeckt, neigt es sich leicht nach einer der vier Ecken. In ihr sammelt es den kostbaren Regen (oft das einzige Wasser), das ein Rohr von der Abflussecke in die Zisterne leitet.

Das flache Dach wird zunächst von einer Holzdecke getragen; ihr werden mehrere Schichten von jeweils 1 cm Dicke aufgetragen, im wiederholten Wechsel ein Sediment aus lehmhaltiger, wasserundurchlässiger Erde und einer Lage aus auseinander gebreitetem und fest gepresstem Seegras – die einzelne Schicht wird angefeuchtet und von einem Steinzylinder festgewalzt. Beginnt sich nach zwei bis vier Jahren das Flachdach in der Mitte leicht zu senken, dann wird die oberste Erdlage zu kleinen Häufchen aufgeharkt, um dem sich sammelnden Wasser den Weg zum Abflussrohr offen zu halten. Dem fortschreitenden Einsinken des Daches wird schließlich durch die Auftragung einer neuen Seegras-Erde-Lage zuvorgekommen.

Eine Scheidelinie führt von Skyros – unter Aussparung von Euböa und Andros – südostwärts nach Patmos. Südlich davon herrscht die klassische Inselarchitektur, die wir der Präzision zuliebe als »Kykladenstil« definieren. Nordwärts dieser Grenze aber regiert ein völlig anderer Bauwille, der durch die dort reicheren Niederschläge motiviert ist, der »Sporadenstil«, wie wir ihn nach dem Ort seiner reinsten Ausprägung folgerichtig nennen (auch wenn er, leicht abgewandelt, ebenfalls auf den östlichen und nördlichen Randinseln anzutreffen ist). Es ist der Gegensatz zwischen horizontal und vertikal, zwischen Statik und Dynamik, in dem sie sich gegenüberstehen. Neigt die waagerechte Dominante des kubischen Kykladenhauses zu ruhiger Ausgewogenheit, so geben sich die mehrstöckigen Häuser auf den nördlichen Sporaden vertikal bestimmt; sie schießen schmal in die Höhe, und im gleichen Verhältnis sind auch die Fensterstöcke nach oben gezogen. Das Haus ist mit einem Walmdach gedeckt, dessen rote Ziegel oder graue Schieferplatten in der Wechsellage von Mönch und Nonne ineinander greifen oder sich übereinander schieben. Obwohl flach gewinkelt, betont auch dies Dach noch die Bewegung, denn seine weiß gekalkten Kämme, in denen sich die Dachflanken schneiden, verlaufen nicht geradlinig, sondern in leichter Schwingung gekrümmt – in der Multiplikation der Dächerfelder ein wogendes Spiel sich verschlingender und wieder auseinanderlaufender Bänder – am reinsten ausgeprägt auf Skopelos.

Zweifellos steht das Sporadenhaus – trotz seiner eigenen Note – der kontinentalen Architektur näher. So neigt der Inselliebhaber doch dazu, in diesem Wettstreit zwischen Nord und Süd, zwischen Dynamik und Harmonie, dem Kykladenhaus den Preis zuzusprechen: Es ist maritimer, insularer, beglückender.

1956 wurde Santorin durch ein Erdbeben fast völlig zerstört. Die Regierung baute es wieder auf – jedoch nicht im überkommenen Würfelstil mit der wassersammelnden Flachterrasse, sondern in der erdbebenfesten Konstruktion des Tonnengewölbes. Sein halbrundes Dach fängt nun aber nicht mehr das Regenwasser für die Familienzisterne auf; stattdessen wurden riesige Zisternen für die ganze Gemeinde auf dem freien Felde erstellt. Jetzt hat also der Santoriner ein sicheres Dach über den Kopf; doch es wiegt in seinen individualistischen Augen den Verlust der Privatzisterne nicht auf. So kehrte der Privatmann wieder zur alten Bauweise zurück, auch wenn sie weniger bebensicher ist.

Kaum eine Insel ohne Kloster. Es liegt fernab vom Dorf. Auch seine Erbauer haben mit den Piraten gerechnet: Die hochgezogenen dicken Mauern, nur in der oberen Hälfte von wenigen und kleinen Fenstern durchbrochen, sind Festungswände, die schützend einen rechteckigen Hof umschließen – aus seiner Mitte wächst die Kirche empor. Die Zellen sind an den Innenwänden der Umfassungsmauern untergebracht. Sie bieten Platz für hundert Mönche und mehr. Aber kaum eines (außer dem Johanneskloster auf Patmos und Longobardos auf Paros), das heute ihrer mehr als drei bis vier zählt, und die sind alt und kaum noch hier. Sie teilen das Schicksal fast aller griechischen Klöster: Sie leiden an der Auszehrung. Nicht allein, weil den Heutigen nicht mehr der Sinn steht nach Askese und Meditation. Es ist noch ein anderer Antrieb weggefallen. Die Fülle und Größe der Klöster stammen aus der Zeit der Türken, welche die rechtlich und steuerlich privilegierte Christenkirche ungeschoren ließen. Damals flüchteten zu ihnen die Hungernden und Verfolgten. Seit der Befreiung aber findet die Not andere Asyle – die Stadt mit ihren tausend Versprechungen oder auch das Ausland. Zudem sind die Klöster inzwischen selber in Not geraten. Die reichen Ländereien, die ihnen in früheren Jahrhunderten aus privaten Stiftungen zufielen, haben ihnen die zahlreichen Bodenreformen zwischen den beiden Weltkriegen genommen; der Staat stillte mit ihnen den Landhunger der einheimischen Bauern und vor allem der Flüchtlinge. Was den Klöstern blieb, nährt nur noch wenige und zwingt die Mönche zu harter Arbeit; sie sind Bauernmönche, meist aus Notwendigkeit, oft aus trägem Müßiggang, nicht immer aus Überzeugung. – Geringere Nachwuchssorgen haben die Nonnenklöster. Denn sie sind heute noch Asyle, für die Schwestern, welche »die Störung des Geschlechtergleichgewichts« auf den Inseln traf.

Sicher war und ist die Volksfrömmigkeit auf den Inseln inniger als auf dem Festland. Das bebaute Land ist übersät mit kleinen Kirchen – kein Gütlein scheint ohne Kapelle auszukommen. Ein reger Gebrauch wird von ihnen freilich nicht gemacht – sie scheint als Heim für ihren Heiligen gebaut, nicht so sehr für die Menschen. Die Familie sorgt zwar für das Öllicht und spart nicht mit Blumenschmuck. Die Liturgie zieht aber nur einmal im Jahre in die Kapelle ein – zum Namenstage des Heiligen, dem sie geweiht ist. Sind der Heilige und der Kapellenbesitzer von besonderem Rang, dann entwickelt sich daraus ein Panagiri, ein Lobesfest; es beginnt zunächst sehr fromm, mit ausgiebigem Gottesdienst die ganze Nacht über. Am nächsten Morgen aber wird es weltlich, mit improvisiertem Kafeníon und Verkaufsständen, mit Wein, Musik und Tanz den ganzen Tag und auch noch in die folgende Nacht hinein. – Mancher Dorf-*papas* hat auf diese Weise bis an die 60 Landkapellen zu betreuen.

Es ist nicht so leicht, das Geheimnis des Inselgriechen zu lüften. Wer in ihn eindringen will: Auf dem Panagiri zeigt er sein Herz.

Doch auf jeder Insel ist es wieder anders – es gibt keinen gemeinsamen Nenner für sie alle. Wer an einer spielerischen Fantasie leidet, sieht sich von ihnen verführt zu sagen: Die Kykladen sind Gedichte, die kleinasiatischen Inseln Epen und Kreta ein ewiges Drama. Oder: Gott habe in der Ägäis als Künstler gespielt – als Maler (expressionistischen Stils) in den Kykladen, als barocker Bildhauer in den ostägäischen Randinseln und als Renaissancearchitekt auf Kreta. Aber auch dies stimmt nicht ganz, denn vor allem ist die Ägäis Musik – im kykladischen Liederkranz für Sopran (Ios), Alt (Siphnos), Tenor (Sikinos), Bariton (Andros) und Bass (Naxos), in den östlichen Opern und in der kretischen Symphonie. Glaubte aber einer, die einigende Formel für diese See gefunden zu haben und sie die Bühne zu nennen, darauf die Inseln ein klassisches Ballett tanzen – so wäre es nicht zu widerlegen.

Kapitel IX
Technik des Inselfahrens

Wie kommt man auf die Inseln?

Dem Eiligen empfiehlt sich die Olympic Airways, die – relativ billig – im Binnenverkehr von Athen aus schon seit einigen Jahren achtzehn ägäische (und drei ionische) Inselflughäfen anfliegt; Thodos und Kreta (sowie Korfu) sind von den europäischen Metropolen noch schneller im direkten Charterdienst erreichbar. Fast alle großen Inseln sind nun auch den Autokentauren auf den eigenen Rädern zugänglich, da die alten Passagierschiffe immer mehr von Autofähren verdrängt werden. Solch leichte Erreichbarkeit hat ihre Vorteile, in den Augen des Sammlers aber steigert sich der Wert des begehrten Objektes mit dessen Unzugänglichkeit – sie schrumpft auch in der Ägäis allmählich zur Rarität.

Besser bedient ist, wer sich im Piräus einem »normalen« Inseldampfer anvertraut, der ein- bis siebenmal in der Woche (je nach der touristischen oder wirtschaftlichen Bedeutung der einzelnen Häfen) eine Inselreihe abklappert; der Fremde kann also am Ziel seiner Wünsche aussteigen und dort ein oder mehrere Kursschiffe überschlagen, bevor er wieder die Rückreise antritt oder zur nächsten Linien-Insel weiterfährt. Sofern er freilich aussteigen kann. In Anaphi beispielsweise, das lediglich einmal in der Woche angelaufen wird, kann er nur bei Windstille an Land gehen (und das ist auf der Ägäis selten genug der Fall); da die Insel keinen Hafen hat, muss der Dampfer bei laufenden Maschinen inmitten eines Haufens bösartiger Riffe stehend manövrieren, ohne Anker werfen zu können; indessen besorgen kleine Ruderbarken die Ein- und Ausbootung der Passagiere und Waren. Hatte der Tourist dabei Glück – er bedarf Fortunas dann auch für die Rückfahrt, ansonsten er längere Zeit auf der Insel festsitzt (erst beim sechsten Anlauf konnte ich meinen Fuß auf die Insel setzen). Doch Anaphi ist nicht die ägäische Regel; im Allgemeinen kommt man schon an.

Die Dampfer verfügen natürlich über mehrere Passagierklassen. Doch der Tourist der ersten Klasse gäbe sich einer Illusion hin, wähnte er sich seines Kabinenbettes unter allen Umständen sicher; wenn er unterwegs zusteigt, findet er es manchmal von einem anderen Fahrgast eingenommen, der sich mit der nämlichen Fahrkarte legitimiert. Kein Protest beim Stewart oder Zahlmeister wird dann dieser Doppelbesetzung Abhilfe schaffen. Sie ist auch keineswegs auf einen Fehler, etwa auf die »griechische Schlamperei«, zurückzuführen; die innergriechischen Schifffahrtslinien pflegen vielmehr vom freien Spiel der Kräfte, von Angebot und Nachfrage manchmal einen exzessiven Gebrauch zu machen, zumal in der Saison – das heißt, sie verkaufen die Billetts nicht nach der Zahl der verfügbaren Plätze, sie verkaufen so viele, wie sich verkaufen lassen. Von solchen Überraschungen bleibt der Kunde des Zwischendecks verschont, das ohnehin keine Bettkabinen bietet; ein Sitzplatz findet sich immer, und der Tourist bekommt dazu noch gratis und franko einen Anschauungsunterricht in griechischer Volksmentalität geliefert, wie er ihn sich farbiger, dramatischer und vergnüglicher nicht wünschen kann; ganz zu schweigen von den nützlichen Kontakten, die sich an Deck knüpfen – sie öffnen Tür und Tor auf der angesteuerten Insel lange vor der Landung.

Der Linienverkehr krankt noch an einem ernsteren Schönheitsfehler: Er strahlt vom Piräus sternförmig nach allen Richtungen aus, ohne jedoch zwischen diesen Radien Querverbindungen herzustellen. Das ganze System ist zentral auf den Piräus bezogen (zum Teil bündelt es sich noch einmal in Syra). Wer daher von Naxos nach Samos übersetzen will, muss erst zum Ausgangspunkt Piräus zurückfahren, um dort die Linie nach Samos zu bekommen. Hie und da freilich unterhalten kleine Motorkutter, »Post-Kaikia«, regelmäßige Verbindungen von einer Insel zur nächsten – so z. B. von Lesbos nach Lemnos, von Skopelos und Skyros nach Euböa, von Bolissos (an der Westküste von Samos) und Ikaria nach Phourni, von Milos nach Kimolos, von Ios nach Sikinos, von Naxos und Amorgos nach Schinoussa; sie lassen sich jedoch nur an Ort und Stelle erfragen, in Athen weiß kein Mensch über sie Bescheid, schon gar nicht über die jeweiligen Abfahrtszeiten. *

Gelegentlich greift einem auch das Glück unter die Arme, in Gestalt eines Schiffes, das Kartoffeln, Ziegen oder Schafe auf die Nachbarinsel verfrachtet; natürlich nimmt es den Fremden mit, aber er wird es sich etwas reichlich kosten lassen (alles Regelmäßig-Fixierte in Griechenland – Eisenbahn, Dampfer, Flugzeug, Autobus – ist billig, jedes private Extra aber hat seinen besonderen, seinen sehr individuellen Preis), gefällt dem Kapitän freilich Ihre Nase, dann nimmt er Sie auch so mit, franko und gratis. Jedenfalls kann sich solche Inselspringerei nur der Vagabundierende leisten, der sich, Herr seiner Zeit, auf das Spiel mit dem Zufall einzulassen vermag – er wird erfahren, dass in Griechenland der Zufall doch meist guter Laune ist.

Diesen Mängeln haben die griechischen Reeder durch 2- bis 5-tägige Inselrundfahrten abzuhelfen gesucht, für die sie die schönsten Schiffe des Landes einsetzen (und auf ihnen braucht der Tourist nicht mit einem bereits belegten Bett zu rechnen). Nur geht es da-

* Seit einiger Zeit verkehren in der Sommersaison zwischen Juni und September zwischen den Inseln des Dodekanes und zwischen den Kykladen auch schnelle Tragflügelboote. Informationen über Abfahrtszeiten und Linienverkehr können bei den griechischen Fremdenverkehrszentralen eingeholt werden.

bei zwangsläufig ein wenig schnell und obenhin zu – ein Auflesen der großen Namen, nach konventionellem Programm abgehaspelt, das an den eigentlichen Reizen der Ägäis vorbeifährt. Dazu nicht billig, aber nicht unmondän und recht komfortabel – das Richtige für rasende Geschäftsleute, für Prestigebeflissene, die auch einmal »unten« gewesen sein müssen, auch nicht zu verachten als erste Orientierung für jungfräuliche Griechenlandreisende.

Schiffscharter ist immer ärgerlich teuer (muss doch die halbjährige Saison für die kostspielige Erhaltung der Kaikia das ganze Jahr über und für die des Kapitano aufkommen). Im Priäus liegen an die hundert Motor- und Segeljachten der unterschiedlichsten Größe (für 4 bis 24 Personen), bis zur piekfeinsten Luxusstufe hinauf. Die Charter beträgt nur die Kleinigkeit ab 2000 Euro – pro Tag (ohne Essen und Getränke, die zusätzliche Bezahlung erheischen). Sie finden ihre Kundschaft nicht nur bei den Trägern der unerschöpflichen Brieftaschen; neuerdings benutzen sie auch »Bildung« verkaufende Reiseagenturen zu Gesellschaftsreisen in kleinen Gruppen, was die Sache dann doch erschwinglicher macht. Man kann mit ihnen die Ägäis erfahren. So sind sie den geforderten Einsatz wert – für den, der sie nicht auf dem Kaiki befahren kann.

Nichts geht über das Kaiki – es ist unter den Schiffen, was das Muli unter den Tieren. Kaiki: So heißt der einheimische Schiffstypus, seit Jahrhunderten im bewährten Gebrauch – seit die Erfahrung in ihm die optimale Formel für diese Gewässer gefunden hat: breit, ausladend, sinkt das Deck mittschiffs ab, während Bug und Heck hochgezogen sind. Von unverhältnismäßig großem Tiefgang, vereint es lagefeste Seetüchtigkeit mit reagibler Manövrierfähigkeit und schmiegt sich dem Wellengang weich an – in der Ehe aus Gelassenheit und Wendigkeit das rechte Ebenbild des Inselgriechen, der es gelernt hat, gefasst und behend den Stürmen zu begegnen, die diese Wetterecke der Geschichte unentwegt heimsuchen. Der Schiffer schreibt die Tugenden des Kaiki seinem Gerüst zu, der Form und Anordnung von Kiel und Spanten, von deren Muster er seit Jahrhunderten nicht abgeht. Und weiter kann man von ihm hören, es ahme das Grätenskelett des »Christópsaro« nach; dieser Fisch hat seinen Namen von Christus, der ihn zur Speisung dargeboten habe – von seinem Fingergriff seien ihm die schwarzen Punkte geblieben, beiderseits je einer knapp unterhalb der Rückenflosse. Dies Wort in Gottes Ohr, dem Kaiki ist es nicht unangemessen.

Es ist in drei Arten im Gebrauch: Am seltensten in Form des Pérama, das ausschließlich dem Transport von Massengütern dient. Den ältesten, »klassischen« Typ des Kaiki repräsentiert das Tréchandiri (auf das sich die Geschichte des Christópsaro bezieht); es ist auch heute noch am häufigsten anzutreffen. Gleich dem Bug läuft sein Heck spitz zu und ist nach außen gebogen – dieses Gefüge macht es ungemein stabil. Während es in seiner soliden Behäbigkeit einer resoluten Tante gleicht, die mit drei Beinen im Leben steht, gibt sich das jüngere Karavóskaro als elegantes, kokettes Mädchen, das seinen schnittigen Kurs mit schlagfertigem Witz und zielstrebiger Berechnung steuert, sich jeder Laune des Meeres anpasst und sie blitzgeschwind ausnutzt – Eigenschaften, die es der konkaven Kurvung von Bug und Heck verdankt.

Von dieser Form hat es auch den Namen: *skáros* – die Figur, der Rumpf gleich dem *karávi* – dem Dampfer, dessen Frühform es wohl nachgebildet ist.

Offenbar ist es ein Kind des Maschinenzeitalters, bei dem vielleicht italienische Vorbilder Pate gestanden haben – nicht zufällig hat es seine Hauptverbreitung in den westgriechischen Gewässern. Die Ägäis aber beherrscht nach wie vor das Tréchandiri. Doch im Grunde machen sie einander nicht Konkurrenz, da sie verschiedenen Zwecken dienen. So verfügt das Tréchandiri über viel Zugkraft;

zum Fischfang nimmt es eine große Ruderbarke (ohne Besegelung) sowie fünf kleine Ruderboote in Schlepp, die dann in konzentrischer Strategie ihrer Beute zu Leibe rücken – des Nachts meist mit der *gri-gri*-Methode, mit dem blendenden Licht der Karbidlampe, die erst den kleineren Fisch, dann den diesem nachjagenden größeren Raubfisch ins Netz zieht oder, richtiger, lockt. Das in der Regel größere Karavóskaro hingegen operiert als Einzelgänger; es geht auf den großen Fisch in großen Tiefen – das breite und flache Spiegelheck erlaubt es ihm, das ausgeworfene Netz mit Motorkraft wieder an Deck zu ziehen. – Beide verschmähen natürlich bei Gelegenheit nicht das Geschäft des Warentransports und der Passagierbeförderung.

Längst ist das Kaiki auch – in allen seinen Variationen – mit einem Motor ausgestattet, der ihm die Geschwindigkeit von 6 bis 9 Knoten gibt. Haupt- und Vorsegel setzen sie meist nur noch bei Achterwind; bei hartem Seitenwind auch, wenn es ein starkes Wellengeschlinge abzufangen gilt. Der Grieche hält sein Kaiki gut; die Liebe zu seinem Schiff spricht sich in farbenfroher Bemalung und ornamentaler Verzierung aus – manchmal in lokalbestimmten Mustern, sodass sich an ihnen der Heimathafen ablesen lässt.

Der Grieche hat wenig Erfahrung mit Eisen und Stahl – sein Land gab ihm kaum Gelegenheit dazu. Umso mehr Talent entfaltet er im Umgang mit Holz – es bewährt sich besonders beim Bau des Kaiki. Der Kiel muss aus Hartholz sein, damit das Kaiki nicht Schaden erleidet, wenn es auf steinigem Ufer an Land gezogen wird. Für die Spanten empfiehlt sich naturgebogener Maulbeerbaum, während Bug und Heck die gleichfalls naturgebogene Eiche erfordern, die jedoch im Dezember oder Januar bei abnehmendem Mond zu fällen ist, damit der Holzwurm die Wohnung räumt. Für die Planken, für Deck und Deckträger wird hingegen die Kiefer bevorzugt; sie muss mit der Rinde trocknen und daher zwei Jahre gelagert sein; der westliche Peloponnes, der nicht mit ihr gesegnet ist, gebraucht statt ihrer den Eukalyptusbaum. Eiche und Föhre genießen das meiste Vertrauen, wenn sie aus den Wäldern Nordeuböas stammen. Und wenn dann noch das Kaiki auf der Insel Skiathos gebaut wurde, auf Perama, Samos, Syra oder Thasos, dann ist es gewiss ohne Fehl. Immer aber ist sein Bau von vielen Sorgen begleitet. Nicht umsonst sagen sie: Wer keine Tochter verheiratet hat, wer kein Haus errichtet und wer kein Kaiki gebaut hat, der weiß nicht, was das Leben ist. – Kleinere Reparaturen kann der Schiffer selber vornehmen; ein Grund mehr, für das Kaiki am Holze festzuhalten, denn auf den Inseln fehlt es an Werften mit modernem Maschinenpark für die Metallverarbeitung.

Erst in jüngster Zeit beginnt die Reiseinitiative sich auch des Kaiki zu bemächtigen. Wer einmal mit seinen Tugenden Bekanntschaft gemacht hat, lässt es nicht mehr. Denn die Elastizität des Kaiki, seine sichere Lage, seine Geschmeidigkeit und Beweglichkeit gewähren eine unvergleichlich intime Erfahrung der See und den engsten Kontakt zum verspielten Küstenverlauf der Inseln – keine moderne Jacht und erst recht kein Dampfer kann solche Unmittelbarkeit, solche Nähe und Vertrautheit vermitteln. Und auf die Gefahr hin, als unverbesserlicher Romantiker abgestempelt zu werden: Auf lebendem Holz lässt sich eher zu Hause sein als auf Kunststoff oder totem Stahl. Nichts geht über das Kaiki.

Ab Juni bis September unterliegt der Großfischfang der Schonzeit. Den Verdienstausfall suchten früher clevere Fischer durch die Vermietung der Schiffe an Touristen wieder hereinzuholen. Damit ist es vorbei, seit das Junta-Regime (1967–1974) seinen vielen Übeltaten noch die Einführung des Internationalen Seerechtes in den Griechen-Gewässern hinzufügte; was besagt, dass das Boot für die Aufnahme von Passagieren mit Funktelefon, Schlafkojen, Kochgelegenheit, einem funktionstüchtigen WC, Rettungsutensilien und dergleichen überflüssigem Komfort mehr ausgerüstet sein muss. Abgesehen davon, dass der »Schiffsherr« die Anschaffungskosten dafür kaum aufbringt: sie lohnen nicht, denn das »kalte« Halbjahr müsste er sein Boot wieder auf den Fischfang umbauen. – Die neue Demokratie ist bei dieser Praxis geblieben, die Hafenkommandanten wachen streng über ihre Einhaltung; allenfalls genehmigen sie dem Fischer die eintägige Touristenfahrt bis zum nächsten Inselhafen. Die eiserne Spielregel lässt sich umgehen, findet man einen »Piraten«, der unbewohnte und kleine Inseln ansteuert, auf denen kein allmächtiger Limanarchis (Hafenkommandant) residiert. Im Allgemeinen aber ist man nun auf die teurere Piräus-Charter angewiesen.

Um das Kaiki erschwinglich zu machen, suche man sich also eine Gesellschaft zusammen, eine Genossenschaft von Freunden und Bekannten. Das ist der erste Haken. Denn die nötige Zahl von sechs bis zwölf geeigneten, Zeit habenden und dazu noch hinreichend zahlungskräftigen Teilnehmern aufzubringen, kostet mehr Mühe, als man denken mag. Das Gelingen hängt entscheidend von der Zusammensetzung der Mitfahrer ab, da an sie doch einige körperliche und charakterliche Ansprüche gestellt werden: Das Salz der Luft, des Windes und des Wassers, die zehrende Kraft der Sonne, das oft strapaziöse Inselwandern, die ungewohnte, einfache, ja manchmal karge Kost, das nicht immer weiche Bett, das dauernde Zusammensein an Bord – das sind einige Belastungsfaktoren, denen nur gute Konstitution, Genügsamkeit und Ausgeglichenheit, Humor und Kameradschaftlichkeit gewachsen sind. Die Kaikifahrt bringt es an den Tag – sie reißt die Schleier und Masken weg, sie provoziert einen schonungslosen Striptease: Wer ihn sich nicht leisten kann, bleibe besser zu Hause.

Der zweite Haken: Der Kapitän (sofern kein Touristen-Profi) ist nicht immer einer Fremdsprache mächtig und erst recht nicht ist es die Mannschaft. Nun kommt dem Fremden freilich das ungewöhnliche Verständigungsgeschick des Griechen entgegen. Ein Schiffer, der in der Kriegsmarine einige Brocken Italienisch aufgeschnappt hatte, behalf sich gegenüber seinen deutschen Fahrgästen folgendermaßen: »matina« hieß morgens, »matina matina« sehr früh, und »matina, matina, matina« Mitternacht. Sehr weit kommt man mit solcher Technik nicht – wer sich schon vorher eine eiserne Ration an Neugriechisch zulegt, hat mehr von seiner Fahrt. Solche Kenntnis erleichtert es ihm auch auf den Inseln, Mahlzeiten und Unterkunft zu organisieren, was manchmal unerwartete Kopfschmerzen bereitet. Lässt man sich aber nach der Landung zunächst einmal im Kafeníon nieder, beginnt mit den Honoratioren ein ausgedehntes Palaver über das Woher und Wohin, dann lösen sich alle Probleme von selber in Wohlgefallen. Zeit aber kostet es, und so sorge man für frühere Ankunft, denn die Leute, zumindest auf den einsamen Inseln, pflegen mit den Hühnern schlafen zu gehen.

Leichter fällt dem Reisenden die Erlernung der nautischen Fachsprache, deren sich die Mannschaft bei der Arbeit bedient. Leichter, weil sie auf Grammatik und Syntax verzichtet, und zweitens, weil sie sich auf vertrauterem Klangboden tummelt. Die Seeleute des gesamten Mittelmeeres, von den Dardanellen bis zu den Toren Gibraltars, verfügen für die Arbeit an Bord über ein gemeinsames, einheitliches Pidgin-Idiom, das die griechischen Matrosen gleichermaßen beherrschen wie ihre italienischen, spanischen und arabischen Kollegen. Dieses natürlich gewachsene Seemanns-Esperanto, von den Griechen *kinobarbariki* genannt, das »Hundebarbarische«, ist ein Wortgemengsel aus allen Sprachen der Anrainerländer, zu der sich mit der Einführung des Motors auch noch einige englische Zutaten gesellten (z. B. *full* – volle Fahrt); die Mengendosierung der diversen Sprachanteile verschiebt sich freilich in jeder Region des Mittelmeeres zugunsten des heimatlichen Elements, doch scheint überall – so auch in der griechischen Ägäis – das Italienische zu dominieren, was vermutlich auf die mittelalterliche Seeherrschaft der italienischen Stadtrepubliken Venedig und Genua zurückgeht.

Das gilt zunächst von den Winden (in Klammern jeweils die entsprechenden Ausdrücke der griechischen Schriftsprache): Die Nordwinde nennen sie *tramuntána* (boréas), die Südwinde *óstria* (nótos), die Winde des Ostens *levántes* (apiliótis) und die des Westens *pounéntes* (zéphiros). Die Windstille heißt *bonazza*; *fourtoúna* aber ist nicht das günstigste (wie man in Ableitung von *fortuna* = Glück vermutet) Wetter, sondern der Sturm (der also auf *fortuna* = Schicksal zurückgehen könnte). Der gute, der milde und freundliche Wind hingegen, *kalosini*, knüpft an das griechische *kalos*, gut, schön, an. Die Bezeichnung für den Bug lautet *plori* und das Heck *primi*; *prima* heißt also das Fahren mit dem Wind, mit Achterwind, und *katáplora* oder *stin plori* nennt sich der Wind, der genau gegen den Bug steht. *Orza* ist im Wind stehen, das dann griechisch dekliniert wird: *orzaro* – ich fahre gegen den Wind.

Beim Landemanöver ruft der Matrose am Bug dem Kapitän zu: *láska* (ital. *lascia*) – lass das Tau oder die Ankerkette locker, frei (als Zustandsbezeichnung), als Antwort auf den Befehl *mólla* – gib nach, gib locker (zur Bezeichnung der Bewegung). Das gegenteilige Kommando aber lautet *wíra* – ziehe, hol an, und *kráti* – stopp, halt; *founda* – lass den Anker fallen; *alboure* heißt der Mast, *bastouni* der Bugspriet und *karina* der Kiel. Mit diesem Wortschatz etwa kommt der Matrose bei der Arbeit auf dem Kaiki aus (dessen Name übrigens dem Türkischen entstammt). Bewunderung ist dem Passagier gewiss, gibt er bei passender Gelegenheit den ägäischen Erfahrungsspruch von sich: »*Órthio to phengári, xaploménos o kapetános*« – »Wenn der Mond aufrecht steht, kann der Kapitän ruhig liegen«, und anders herum: »*Xaploménos to phengári, órthios o kapetános*« –

»Liegt die Mondsichel auf dem Rücken, stehe der Kapitän auf Wache«, denn dann droht Sturm.

Bei der Festlegung der Route ist dem Reisemonat ein Mitspracherecht einzuräumen. Die Ägäis ist für den Touristen etwa von Mitte April bis Mitte Oktober befahrbar. Am günstigsten sind Mai und Juni sowie die zweite Septemberhälfte bis Mitte Oktober. Dazwischen herrscht über See und Inseln der mächtige Meltemi, der aus dem Norden und Nordosten kommt, im August zu seiner heftigsten Stärke aufläuft, um sich dann langsam abzuschwächen; besonders wüst verhält er sich auch zur Tagundnachtgleiche. In den frühen Morgenstunden ist er noch unausgeschlafen zahm, um sich gegen Mittag zu seiner größten Heftigkeit zu steigern und mit Einbruch der Dämmerung etwas zu beruhigen. Nicht selten erreicht er die Sturmstärke von 6 bis 8 Beaufort. Dabei fegt er – ein Kind des atmosphärischen Hochdrucks – den Himmel über der See blaublank, während er die Inselgipfel mit weißen, niedrig hängenden Wolken belegt und das Meer zu kurzen und steilen Wellen aufreißt. Man findet vor ihm keinen Schutz auf der Leeseite der Inseln, da er über die Kämme in Form von Fallböen mit gesammelter Wucht hinabstößt. Am schärfsten bläst er über die Kykladen, während er den Saronischen und den Argolischen Golf (östlich begrenzt von einer Linie, die von Sunion bis zum peloponnesischen SO-Kap Maleas reicht) sowie den nordägäischen Küstensaum zwischen dem Athos und der Insel Thasos nahezu verschont; auch längs der östlichen Dodekanesreihe hält er sich in gesitteten Grenzen. Glücklicherweise erschöpft er seine Kraft von Zeit zu Zeit, nach drei oder neun Tagen, und schiebt dann bis zum nächsten Ansturm eine mehr oder minder lange Ruhepause ein. So tritt er in Phasen auf, die nach der jeweiligen Ernte der Saubohnen-, der Tomaten- oder der Melonen-Meltemi heißen. Am besten kommt man während der Zeit seiner Herrschaft mit ihm aus, wenn man mit ihm fährt, also von Nord nach Süd, oder ihn ganz meidet, indem man etwa im August den Peloponnes umsteuert, hinauf zu den Ionischen Inseln, die es im Sommer nur mit dem Maëstros, einer sanften Nordwestbrise, zu tun haben. Doch man kann sich auf den Meltemi nicht unbedingt verlassen; er schwankt nicht nur im Stärkegrad – in manchem Jahr bleibt er fast ganz aus. Sein Name ist übrigens nicht griechischer Herkunft; nach der einen, meist vorgebrachten Version stammt er aus dem Türkischen, nach der anderen geht er auf das Italienische zurück, auf das griechisch verballhornte »bel tempo«.

Grundsätzlich aber sollte man seinen Fahrplan nicht grundsätzlich nehmen, sondern nur als Arbeitshypothese, denn unterwegs stellen sich derart viele und schöne Verführungen ein – eine unverzeihliche Unterlassungssünde, aus Programmtreue einfach an ihnen vorbeizufahren. Man muss dann nur stark und klug wie Odysseus sein und sich von den Sirenen immer wieder losreißen können. Auch ist es ratsam, der Programmierung möglichst viel Spielraum offen zu lassen, um sich jeweils dem Diktat des Kapitäns zu beugen. – Schließlich ist auch der Verantwortung des Kapitäns einige Ermessensfreiheit zu überlassen. Der griechische Schiffer ist im Allgemeinen recht vorsichtig und wird bei starkem Wind nur ausfahren, wenn er seiner Sache sicher ist; dann sollte man nicht seine Achillesferse attackieren, sein Ehrgefühl, indem man ihn wider Willen und Wissen etwa durch den Appell an seinen Mut doch zur Ausfahrt bewegt. Völlig frei ist er in seiner Entscheidung ohnehin nicht, denn der lokale Limanarchis, der Hafenkommandant, pflegt im Gefahrenfall von seinem Vetorecht energisch Gebrauch zu machen. Auch sonst herrschen an Bord strenge Sitten, die respektiert werden wollen. Der Kapitän meines Kaiki, ein stattlicher Endfünfziger, hatte einmal seinen Sohn als Matrosen dabei, einen leidenschaftlichen Raucher; obwohl dieser 30 Lenze zählte, schon im Joch der Ehe stand, auf großen Dampfern der verschiedensten Flaggen mehrmals rund um die Welt gefahren war und eine bemerkenswerte Kenntnis der dunkelsten Hafenkneipen aller Kontinente besaß, wagte er es doch nicht, sich im Angesicht des Vaters eine Zigarette zwischen die Lippen zu stecken – so gebietet es die patriarchalische Inselsitte. – Übrigens empfiehlt es sich nicht, der Mannschaft noch vor der Morgenwäsche den »guten Morgen« oder einen »guten Tag« zu entbieten; nach ihrer Meinung kann der ungewaschene Gruß nur Schlechtes bringen. Auch steche man nicht an einem Dienstag in See – an einem solchen ging 1453 Konstantinopel an die Türkei verloren; seither ist er den Griechen, was der Freitag hierzulande.

Einem Bedenken bei der Festlegung des Fahrtentermins ist jedoch der Badefreudige, der Schwimmer und Taucher, enthoben, der Sorge um die Wassertemperatur. Ihre mittleren Monatswerte, errechnet über eine dreißigjährige Beobachtungszeit, betragen in der Ägäis während der Monate April 16, Mai 18, Juni 21, Juli 24, August 25, September 23 und Oktober 21 Grad Celsius. Nicht minder warm meint es die Luft, deren durchschnittliche Tageswerte sich annähernd in der gleichen Preislage bewegen, und zwar in den Monaten April um 16, Mai um 18, Juni um 22, Juli und August um 26, September um 22 und Oktober um 18 Grad Celsius im Schatten. Der Deutsche – im Unterschied zum Franzosen und Engländer, die gerade die Sommermonate für ihre Griechenlandreisen bevorzugen – macht sich jedoch meist von der »Unerträglichkeit des griechischen Sommers« höchst übertriebene Vorstellungen: Seine Hitze teilt sich wegen der außerordentlichen Trockenheit der Luft weit weniger zudringlich mit (als etwa gleich hohe Temperaturen in unseren feuchtigkeitsschwangeren Breiten); zudem sorgen die unvermeidlichen Winde, zumal auf See und an den Küsten, für ständige Abkühlung und Erfrischung. Und wer des Nachts, nur mit einer Decke bewehrt, im Freien schläft, kann mitunter das Zähneklappern lernen (nicht in den Häusern, welche die Tageswärme speichern). So ist es eine häufige Klage der Sommerreisenden, man habe nicht genügend Warmes mitgenommen. Hingegen bleibt der Regen – von Mai bis etwa Mitte September – durch seine fast totale Abwesenheit den Erwartungen nichts schuldig; kurzfristige Gewitter – in der Ägäis seltener als auf dem Festland – haben geradezu den Erlebniswert der Rarität, sodass die Versicherungsgesellschaften, die ihren Ägäis-Kunden das finanzielle Risiko verregneter Urlaubstage abnehmen, des hundertprozentigen Gewinnes todsicher sein können.

Auch der Feuchtigkeitsgehalt der Luft begnügt sich gleichsam mit dem Existenzminimum – eine Wohltat nicht nur für Lunge, Herz und Kreislauf. Die Trockenheit entzieht auch den Fliegen, Mücken, Bremsen und anderem ungezieferischen Gewürm bis hinauf zur Schlange weitgehend die Lebensmöglichkeit: Sie lässt die vielen kleinen Plagen gar nicht erst aufkommen, die sonst auf verwandten Breiten aus der Ehe von Hitze und Feuchte hervorgehen. Die Mäuse und Ratten freilich hätten auch ohne sie kein rechtes Leben auf den Inseln, angesichts der unzähligen verhungerten Katzen, die der Grieche, dieser Feind des Todes, nicht umbringt, selbst wenn sie in ihrer unmäßigen Fruchtbarkeit überhand nehmen – kann er sie nicht ernähren, dann setzt er sie irgendwo im Freien aus und überlässt sie ihrem Schicksal. Schließlich betätigt sich die Trockenheit noch als Gestanksraffer: Was die Mulis fallen lassen, auch verendetes Getier – die alleinherrschende Sonne, der in Abwesenheit des Regens keine verwesungsverlängernde Kraft entgegenwirkt, verkürzt das letzte Kapitel und beschleunigt seine Überführung in die neutrale Kollektivität des Staubes, der seinerseits durch die Allgegenwärtigkeit von Meer und Wind an einer allzu breiten Entfaltung gehindert wird.

Als Fahrtregel empfiehlt sich: Abfahrt am frühen Morgen, um zum späteren Nachmittag das nächste Ziel zu erreichen und dort zu übernachten. Tags darauf bemächtige man sich der Insel mit den

Füßen oder auf dem Rücken des Mulis (das »Kaiki« unter den Tragtieren); oder auf der größeren mit Taxi oder Autobus. Am Morgen nach der zweiten Nacht (oder nach der dritten, vierten – »wie es Euch gefällt«) Aufbruch zur nächsten Insel und so fort. An den Fahrttagen tut es gut, mit einem kräftigen (d. h. nichtgriechischen) Frühstück zu beginnen, das Mittagsmahl an Bord einzunehmen, vom Mitgenommenen, um dann abends in der »nächsten« Hafentaverne des Unterlassene ausgiebig nachzuholen, in reicher Begleitung des Retsina, des geharzten Landweins, der nur heiter, nicht trunken macht und keine Nachwehen produziert – es sei denn die für den mitteleuropäischen Magen löblichen, mit den ungewohnten öldurchtränkten Speisen reibungsloser fertig zu werden.

Eine heilsame, heitere Trunkenheit aber ist die ganze Kaikifahrt – im Gleißen des Tages, das die Nacht nur dämpft, nicht löscht, da sie vor lauter Sternen kaum Platz hat am Himmel der Ägäis. So ist es keine poetische Übertreibung, es ist wörtlich zu nehmen, was Nikos Kazantzakis, der große kretische Dichter, vom Kaiki sagt:

»Viele Freuden bietet diese Welt – Frauen, Früchte, große Ideen. Doch gibt es, glaube ich, keine Freude, die das menschliche Herz so bewegt, so tief in das Paradies versenken kann, als wenn man, den Namen jeder einzelnen Insel flüsternd, auf einem hellenischen Schiff die Wogen dieses Meeres durchfurcht ... Die Grenzen verschwimmen zwischen Wirklichkeit und Traum, und die Masten selbst des altersschwächsten Schiffes treiben Knospen und Weintrauben. Man glaubt, *hier in Griechenland ist das Wunder die Blüte der Notwendigkeit.*«

Die antiken Autoren haben es uns unterschlagen: Zeus hatte der Pandora, der mit jeder Gabe »Allbeschenkten«, nicht nur die eine Büchse auf den Erdenweg mitgegeben, jene ominös fatale, aus der, kaum geöffnet, sämtliche Leiden und Laster herausflogen, um sich für immer in die Menschen einzunisten. Vorher hatte die Neugier ihres Geschlechtes Heilsameres bewirkt: Sie hatte sich, dem provozierenden Verbot trotzend, zunächst an die andere (uns verheimlichte) Büchse gemacht, und aus ihr kam das pure Glück über dies irdische Dasein. Denn aus ihr fielen die schönsten Edelsteine, fielen die Kykladen und die Sporaden und die Dodekanes und all die anderen Inseln in das schwarzblaue Gewässer der Ägäis – und mit ihnen die reine Freude, der klare Sinn, die Beschwingtheit des Gedankens, die zeitlöschende Heiterkeit, und auch der Einklang des Menschen mit sich, das Wohlwollen zum Leben und die Versöhnung mit dem Schicksal.

Wem also die eine Büchse der Pandora zu schaffen macht, der lege die andere, die ägäische, auf die Gegenschale der Waage.

Die Ereignisse in Griechenland ab 1974

1974 Am 23. Juli tritt die Regierung der Militärdiktatur zurück. Zuvor hatte sie versucht, auf Zypern zu putschen, und dadurch eine Invasion der Türkei in Nordzypern provoziert.
Am 24. Juli kehrt Expräsident Konstantin Karamanlis aus dem Exil zurück und bildet eine neue Regierung.
Am 17. November gewinnt bei den ersten Parlamentswahlen nach der Diktatur Karamanlis und seine konservative Partei Nea Demokratia mit 73,3 Prozent die Wahlen.
Am 8. Dezember findet eine Volksabstimmung zur Staatsform in Griechenland statt. 69,2 Prozent sprechen sich dabei gegen die Monarchie aus.

1981 Am 18. Oktober führen Wahlen zum Regierungswechsel. Andreas Papandreou und seine linke Partei PASOK erhält 48 Prozent und damit die absolute Mehrheit im Parlament. Die Nea Demokratia erringt 36 Prozent, die kommunistische KKE 11 Prozent.

1988 Am 1. Januar wird Griechenland Vollmitglied in der EG.

1990 K. Mitsoutakis von der Nea Demokratia wird Ministerpräsident.

1993 Nach Wahlen zum Parlament übernimmt Papandreou trotz hohen Alters und Skandalen um seine junge Frau die Regierung.

1996 Beginn intensiver wirtschaftlicher Anstrengungen, die Maastricht-Konvergenzkriterien für eine einheitliche europäische Währung zu erfüllen. Konstantinos Stephanopoulos wird Staatspräsident. Im August löst er das Parlament auf. Im September gibt es vorgezogene Wahlen. Der seit Januar amtierende Ministerpräsident Konstantinos Simitis von der PASOK wird dabei in seinem Amt bestätigt.

2001 Am 1. Januar tritt Griechenland als 12. Land der europäischen Währungsunion bei. Der Euro wird zum Zahlungsmittel.

2004 Im Januar tritt Konstantinos Simitis als Vorsitzender der PASOK zurück. Georgios Papandreou übernimmt den Vorsitz der Partei.

Am 7. März finden in Griechenland Neuwahlen statt: Georgios Papandreou, Vorsitzender der noch regierenden linken PASOK-Partei, und Konstantinos Karamanlis, Vorsitzender der konservativen Nea Demokratia, stehen sich gegenüber. Beide entstammen Familien, die seit der Nachkriegszeit die Geschichte Griechenlands geprägt haben. Georgios Papandreou ist ein Sohn des ehemaligen Ministerpräsidenten Andreas Papandreou. Der Onkel von Konstantinos Karamanlis war der ehemalige Staatspräsident des Landes. Nach 11 Jahren wählen die Griechen die PASOK aus der Regierung. Die Nea Demokratia erhält 45,3 Prozent und 165 Sitze, die PASOK 40,5 Prozent und 117 Sitze. Staatspräsident Konstantinos Stephanopoulos beauftragt den 47-jährigen Karamanlis mit der Regierungsbildung.

Vom 11. August bis zum 29. August finden die Olympischen Spiele in Athen statt.